巴菲特 BUFFETT 股票 投資策略

巴菲特 BUFFETT 股票 投資策略

巴菲特 BUFFETT 股票 投資策略

巴菲特 BUFFETT 股票 投資策略

巴菲特 BUFFETT 股票 投資策略

BUFFETT

從100美元開始，

巴菲特花了近40年透過股票成為資產429億美元的富豪，

被美國《財富》雜誌喻為「當代最偉大的投資者」。

每一位股票投資人要想取得較好的長期投資業績，

最好的辦法是學習巴菲特簡單易懂卻非常有效的股票投資策略。

本書作者在系統收集整理巴菲特本人論述的基礎上，

按照投資操作中

選股、估值、市場、買價、組合、持有6個基本步驟，

將巴菲特投資策略逐一總結為6個基本原則，

並且根據巴菲特幾十年的投資經驗，

結合有關股票投資研究的歸納和分析

與這些基本原則在實際應用中的操作技術細節，

使本書成為一本巴菲特為投資者講述

如何進行長期投資生動活潑的詳細教程，

是投資者在短期內系統學習巴菲特股票投資策略的最佳選擇。

BUFFETT

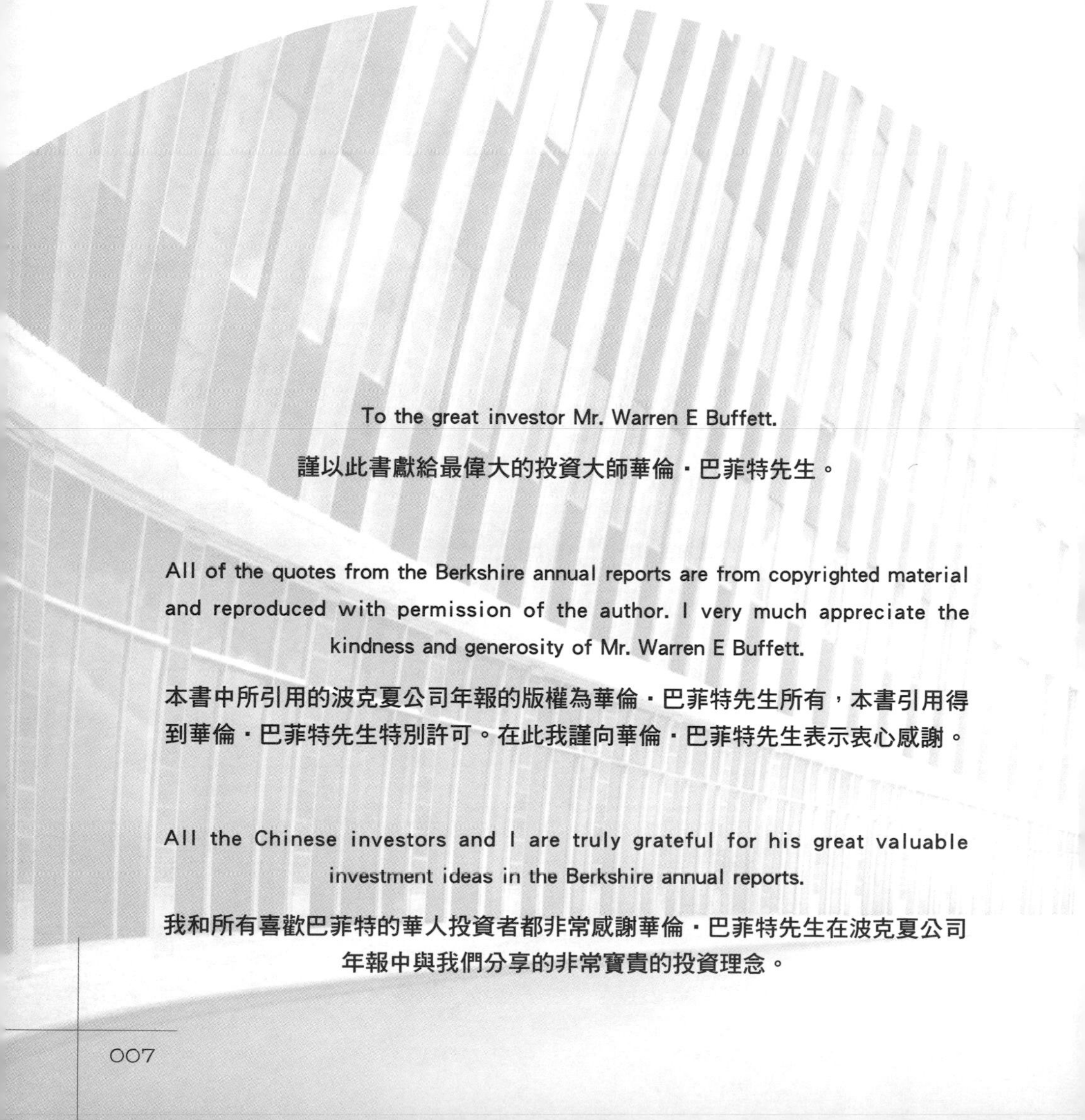

To the great investor Mr. Warren E Buffett.

謹以此書獻給最偉大的投資大師華倫・巴菲特先生。

All of the quotes from the Berkshire annual reports are from copyrighted material and reproduced with permission of the author. I very much appreciate the kindness and generosity of Mr. Warren E Buffett.

本書中所引用的波克夏公司年報的版權為華倫・巴菲特先生所有，本書引用得到華倫・巴菲特先生特別許可。在此我謹向華倫・巴菲特先生表示衷心感謝。

All the Chinese investors and I are truly grateful for his great valuable investment ideas in the Berkshire annual reports.

我和所有喜歡巴菲特的華人投資者都非常感謝華倫・巴菲特先生在波克夏公司年報中與我們分享的非常寶貴的投資理念。

巴菲特股票投資策略

劉建位 博士 著

恆兆文化 出版

巴菲特投資格言

○一・第一條規則：永遠不要虧損；第二條規則：永遠不要忘記第一條。

○二・投資並非一個智商為一六○的人就一定能擊敗智商為一三○的人的遊戲。

○三・我是一個比較好的投資者，因為我是一個商人。我是一個比較好的商人，因為我是一個投資者。

○四・對於大多數投資者而言，重要的不是他知道什麼，而是清醒地知道自己不知道什麼。

○五・投資要成功，你不需要研究什麼是β值、有效市場、現代投資組合理論、期權定價或是新興市場，事實上大家最好對這些理論一無所知。

○六・困難不在於接受新思想，而在於擺脫舊思想。

○七・大多數人寧願死也不願思考。

○八・這種投資方法——尋找超級明星——給我們提供了走向真正成功的惟一機會。

○九・最終，我們的經濟命運將取決於我們所擁有的公司的經濟命運，無論我們的所有權是部分的還是全部的。

一○・以一般的價格買入一家非同一般的好公司，遠遠勝過用非同一般的好價格買下一家一般的公司。

一一・時間是優秀企業的朋友，卻是平庸企業的敵人。

一二・價格是你所付出的，價值是你所得到的。

一三・價值評估，既是科學，又是藝術。

一四・我寧要模糊的正確，也不要精確的錯誤。

一五．我寧願得到一個可以確定會實現的好結果，也不願意追求一個只是有可能會實現的偉大結果。

一六．市場先生是你的僕人，而不是你的嚮導。

一七．恐懼是盲從投資者的敵人，但卻是理性投資者的朋友。

一八．在別人貪婪時恐懼，在別人恐懼時貪婪。

一九．從短期來看，股市是一個投票機；而從長期來看，股市是一個稱重機。

二〇．如果市場總是有效，我就只能以乞討為生。

二一．我從來沒見過能夠預測股市走勢的人。

二二．對波克夏來說，市場狂跌反而是重大利好消息。

二三．安全邊際是成功投資的基石。

二四．無人對股票感興趣之日，正是你應對股票感興趣之時。

二五．樂觀主義才是理性投資的大敵。

二六．對於每一筆投資，你都應當有勇氣和信心將你淨資產的一〇%以上投入。

二七．多元化是針對無知的一種保護。（如果你有四十個妻子，對她們中的任何一個你都無法瞭解清楚。）

二八．把頻繁交易的機構稱為投資者，就如同把經常體驗一夜情的人稱為浪漫主義者一樣荒謬。

二九．如果你不願意擁有一支股票十年，那就不要考慮擁有它十分鐘。

三〇．我最喜歡持有一支股票的時間期限是：永遠。

序一

向真正的大師學習

——厲無畏

古人云：取法其上，得乎其中；取法其中，得乎其下。

每一位股票投資人，想取得較好的投資業績，最好的辦法是學習那些投資大師的投資策略。巴菲特正是值得每位投資人用心學習的最佳典範。

巴菲特被喻為「當代最偉大的投資者」，在美國《Fortune》雜誌一九九九年底評出的「二十世紀八大投資大師」中名列榜首。

二〇〇四年二月二十七日美國權威雜誌《Forbes》推出二〇〇四年度全球富豪排行榜，號稱華爾街「股神」的巴菲特以四二九億美元再度名列世界第二富人。巴菲特成為世界億萬富翁的路徑與其他人截然不同，他從一百美元開始，僅僅從事股票投資和企業併購，成為個人資產達四二九億美元的世界超級富豪之一。

在過去三十九年當中，巴菲特管理的波克夏公司每股淨值由當初的十九美元成長到現在的五〇、四九八美元，年複合成長率約為二二．二%。而在戰後美國，主要股票的年均收益率在一〇%左右。如果一個人在一九五六年巴菲特職業生涯剛開始時，投入一萬美元並且堅持到底，那麼到二〇〇二年，它將變成約二．七億美元，而且還是稅後收入。

一個取得如此偉大投資業績的投資大師，應該值得所有投資人學習和研究。即使世界首富比爾．蓋茲也開始研究巴菲特的投資成功之道。

比爾．蓋茲是巴菲特的好朋友，曾與巴菲特一起攜妻子到中國度假。蓋茲深深為巴菲特的風趣、謙恭和魅力傾倒，宣稱自己是「巴菲特迷」。比爾．蓋茲研究了巴菲特後，在他給《一個美國資本家的成長——世界首富巴菲特傳》一書所做的序言中感歎到：「讀者看完本書之後，可能會感到在商業及投資方面受益匪淺，但理論是否能成功付諸實踐則難以確定。巴菲特的天賦在於他能夠洞察先機，要做到這一點，只將他的格言銘記在心是遠遠不夠的，雖然他大量的格言值得背下來。」

正如比爾．蓋茲所說，只是背下來巴菲特的格言是不夠的，我們必須總結歸納巴菲特的投資策略，應用有關理論分析其合理性，探索其在投資實務中如何具體運用，從而更加系統、深入、完整地研究巴菲特的投資策略。

本書作者在系統收集整理巴菲特本人關於投資策略的論述基礎上，按照投資操作的六個基本步驟，將巴菲特投資策略逐一總結為以下六個基本原則：選擇目標企業的競爭優勢原則、評估企業價值的現金流原則、分析市場價格的市場先生原則、確定買入價格的安全邊際原則、分配投資比例的集中投資原則、確定持有期限的長期持有原則。

儘管巴菲特經常談論他的投資策略，卻從不透露他投資操作的任何細節。巴菲特投資策略的操作技術是其最神秘的部分，也是對於我們最有實踐意義的部分。本書總結了巴菲特四十多年的投資經驗，並結合有關股票投資的研究成果，進行歸納和分析在實際應用中的操作技術細節，使得本書成為一本巴菲特為投資者講述的詳細教程。

巴菲特在波克夏二〇〇〇年報中懷念他的恩師和摯友葛拉漢時說：「又到了懷舊時間，五十年前，一九五〇年我在哥倫比亞大學開始學習葛拉漢教授的證券分析課程。在此之前的十年，我一直盲目地熱衷於分析、買進、賣出股票。但是我的投資業績卻非常一般。從一九五一年起我的投資業績開始明顯改善。但這並非由於我改變飲食習慣或者開始進行健身運動。唯一的改變是我學習並應用了葛拉漢的投資理念。原因非常簡單：在大師門下學習幾個小時的效果遠遠勝過我自己過去十年裡自以為是的天真思考。」

我想讀者只要能夠抽出區區幾個小時的時間，認真閱讀本書學習當代最偉大的投資大師巴菲特四十多年投資經驗凝聚而成的、並取得三十九年投資獲利二、五九五倍驚人業績的投資策略，其效果將會遠勝過自己儘管多年卻非常局限的投資經驗。我忍不住再引用一句巴菲特的名言：只擁有一顆世界上最大、最珍貴的深藍色鑽石希望之星的一％，也遠遠勝過擁有一顆人造的一〇〇％。

為了更好地投資，讓我們一起向真正的投資大師學習吧。

序二

上一堂巴菲特的投資課

——中國證券報

如果想聽取投資大師巴菲特言傳身教，你需要花費十萬美金左右購買一股波克夏公司的股票，並每年飛到美國中部一個名叫奧馬哈的小鎮參加公司的股東大會。每年波克夏的股東大會，無論是華爾街重量級券商、普通美國投資人，還是歐洲、亞洲等地的巴菲特迷們，一大清早就會排起長龍，希望能夠有個好位子。而每一個人都會在會後得到滿足，大師的話如醍醐灌頂。

可是，不是所有的人能夠不受時空和金錢的限制，到大師身邊聆聽他的親自教誨。作為一般的投資者，我們大多是通過報紙、書籍努力瞭解大師。我們如饑似渴地閱讀關於他的任何言論，在浩瀚的文字中貪婪地求知。然而，我們依然在重複著自己經常犯下的錯誤，我們的投資收益依然徘徊在同期指數的漲幅之下。我們還是在不斷責怪市場的愚蠢、公司對於股東的欺騙、相關利益人的鼓呱噪，我們只是記住了巴菲特投資理論的某個片斷然後急功近利的去使用，我們仍然處於投資的混沌狀態……。

《巴菲特股票投資策略》一書把巴菲特五十年的投資經驗總結和梳

BUFFETT

理成幾大原則。作者有專業的背景，也有實際操作的經驗，因此在本書中，就投資的話題，我們可以看到一個清晰的脈絡，從選股原則到操作原則，從情緒管理到資金管理。這不再是一部簡單紀錄生平的巴菲特傳記，也不再是堆砌巴菲特投資理論的應景小冊，而是巴菲特投資理論的教科書。正是這些原則的應用，讓巴菲特用十三．八個人，取得了三十九年投資贏利二、五九五倍的投資紀錄。

先睹為快，看看投資大師巴菲特系統的投資原則吧——

選股原則：尋找超級明星企業。這個原則好理解，俗語說：擒賊先擒王。

估值原則：長期現金流量折現。這話實在是太專業，我冒昧的解釋一下，就是要先算好企業的內在價值。

市場原則：市場是僕人而非嚮導。實際上也是我們常說的，要做市場的主人，要做到自己心裡有數。巴菲特專門強調：要在別人貪婪時恐懼，在別人恐懼時貪婪。這是需要長時間修煉的。

買價原則：安全邊際是成功的基石。安全邊際又是個專業術語，他認為「安全邊際」是價值投資的核心，實際上是要我們在價格低於價值到一定幅度的時候來進行投資。這和估值原則是緊密聯繫在一起的，不過判斷出企業的內在價值是需要專業知識和技能的。

組合原則：集中投資於少數股票。到底是集中還是分散，現在也沒有定論，不過巴菲特的一句話還是有些道理，他對於集中和分散的評價是：如果你有四十個妻子，你不會對任何一個有清楚的瞭解。我想，股票也是這樣吧！

持有原則：長期持有優秀企業的股票。巴菲特說：我最喜歡持有一隻股票的時間是：永遠。這句話雖然有情緒渲染的成分，但是卻充分表現出了巴菲特在投資時的耐力和定力。

以上六大原則，涵蓋了從選股到最後投資操作獲利的全過程，是一套系統的投資方法總結。我們以前可能對其中的某個原則有深刻的認識和理解，但是很少有人系統地對巴菲特的投資哲學進行研究，看來作者還是頗下了一番功夫的。在書中，你隨時可以看到作者對於涉及到巴菲特的其他著作精彩觀點的精煉引用。專業的投資者，你可以看到作者對於一些涉及到專業問題的解釋和闡述，而業餘的投資者，可以看看一些經典的格言和案例，在實踐中去體會他的投資心得。因此這是一部少有的精煉的巴菲特投資理論的教材和講義。

目錄

BUFFETT

導論

巴菲特講授的股票投資策略

一位剛畢業的美國窮大學生，辛苦工作一年後終於攢下了一萬美元。一九六五年初二十一歲的他經過一整夜的思考後決定不買汽車，而是投資基金，進行長達三十九年的長期投資，以保證退休後過上體面的小康生活。但市場上有成千上萬的投資基金經理人，他該選擇哪一個呢？他的選擇非常重要，不同的基金經理人決定了他六十歲後的財富狀況。

第一種選擇最簡單：選擇一位指數基金經理人，目標是跟隨市場，通過複製與指數相同的投資組合來取得與市場整體平均水平相近的投資回報。投資美國股市S&P500指數的年均收益率在一〇%左右，三十九年後一萬美元指數基金投資將增值到四七．四三萬美元。四十七萬美元可以讓他與老伴兩個人周遊世界。

第二種選擇最常見：選擇一位積極型投資基金經理人，他的目標是戰勝市場，但結果十分令人失望。根據統計，大多數基金不是擊敗市場，而是被市場擊敗。一九四二至一九九七年間，五十年來 S&P500 指數幾乎年平均超過積極型共同基金的平均水平一・三%左右*01。根據積極型共同基金的平均業績水平，一萬美元的股票基金投資經過三十九年後只能增值到二三・八〇萬美元。如果再扣除每年基金收取的管理費（按一%計算），只能增值到十七・七五萬美元。

第三種選擇最神奇：選擇現在無人不曉但當時無人知曉的巴菲特，買入他管理的波克夏公司股票。結果將如同夢幻一般。巴菲特在一九六五年至二〇〇三年的三十九年期間持續戰勝市場，波克夏公司淨資產收益率達到了二二・二%的水平*02。一九六四年波克夏公司股票的平均價格為十一美元左右。二〇〇三年波克夏公司股票（A種股票）的最高價格達到了九五、七〇〇美元。二〇〇四年八月九日波克夏股票收盤價為八三、七五〇美元。四十年間波克夏的股價成長了近八、〇〇〇倍！在一九六五年初投入一萬美元買入的波克夏股票，股票市值將達到八、〇〇〇萬美元左右。只需投資一萬美元，然後什麼都不用管，巴菲特的金手指在三十九年後就可以讓他在退休後過著億萬富翁的奢華生活，他和老伴（當然他還可以帶著他漂亮的女兒們）可以天天周遊世界。

這一簡單的比較足以讓我們明白，為什麼巴菲特被喻為「當代最偉大的投資者」，為什麼中國人喜歡稱其為華爾街「股神」。

投資神話：三十九年間增值二、五九五倍，從一〇〇美元成長到四二九億美元

巴菲特被喻為「當代最偉大的投資者」，在美國《Fortune》雜誌一九九九年底評出的「二〇世紀八大投資大師」中名列榜首。*03

巴菲特之所以被稱為「華爾街股神」，因為他創造了有史以來最偉大的投資神話：從一百美元起家通過投資成為資產四二九億美元的世界第二富人。

巴菲特自一九五六年獨立創業以來，僅僅通過股票投資和企業收購就以驚人的速度積累了驚人的財富。

一九五六年，巴菲特二十六歲時成立了巴菲特合夥企業——巴菲特有限公司，集資一〇・五萬美元。巴菲特象徵性投入一百美元，他的報酬主要來自於作為投資管理人以一定的比例從投資利潤中分成。

在過去的三十九年中，在巴菲特的管理下，波克夏公司每股淨資產由一九六五年底的十九美元成長到二〇〇三年底的五〇、四九八美元，年複合收益率約為二二・二%。而同期美國標準普爾指數年複合收益率約為一〇%左右。巴菲特三十九年來以一倍多的優勢長期戰勝市場，這是前所未有的投資神話。

如果一個人在一九六四年巴菲特掌管波克夏公司時開始投入一萬美元並且持有到二〇〇三年年

底，這一萬美元買入的波克夏股票的淨資產價值將會達到二、五九五萬美元，而其股票市值最高將達到八、〇〇〇萬美元左右。

如果一個人在一九五六年巴菲特職業生涯剛開始時，就投入一萬美元並且堅持到底，那麼到二〇〇二年，它將變成約二・七億美元，而且這還是稅後收入。

如果他能讓旗下公司保持其歷史平均的二二%的年利潤成長速度，到二〇〇九年，巴菲特八十歲的時候，他將可能成為歷史上絕無僅有的千億富翁。

巴菲特成為世界億萬富翁的路徑與其他人截然不同。石油大王約翰・D・洛克菲勒、鋼鐵大王安德魯・卡內基和軟體大王比爾・蓋茲等都有一個共同特點，即他們的財富都來自一種產品或發明。而巴菲特卻是一位純粹的投資家。

投資策略童話：戰勝市場不需要懂高等數學

史不可思議的是，巴菲特賴以創造超級財富和驚人業績的投資策略非常簡單。巴菲特甚至認為成功的投資並不需要高等數學知識，「如果高等數學是必須的，我就得回去送報紙了，我從來沒發現在投資中高等數學有什麼作用」。*04「你不需要成為一個火箭專家。投資並非一個智商為一六〇的人就能擊敗智商為一三〇的人的遊戲」。*05「我感到，做管理與做投資是相似的：欲成非凡之功，未必需做非凡之事」。*06

《奧馬哈世界先驅者報》專欄記者羅伯特．麥克莫里斯對住在離他家一英里之距的鄰居巴菲特這樣寫道：「他家裡和辦公室裡都沒有電腦，甚至於計算機一類的東西都沒有。他告訴我這類東西沒有什麼用處，因為他的工作沒有那麼複雜」。*07

著名投資家彼得．林區一九八九年拜訪了巴菲特，「在他的帶領下，我參觀了他的辦公室（整個過程沒費多少功夫，因為他的辦公室還不如半個網球場大），並同他的十一名員工一一打了招呼。在他的辦公室裡，我沒有看見一台電腦或者股票報價機」。*08

那麼，巴菲特採取的是什麼樣的投資策略呢？

他把自己的投資策略描述為「八十五%的葛拉漢和十五%的費雪」。巴菲特是「證券分析之父」葛拉漢的學生，並在畢業後不久進入葛拉漢的投資合夥公司工作，在理論和實務上都得到了葛拉漢基於「安全邊際」價值投資策略的真傳。後來，在查理．芒格影響下，他逐步吸收了費雪集中投資於具有持續競爭優勢的優秀企業的長期投資策略。經過多年的投資實踐，巴菲特綜合了兩位傑出投資大師的投資策略，形成了他最具有特色的投資策略：基於持續競爭優勢的長期價值投資策略。

巴菲特如此闡述他的基本投資策略：

「我們的投資仍然是集中於很少幾檔股票，而且在概念上非常簡單：真正偉大的投資理念常常用簡單的一句話就能概括。我們喜歡一個具有持續競爭優勢並且由一群既能幹又全心全意為股東服務的人來管理的企業。當發現具備這些特徵的企業而且我們又能以合理的價格購買時，我們幾乎不可能出錯」。*09

「我們始終在尋找那些業務清晰易懂、業績持續優異、由能力非凡並且為股東著想的管理層來經營的大公司。這種目標公司並不能充分保證我們投資獲利：我們不僅要在合理的價格上買入，而且我們買入的公司其未來業績還要與我們的估計相符。但是這種投資方法——尋找超級明星——提供了走向真正成功的唯一機會」。*10

「如果我的公司投資機會範圍非常有限，比如，僅限於那些在奧馬哈（Omaha）這個小鎮的私營公司，那麼我會這樣進行投資：首先，評估每一家公司業務的長期經濟特徵；其次，評估負責公司經營的管理層的能力和水平；最後，以合情合理的價格買入其中幾家最好的公司股票。我當然不會想把資金平均分配到鎮上每一家公司。因此，為什麼對於更大範圍的上市公司，波克夏就非得採取完全不同的投資策略？而且既然發現偉大的公司和傑出的經理是如此難尋，那麼為什麼我們非得拋棄已經被證明成功的投資策略？（我很想說實話）我們的座右銘是：如果你一開始就確實取得了成功，那麼就不必再做新的嘗試」。*11

「最終，我們的經濟命運將取決於我們所擁有公司的經濟命運，無論我們的所有權是部分的還是全部的」。*11巴菲特的投資策略用簡單的一句話來概括：以大大低於內在價值的價格集中投資於優秀企業的股票並長期持有。

製造了三大投資之最：世界最貴的股票、資產規模最大的投資公司、最經典的長期投資案例

巴菲特以簡單的投資策略，取得了神奇的投資效果！並創造了三項股票投資的世界紀錄：

一是巴菲特創造了世界上最貴的股票。

一九六四年巴菲特控股波克夏公司時其股票的平均價格為十一美元。二〇〇三年波克夏公司股票（A種股票）的最高價格達到了九五、七〇〇美元。二〇〇四年八月九日波克夏股票收盤價為八三、七五〇美元。四十年間波克夏的股價成長了近八、〇〇〇倍！一股波克夏股票的價值即使在房價昂貴的上海也足可以買到一套不錯的住房。從一九六五年巴菲特開始管理波克夏公司以後，在過去三十九年以來波克夏公司每股淨值由當初的十九美元成長到二〇〇三年底的五〇、四九八美元，成長了二、五九五倍。目前波克夏公司股東有三十多萬人，主要來自於美國、英國、德國、印度和加拿大。巴菲特使成千上萬的股東成為了百萬、千萬、甚至是億萬富翁。

二是巴菲特創造了世界上資產規模最大的投資公司。

在巴菲特的管理下，波克夏公司的淨資產總值從一九六四年底的二、二八八萬美元，成長到二○○二年底的六四○億美元。二○○二年底波克夏公司總資產規模達到一、六九五・四四億美元，二○○二年營業收入四二三・五三億美元。[*12] 根據二○○三年四月一四日出版的美國《Fortune》雜誌，二○○三年全球五○○強大企業銷售收入排名中，波克夏公司居七十八位，與排名第六十九名和第七十名的中國石油天然氣和中國石油化工集團公司相比，營業收入相差僅有八%。

但波克夏公司的總資產規模已經超過排名第二位的埃克森石油公司（二○○二年底總資產一五二六億美元[*13]）、成為世界上資產規模最大的公司。波克夏公司資產規模相當於兩個中國石油天然氣集團公司（二○○二年底總資產七三六一億人民幣[*14]，按二○○三年八月二十八日匯率一美元折合八・二七七元人民幣計算，相當於八八九億美元）。

二○○三年巴菲特管理的波克夏公司可以買下中國股市的全部流通股。二○○三年七月底，中國股市流通總市值為一三、四二五・○九億元人民幣，相當於一、六二一億美元（按二○○三年八月二十八日匯率一美元折合八・二七七元人民幣計算），這與波克夏公司的資產規模一、六九五・四四億美元相比，二者還相差七十四億美元。

然而最不可思議的是，做為世界上資產規模最大的投資公司，波克夏總部管理人員只有兩個人：巴菲特和他的夥伴查理・芒格。巴菲特擔任公司董事長和CEO，他的夥伴查理・芒格・芒格擔任副董事長，公司董事會成員只有七位，董事年薪只有微不足道的九〇〇美元。公司總部所有員工只有十三．八人（有一名會計每週只上四天班，故只能算〇．八人），但其下屬公司員工超過十三萬人。巴菲特不僅是一位投資家，通過他管理的資產規模龐大的波克夏公司在美國乃至全球商界有著巨大的影響力。

三是巴菲特創造了一系列最經典的長期股票投資案例。

讓我們來看看他的四大經典長期投資案例：

可口可樂：投資十三億美元，至今已持有十五年，獲利八十八億美元，增值六．八倍。

華盛頓郵報：投資一、〇〇〇萬美元，至今已持有三十年，獲利十二億美元，增值一二八倍。

吉列公司：投資六億美元，至今已持有十四年，獲利二十九億美元，增值近五倍。

GEICO：投資四、五七一萬美元，持有二十年，獲利二十三億美元，增值五十倍。

投資策略魅力：每年股東大會吸引一．五萬名股東參加

巴菲特不僅願意為投資者講授他的投資策略，而且四十年來他一直在波克夏公司年報中公開講授他的投資哲學。

從一九六五年到二〇〇三年，巴菲特把波克夏公司變成了一所傳授他投資思想的學校，課堂就是波克夏公司股東大會，教材就是他每年在公司年報中寫給股東的信。巴菲特的合作夥伴查理．芒格在一九九七年波克夏公司股東大會上說：「人們低估了那些簡單卻有效的思想的重要性。而且我認為，如果說波克夏公司是一家傳授正確思考方式的學校的話，那麼它所開設的主要課程，就是少數幾個非常重要的思想。我覺得我們選擇的這些思想非常簡單，卻非常有效。」＊15

巴菲特控股波克夏後，一九七〇年起開始擔任董事長。從一九七〇年起到二〇〇三年的三十四年間每年在給股東的信中巴菲特經常公開講述他的投資策略，並逐一討論當年波克夏公司所有重大的投資情況。投資界人士把巴菲特每年在波克夏公司年報中寫給股東的信視為《聖經》，猶如經文一樣背誦巴菲特的格言。

巴菲特豐富的人生經歷和充滿魅力的人格，以及簡單質樸卻又奧妙無窮的投資哲學和投資策略吸引著眾多的投資者和企業的管理決策者。他們每年一次像聖徒朝聖一樣，到奧馬哈參加波克夏年度股東大會，聆聽巴菲特關於投資的智慧言論。

巴菲特的家鄉位於美國中部小城市奧馬哈，波克夏公司在當地召開的股東大會是當地每年一度的盛事。不管是華爾街的重量級券商、普通美國投資人，還是歐洲、亞洲等地方的巴菲特迷們，一大清早都會在會場入口前排起長龍，以便進場能坐到好位置。

有意思的是股東大會往往只有五—十分鐘時間。每年股東大會的重頭戲，永遠是波克夏公司股東大會結束後的巴菲特答問時間。股東大會後巴菲特面對一萬多名股東極其耐心地回答他們提出的各種問題。巴菲特對問題的答覆無論在速度上、深度上，還是在創造性上都有著非常的魅力。提問與回答一個接一個，在上午持續三個小時，中間只有簡單的十五分鐘午飯時間，然後下午又是長達數小時的提問與回答。

許多投資界人士為了聆聽巴菲特的教誨，特意購買一股或幾股波克夏公司股票，每一年都不辭勞苦、千里迢迢到奧馬哈參加波克夏公司年度股東大會。每個參加過股東大會的人都感到受益匪淺。許多股東都認為參加股東大會完全物超所值。聽了巴菲特關於投資的智慧言論後，他們感歎：

「巴菲特總是將那些偉大的投資真理言簡意賅地表達出來，我們卻天天忙於把簡單的投資搞得非常複雜。」

任何一個想學習巴菲特投資策略的人，都必須從巴菲特每年在年報中寫給股東的信開始。對於成千上萬不能來奧馬哈參加波克夏年度股東大會的投資者來說，三十多年來巴菲特每年寫給股東的信是學習巴菲特的最好教科書。你能從中得到的教益勝過任何商學院的投資課程。

但是勤奮的巴菲特每年給波克夏公司股東的信都有二十多頁，有些年份甚至更多，僅一九七七至二〇〇三年的二十七年間的二十七封信打印成Ａ４紙就有八〇〇多頁，如果印刷成三十二開的書，可能會有一、六〇〇多頁。如果再加上巴菲特發表的文章、演講、訪談，估計這本書還要再增加四〇〇頁，這樣巴菲特論述投資的資料總共要超過二、〇〇〇頁。一個投資者面對巴菲特寫的這本二、〇〇〇多頁的「巴菲特全集」，肯定會有些驚慌失措，更何況裡面的內容包羅萬象，並且有許多內容談的是當年公司經營情況回顧、公司治理、財務會計制度、併購，與股票投資策略關係不大，更加讓大多數投資者摸不著頭緒。

本書正是投資者在短期內深入學習巴菲特本人講授投資策略的最佳選擇。通過對巴菲特精彩論述的分類收集、系統整理，本書是只需六個小時就能完成的六堂「投資課」：選擇目標企業、評估企業價值、分析市場價格、確定買入價格、分配投資比例、確定持有期限。這使本書成為巴菲特為投資者講述如何進行長期投資的詳細教程。

本書每章都包含簡明易懂卻非常有效的投資常識，閃爍著巴菲特獨一無二的投資智慧。巴菲特說：「你真的能向一條魚解釋在陸地上如何行走嗎？對魚來說，在陸地上走一天勝過聽上幾千年的空談。同樣，經營公司一天的實踐也具有相同的價值」。*16 我相信，將巴菲特的投資智慧應用於實踐會有嶄新的收穫，而學習巴菲特所贏得豐厚的投資利潤，會讓你對他的投資智慧更加理解，也更加感謝他慷慨無私的教誨。

也許你看太多其他人對巴菲特投資策略的分析解釋，那麼，現在你需要看看巴菲特本人對自己投資策略的分析論述了。

表 1　波克夏公司淨資產收益率與S&P500指數收益率比較

年份	投資收益率			投資10,000美元的價值波克夏		
	每股淨資產	S&P500	差距	波克夏	S&P500	差距
1965	23.80	10.00	13.80	12,380	11,000	1,380
1966	20.30	-11.70	32.00	14,893	9,713	5,180
1967	11.00	30.90	-19.90	16,531	12,714	3,817
1968	19.00	11.00	8.00	19,672	14,113	5,559
1969	16.20	-8.40	24.60	22,859	12,927	9,932
1970	12.00	3.90	8.10	25,602	13,432	12,171
1971	16.40	14.60	1.80	29,801	15,393	14,409
1972	21.70	18.90	2.80	36,268	18,302	17,966
1973	4.70	-14.80	19.50	37,973	15,593	22,380
1974	5.50	-26.40	31.90	40,061	11,477	28,585
1975	21.90	37.20	-15.30	48,835	15,746	33,089
1976	59.30	23.60	35.70	77,793	19,462	58,332
1977	31.90	-7.40	39.30	102,609	18,022	84,588
1978	24.00	6.40	17.60	127,236	19,175	108,061
1979	35.70	18.20	17.50	172,659	22,665	149,994
1980	19.30	32.30	-13.00	205,982	29,986	175,996
1981	31.40	-5.00	36.40	270,660	28,486	242,174
1982	40.00	21.40	18.60	378,925	34,582	344,342
1983	32.30	22.40	9.90	501,317	42,329	458,988
1984	13.60	6.10	7.50	569,496	44,911	524,585
1985	48.20	31.60	16.60	843,993	59,103	784,891
1986	26.10	18.60	7.50	1,064,276	70,096	994,180
1987	19.50	5.10	14.40	1,271,810	73,671	1,198,139
1988	20.10	16.60	3.50	1,527,443	85,900	1,441,543
1989	44.40	31.70	12.70	2,205,628	113,131	2,092,497
1990	7.40	-3.10	10.50	2,368,845	109,624	2,259,221
1991	39.60	30.50	9.10	3,306,907	143,059	3,163,848
1992	20.30	7.60	12.70	3,978,209	153,931	3,824,278
1993	14.30	10.10	4.20	4,547,093	169,478	4,377,615
1994	13.90	1.30	12.60	5,179,139	171,681	5,007,458
1995	43.10	37.60	5.50	7,411,348	236,234	7,175,114
1996	31.80	23.00	8.80	9,768,157	290,567	9,477,589
1997	34.10	33.40	0.70	13,099,098	387,617	12,711,481
1998	48.30	28.60	19.70	19,425,962	498,475	18,927,487
1999	0.50	21.00	-20.50	19,523,092	603,155	18,919,937
2000	6.50	-9.10	15.60	20,792,093	548,268	20,243,825
2001	-6.20	-11.90	5.70	19,502,983	483,024	19,019,959
2002	10.00	-22.10	32.10	21,453,282	376,276	21,077,006
2003	21.00	28.70	-7.70	25,958,471	484,267	25,474,204
39年年平均收益率	22.20	10.40	11.80			
39年總收益率	2,594.85	47.43	2,547.42			

數據來源：波克夏公司二〇〇三年報

表 2　波克夏公司股票收益率與S&P500收益率比較

年份	波克夏年末股價	波克夏股價漲幅（%）	S&P 500漲幅（%）	比較（%）
1966	$ 17.50	-8.0	-11.7	3.7
1967	20.50	15.7	30.9	-15.2
1968	37	82.7	11.0	71.7
1969	42	13.5	-8.4	21.9
1970	39	-7.1	3.9	-11.0
1971	70	79.5	14.6	64.9
1972	80	14.3	18.9	-4.6
1973	71	-11.3	-14.8	3.5
1974	40	-43.7	-26.4	-17.3
1975	38	-5.0	37.2	-42.2
1976	94	147.3	23.6	123.7
1977	138	46.8	7.4	54.2
1978	157	13.8	6.4	7.4
1979	320	102.5	18.2	84.3
1980	425	32.8	32.3	0.5
1981	560	31.8	-5.0	36.8
1982	775	38.4	21.4	17.0
1983	1,310	69.0	22.4	46.6
1984	1,275	-2.7	6.1	-8.8
1985	2,470	93.7	31.6	62.1
1986	2,820	14.2	18.6	-4.4
1987	2,950	4.6	5.1	-0.5
1988	4,700	59.3	16.6	42.7
1989	8,675	84.6	31.7	52.9
1990	6,675	-23.1	-3.1	-20.0
1991	9,050	35.6	30.5	5.1
1992	11,750	29.8	7.6	22.2
1993	16,325	38.9	10.1	28.8
1994	20,400	25.0	1.3	23.7
1995	32,100	57.4	37.6	19.8
1996	34,100	6.2	23.0	-16.8
1997	46,000	34.9	33.4	1.5
1998	70,000	52.2	28.6	23.6
1999	56,100	-19.9	21.0	-40.9
2000	71,000	26.6	-9.1	35.7
2001	75,600	6.5	-11.9	18.4
2002	72,750	-3.8	-22.1	18.3
2003	75,300	3.5	11.9	-8.4

數據來源：Barron's. August 11, 2003, Legg Mason, National Quotation Bureau, Bloomberg.

＊01 （美）約翰・C・鮑格爾著：《共同基金常識》，百家出版社，二〇〇一年，第一〇五—一〇七頁。
＊02 Berkshire Hathaway Inc. Annual Report, 2003, http://www.berkshirehathaway.com.
＊03 Theodore Spencer:「The Investors of the Century.」 Fortune, Dec. 20, 1999.
＊04 Warren Buffett: speech on December 6, 1994,at the New York Society of Financial Analysts.
＊05 Fromson, Brett Duval: Are these the new Warren Buffetts？（1990,Investor's Guide）Fortune, September, 1989.
＊06 Loomis, Carol J.: The inside story of Warren Buffett. Fortune, April 11, 1988.
＊07 （美）安迪・基爾帕特裡克著：《投資聖經——巴菲特的真實故事》，民主與建設出版社，二〇〇三年九月，第一一二〇頁。
＊08 （美）羅伯特・海格士多姆著：《巴菲特之路》，清華大學出版社，一九九八年，序言第一頁。
＊09 Warren Buffett: the Chairman's Letter to the Shareholders of Berkshire Hathaway Inc. 1994.
＊10 Warren Buffett: the Chairman's Letter to the Shareholders of Berkshire Hathaway Inc. 1991.
＊11 Warren Buffett: the Chairman's Letter to the Shareholders of Berkshire Hathaway Inc. 1987.
＊12 Berkshire Hathaway Inc. Annual Report, 2002.
＊13 ExxonMobil 2002,Annual Report, http://www.exxonmobil.com.
＊14 中國石油天然氣集團公司年底財務報告，中國石油天然氣集團公司網頁，http://www.cnpc.com.cn.
＊15 （美）安迪・基爾帕特里克著：《投資聖經:巴菲特的真實故事》，民主與建設出版社，二〇〇三年，第九〇九頁。
＊16 Loomis, Carol J.: The inside story of Warren Buffett. Fortune, April 11, 1988.

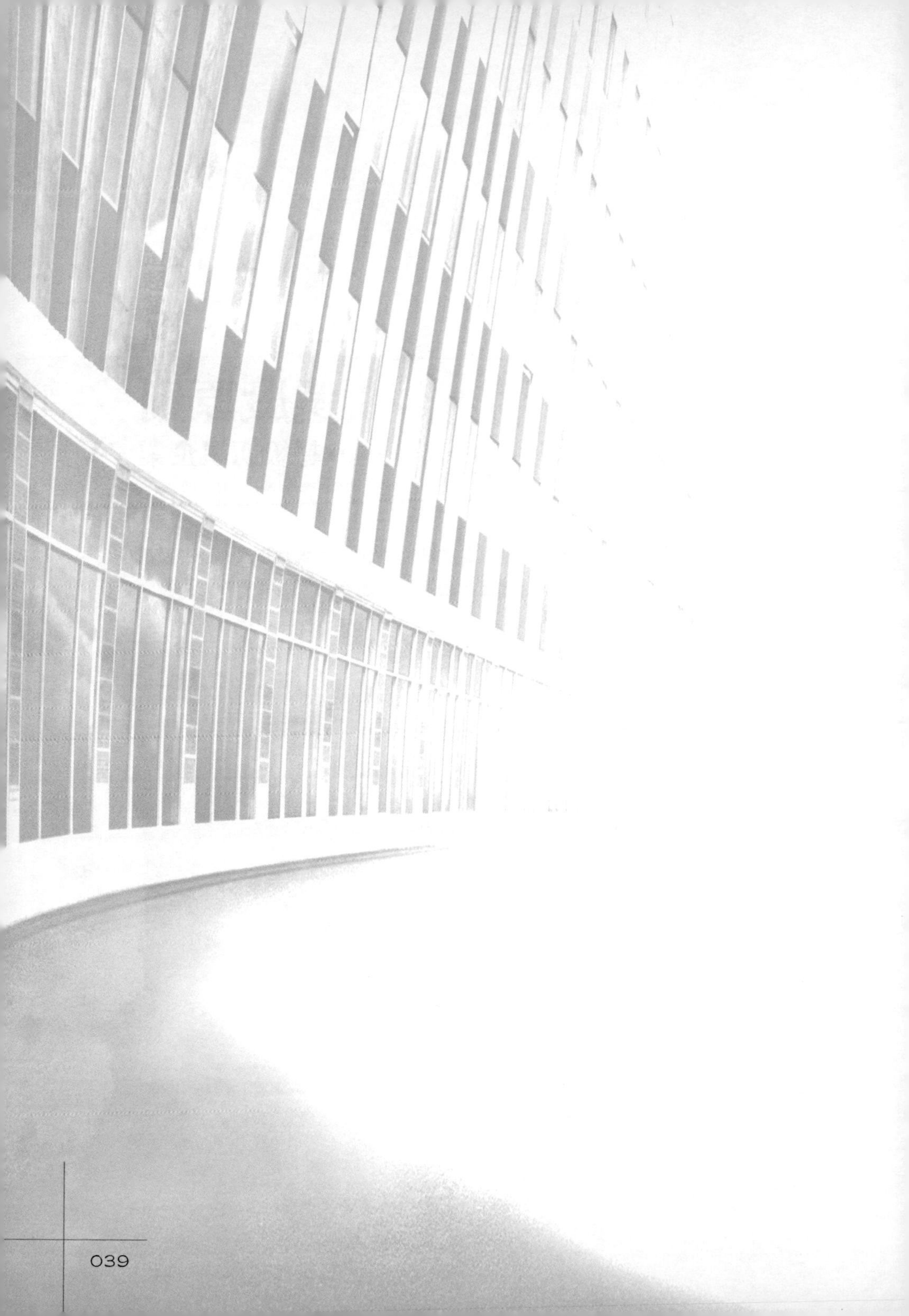

Chapter 1

選股原則
——超級明星企業

「我們始終在尋找那些業務清晰易懂、業績持續優異、由能力非凡並且為股東著想的管理層來經營的大企業。這種目標公司並不能充分保證我們投資獲利：我們不僅要在合理的價格上買入，而且我們買入的公司其未來業績還要與我們的估計相符。但是這種投資方法——尋找超級明星——給我們提供了走向真正成功的唯一機會」

——**巴菲特**

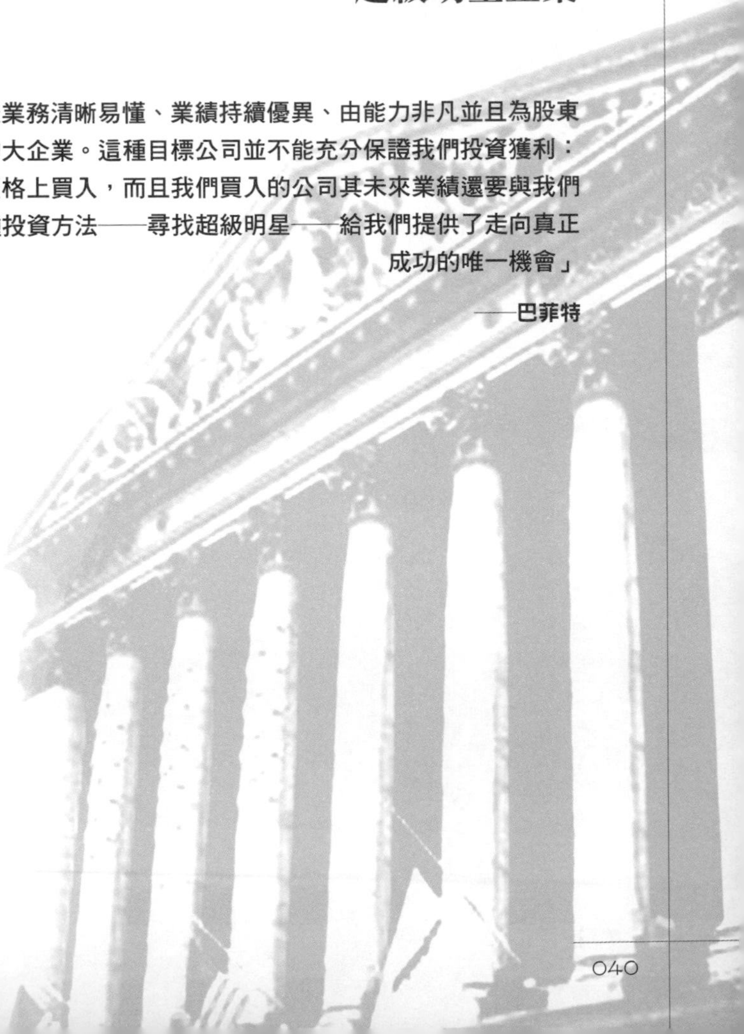

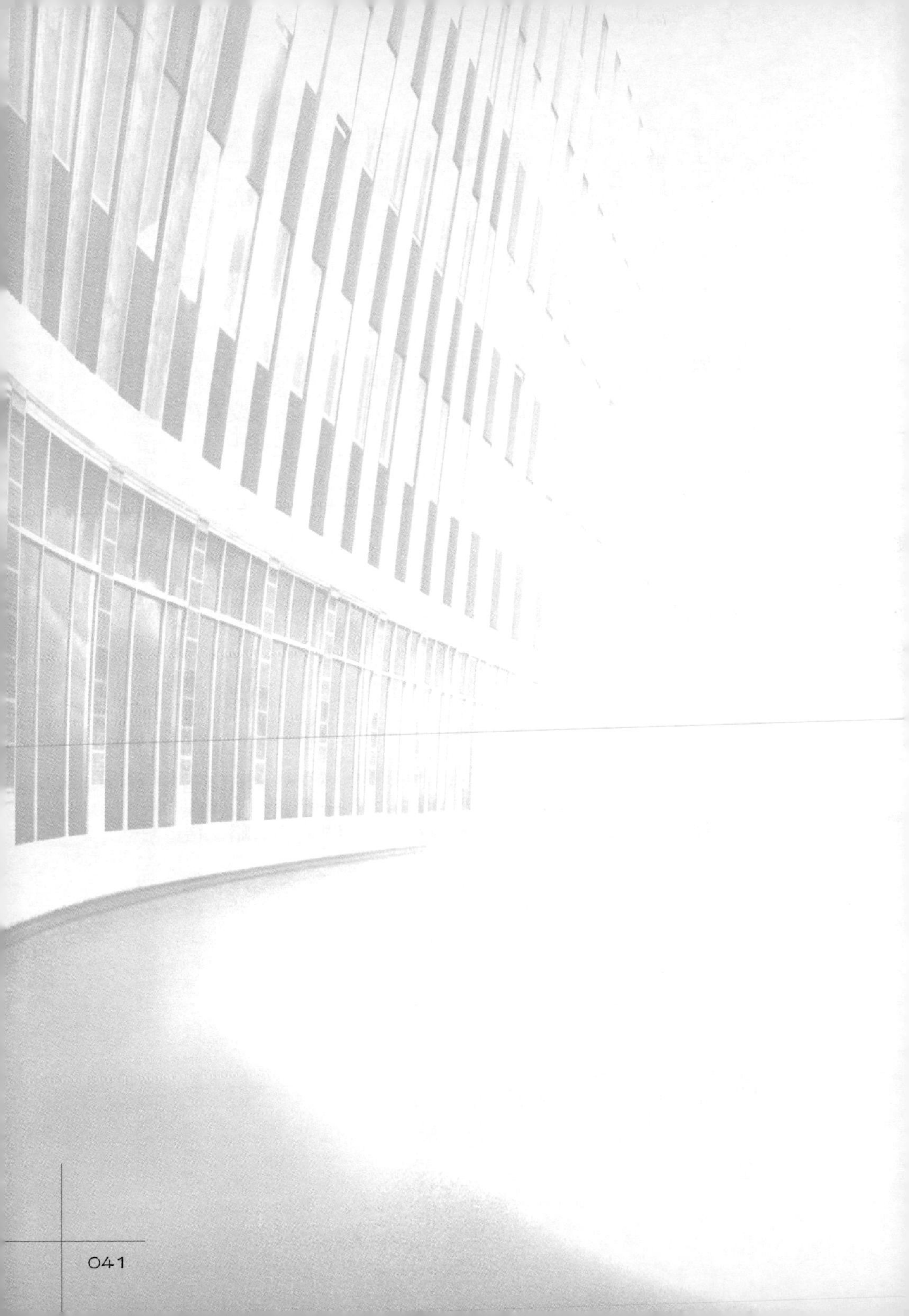

與一般投資者只關注股價是否便宜完全不同，巴菲特最關注公司的持續競爭優勢。巴菲特在一九八九年年報中反思他在前二十五年的投資生涯中所犯的錯誤後，他得出結論：以一般的價格買入一家非同一般的好公司要比（基於持續競爭優勢的價值投資策略）用非同一般的好價格買下一家一般的公司（葛拉漢價值投資策略）要好得多。

「在犯下新的錯誤之前好好反省一下以前的那些錯誤倒是一個好主意。所以讓我們稍微花些時間回顧一下過去二十五年中我所犯的錯誤。」

「當然，我所犯的第一個錯誤，就是買下波克夏公司的控股權，雖然我很清楚公司的紡織業務沒什麼發展前景，卻因為它的價格實在太便宜了，讓我無法抵擋買入的誘惑。雖然在我的早期投資生涯中買入這樣的股票確實讓我獲利頗豐，但是到了一九六五年投資波克夏後，我就開始發現這種投資策略並不理想。」

「如果你以相當低的價格買進一家公司的股票，通常情況下這家公司經營會有所改善，使你有機會以不錯的獲利把股票脫手，儘管這家公司的長期表現可能會非常糟糕。我稱之為『雪茄屁股投資法』——在大街上撿到一隻雪茄煙蒂，短得只能再抽一口，也許冒不出多少煙，但『買便宜貨』（bargain purchase）的方式可以從那僅剩的一口中發掘利潤，如同一個癮君子想要從那短得只能抽一口的煙蒂中得到天堂般的享受。」

「除非你是一個清算專家，否則買下這類公司的投資方法實在是非常愚蠢。第一，原來看起來非常便宜的價格可能到最後一文不值。在陷入困境的企業中，一個問題還沒解決，另外一個問題就冒了出來，正如廚房裡絕對不會只有你看到的那一隻蟑螂。第二，任何你最初買入時的低價優勢很快地就會被企業過低的投資回報率所侵蝕。例如你用八〇〇萬美元買下一家出售價格或清算價值一、〇〇〇萬美元的公司，如果你能馬上把這家公司出售或清算，你能夠實現非常可觀的投資回報。但是如果你十年後才能出售這家公司，而在這十年間這家公司獲利很少，只能派發相當於投資成本很少幾個百分點的股利，那麼，這項投資回報將會非常令人失望。時間是優秀企業的朋友，卻是平庸企業的敵人。」

「或許你會認為這道理再淺顯不過了，我卻是經歷了慘痛的教訓才真正領會，事實上我在多次的教訓中學習了好幾遍。在買下波克夏後不久，我通過一家後來併入波克夏公司的 Diversified Retailing 公司，買了一家位於 Baltimore 的 Hochschild Kohn 百貨公司。我以低於帳面價值相當大的折扣價格買入，管理層也非常優秀，而且這筆交易還包括一些額外的利益：未入賬的不動產價值和大量採取後進先出法的存貨準備（LIFO inventory cushion）。我到底做錯了什麼？哦！三年後我幸運地以相當於買入成本左右的價格脫手了這家公司。在結束了波克夏公司跟 Hochschild Kohn 公司的婚姻關係後，我的感覺，就像鄉村歌曲中的丈夫們所唱的那樣：『我的老婆跟我最好的朋友跑了，然而我還是非常掛念我的朋友！』」

「我可以給大家舉出更多我自己買便宜貨的愚蠢行為，但是我相信你早已明白：以一般的價格買入一家非同一般的好公司要比用非同一般的好價格買下一家一般的公司好得多。查理·芒格(Charles T.Munger)很早就明白了這個道理，我卻是一個反應遲鈍的學生。不過，現在我們買入公司或股票時，不但會堅持尋找一流的公司，同時堅持這些一流公司還要有一流的管理層。」

由於優秀企業相對於普通企業具有超額價值能力，且為數很少，而能夠以合理價格買到大量股票的優秀企業更是鳳毛麟角，因此，與葛拉漢投資普通公司並採取短期投資和分散投資不同，巴菲特集中投資於超額獲利能力高於產業平均水平的優秀公司並長期持有，這使他比葛拉漢獲得更多投資利潤。

在他的合作夥伴查理·芒格的影響下，巴菲特走出了葛拉漢只投資於普通企業廉價股的局限，吸收費雪投資於優秀企業的思想，從此巴菲特的投資策略有了根本性的飛躍。他解釋：「如同葛拉漢教導我挑選廉價股，查理·芒格不斷告誡我不要只買進便宜貨，這是他對我最大的影響，讓我擺脫了葛拉漢觀點的局限，他拓展了我的視野」。*01 巴菲特表示，自己許多見解是慢慢向查理·芒格的觀點靠攏。「我在進化，我以非同尋常的速度從猩猩進化到人類」。巴菲特對此簡單補充道：「如果我只學習葛拉漢一個人的思想，就不會像今天這麼富有」。*01 話雖如此，巴菲特還是花了

很多時間，才把他從葛拉漢和查理．芒格那兒所學到的東西融合，他說：「我開始對以合理的價格買進優秀的公司很感興趣」。＊01

巴菲特一再強調，投資人要關注的是企業，而不是市場，選擇股票的本質是選擇公司。

「在投資中，我們把自己看成是企業分析師，而不是市場分析師，也不是宏觀經濟分析師，甚至也不是證券分析師。……最終，我們的經濟命運將取決於我們所擁有的企業的經濟命運，無論我們的所有權是部分還是全部。」＊02

「投資人必須瞭解公司，包括產業，否則就根本沒有所謂的長期投資策略。」＊03

巴菲特選擇投資目標企業的態度如同選擇結婚對像一樣：

「在波克夏所有的投資活動中，最讓我和查理．芒格興奮的是買入一家由我們喜愛、相信且敬重的人管理的、具有非常出眾經濟前景的卓越企業。這種買入機會難得一見，但我們始終在尋找。在尋找過程中，我們的態度與尋找終身伴侶的態度完全相同：我們需要積極的行動、高昂的興趣和開放的思維，但並不需要急於求成。」＊03

「投資很像選擇心愛的人。苦思冥想，列出一份你夢中的她需要具備的優點清單。然後找呀找呀，突然碰到了你中意的那個她，於是你們就結合了」。＊04

那麼，巴菲特如何分析企業尋找超級明星呢？

一九九四年巴菲特與一些學生談了公司分析的基本方法：

「一段時間內，我會選擇某一個行業，對其中六至七家的企業仔細研究。我不會聽從任何關於這個行業的陳詞濫調，我努力以自己的獨立思考找出答案。……比如我挑選的是一家保險公司或一家紙業公司，我會讓自己沉浸於想像之中：如果我剛剛繼承了這家公司，而且它將是我們家庭永遠持有的唯一財產。那麼，我將如何管理這家公司？我應該考慮哪些影響因素？我需要擔心什麼？誰是我的競爭對手？誰是我的客戶？我將走出辦公室與客戶談話。我從這些談話中會發現，我這家企業與其他企業相比，具有什麼樣的優勢與劣勢？如果你進行了這樣的分析，你可能會比管理層更深刻瞭解這家公司」。*05

巴菲特在一九九九年給《Fortune》雜誌寫的文章中說出選股的關鍵所在：

「對投資來說，關鍵不是確定某個產業對社會的影響力有多大，或者這個產業將會成長多少，而是要確定企業的競爭優勢，更重要的是確定這種優勢的持續性。那些產品或服務具有強大競爭優勢的企業，才能為投資者帶來滿意的回報」。*06

總結巴菲特的投資論述與選股經驗，結合有關研究成果，我們歸納出以下「巴菲特選股三步曲」：

第一步，選擇具有長期穩定性的產業；

第二步，在產業中選擇具有突出競爭優勢的企業；

第三步，在優勢公司中優中選優，選擇競爭優勢具有長期可持續性的企業。這種基業長青的優勢企業才是巴菲特股票投資的目標企業。

*01 分別見於（美）珍妮特．洛爾著，張戎、趙平莉譯：《查理．芒格．芒格傳》，海南出版社，二〇〇三年，第一一九頁。

*02 Warren Buffett: the Chairman's Letter to the Shareholders of Berkshire Hathaway Inc. 1987.

*03 Warren Buffett: the Chairman's Letter to the Shareholders of Berkshire Hathaway Inc. 1992.

*04 Warren Buffett: Berkshire Hathaway Annual Meeting, 1989.

*05 「Buffett Talks Strategy with Students」, Omaha World-Herald, Jan 2, 1994.

*06 Warren Buffett: 「Mr. Buffett on the Stock Market」, FORTUNE, Nov. 22, 1999.

Chapter 1・1

尋找長期穩定產業

我喜歡的是那種根本不需要怎麼管理就能賺很多錢的行業。它們才是我想投資的那種行業。

——巴菲特

每個企業都受到其所處的外部環境影響，外部環境可分為兩大類：一是由自然、人口、社會、經濟、技術、政治、法律等因素組成的宏觀環境；二是由產業內部的競爭對手、供應商、買方、替代品生產廠商、潛在進入者等構成的產業競爭環境。宏觀環境一般並不直接影響企業的經營，而是通過產業環境間接影響，因此產業競爭環境對企業競爭優勢的獲得和維持具有最直接、最大的影響力。產業結構強烈地影響著企業競爭優勢的確立及其可持續性。

從理論上講，產業之間的競爭不斷將某個產業投資資本收益率降低到投資資本要求的最低平均收益率水平。當某個產業收益率低於投資資本要求的最低收益率水平時，投資者無法長期接受而退出該產業，轉移投入到其他收益率較高的產業，使該產業競爭減弱而收益率水平上升。當某個產業收益持續高於最低收益率水平時，將會吸引新的投資資本進入，使該產業內競爭加劇而收益率下降。

但在實踐中，一些產業由於其獨特的產業結構，擁有較高的進入壁壘而長期保持超出其他產業平均獲利水平的高收益率。即使投資於這些具有超額收益率的產業中一般的企業，如具有壟斷性質的報紙、廣告業、電視業等，也會有較高的回報。而投資於收益率水平很低的產業中即使是最優秀的產業，如鋼鐵、石化，也只能有較低的回報。

總結巴菲特的投資經驗，他在產業選擇中重點關注兩大方面：

一是產業吸引力：產業吸引力主要表現在產業平均獲利能力上。

二是產業穩定性：產業穩定性主要表現在產業結構變化程度上。

一・一・一 產業吸引力比較

巴菲特以他曾經投資的百貨零售業與電視傳媒業進行了產業吸引力比較：「零售業是競爭劇烈的行業。在我個人的投資生涯中，我看過許多零售商曾經一度擁有令人吃驚的成長率和超乎尋常的股東權益報酬率，但是後來突然業績急速下滑，經常不得不宣告破產。相對於製造業或服務業，這種剎那間的流星現象在零售業屢見不鮮。在一定程度上，原因是這些零售商必須時時保持比同行更加聰明。但不管你如何聰明，你的競爭對手隨時準備複製你的做法，然後超越你。同時一群新加入的零售商又會使用各種各樣的手段引誘著你的客戶。在零售業中一旦業績下滑，就必定走向失敗。相對於這種必須時時聰明的產業，還有一種我稱之為只需聰明一時的產業。舉個例子來說，如果你在很早以前就聰明地買下一家地方電視台，你甚至可以把它交給懶惰又差勁的侄子來經營管理，而這項事業卻仍然可以好好地經營上幾十年，當然，若是你懂得將電視台交給Tom Murphy（編按：大都會公司主席）來管理，你本人退居幕後毫不干涉，所獲得的回報將會非常高。但是對零售業來說，如果用人不當的話，就等於買了一張準備倒閉關門的門票」。*01

巴菲特的投資經驗表明，產業吸引力是股票投資中產業選擇的首要標準。那麼，如何分析比較產業吸引力呢？

研究產業競爭的權威、哈佛大學商學院波特(Michael E.Porter)教授認為，產業吸引力取決於產業內的五種主要競爭作用力，這些作用力的共同作用決定了該產業的最終獲利能力*02。這種獲利能力決定了長期投資回報率水平。該產業的長期投資回報率會隨著這些競爭作用力合力的變化而發生根本變化。在那些競爭作用力強的產業，如鋼鐵、造紙、石化等，沒有一個企業能獲取超出平均水平的較高投資收益率。而在那些競爭作用力相對較弱的產業，如報紙、電視台、廣告、美容化妝、珠寶等，企業普遍能夠獲取很高的收益率。

產業結構通常影響產業內部所有的企業，這種影響力起源於產業內部的基礎經濟結構，不是單個企業所能改變的。如果一個產業的產業結構能夠持續保持較高的吸引力，同時持續形成較高的進入壁壘，那麼該產業中的企業就具有保持持續競爭優勢的良好條件。

產業結構分析有助於在股票投資中尋找到獲利平均水平較高的長期穩定產業，在這些產業中更容易找到獲利水平高、競爭優勢持續時期長的優秀企業。這正是巴菲特心中最理想的投資目標。

巴菲特本人並沒有告訴我們關於產業吸引力分析的模型，我們根據有關產業競爭研究成果進行比較認為，最經典、最有效的模型是波特提出的「五力模型」，另外理查德．科赫在波特五力模型的基礎上進一步提出了產業／細分市場吸引力矩陣也值得借鑒。

產業吸引力分析模型之一：波特的「五力」(Five Forces)模型

哈佛大學的波特教授提出和建立了產業結構分析的理論框架——五力模型——一個產業中包括五種競爭作用力：進入威脅、替代威脅、買方侃價能力、供方侃價能力、現有競爭對手的競爭[*03]。五種競爭作用力的強弱決定了投資資本進入的難度、產業競爭的強度及產業利潤率。由競爭作用力強弱因素形成的產業深層結構對產業競爭程度和產業利潤率具有長期的、持續的影響。

五種競爭作用力的特點如下：*04

進入威脅

當某個行業邊際利潤較高以及進入壁壘較低時就會有新的競爭者進入市場，從而可能導致產業的整體生產能力擴大，加劇競爭，導致產品價格降低或成本上升。波特認為，進入威脅的大小取決於進入壁壘，加上準備進入者可能遇到現存守成者的反擊。進入者必須為克服進入壁壘付出相應的成本，並承受遭到產業內現有企業報復的風險。產業存在七個主要資源方面的進入壁壘：規模經濟、產品差異化、資本需求、轉移成本、獲得經銷通路、與規模無關的成本劣勢、政府政策。

現有競爭對手間爭奪的激烈程度

產業內部現有競爭對手之間主要通過產量、質量、價格和廣告等方式進行競爭。在大多數產業中，各個企業相互依存，所以一個企業的競爭行為會對其競爭對手產生明顯的影響。我們在進行投資時要謹慎進入競爭過於激烈的產業。產業內部競爭過於激烈的主要原因包括：眾多的或勢均力敵的競爭對手、產業成長緩慢、高固定成本或高庫存成本、差異或轉換成本欠缺、大幅度增容、形形色色的競爭對手、高額戰略利益、退出壁壘大。

替代產品壓力

廣義上講一個產業內的所有企業都與其替代產品的生產企業進行競爭。替代品決定了產業中企業的產品價格上限和潛在獲利水平。識別替代產品的方法是尋找那些能夠實現本產業產品相同功能的其他產品。在某個產業出現替代品可能會取代公司現在的產品，更普遍的是，儘管替代品通常不能完全取代現有的產品，但由於引入了新的技術或降低了生產成本，從而使產業利潤水平普遍降低。

買方侃價實力

買方侃價實力強有助於壓低價格和要求更有利的交易條件，直接減少產業利潤。在以下情況下，買方侃價實力較強：大批量和集中購買、公司之間提供的產品差異不大、買方轉換成本低、買方獲利低、公司出售產品的價格對於購買者的成本影響較大、產品對買方產品的質量及服務無重大影響、買方掌握充分的訊息等。

供方侃價實力

供應商可能通過提價或降低產品或服務的質量而對企業的生產成本有較大影響，以下情況下供應商將有較強的力量：可選擇的供應商數量有限、供應商提供的商品不存在替代品、供應商提供商品佔公司總成本比較大、供方商品已經差異化或者建立起轉換成本、供應商實際能夠通過前向一體化從事公司同樣的產品生產。

產業吸引力分析模型之二：產業／細分市場吸引力矩陣

理查德．科赫在波特五力模型的基礎上進一步提出了另外四種有助於描述產業或者細分市場吸引力的力量，形成了一個產業／細分市場吸引力矩陣：*05

- 產業或細分市場的利潤率：通常是由使用資金的回報率來衡量。
- 資金回報率的未來趨勢：這是衡量未來競爭分佈利潤率和吸引力的一個重要指標。
- 市場成長率。
- 目前顧客需求總量與生產能力之間的平衡：生產能力過度閒置會導致整個產業沒有吸引力。

理查德．科赫認為，產業競爭對手間的競爭程度已經在上述指標中體現，因此不再作為其中一個力量。他認為可以通過給以上四個因素以及波特提出的進入威脅、替代威脅、買方侃價能力、供方侃價能力等四個因素，共八個因素分別

表 1-1 產業／細分市場吸引力分數表

因素	最低分	最高分
1.目前產業或細分市場的利潤率	0	40
2.使用資金回報率的趨勢	0	10
3.市場成長率	0	10
4.需求與生產能力之間的平衡	-20	0
5.進入威脅	0	10
6.替代威脅	-20	0
7.買方侃價能力	0	20
8.供方侃價能力	0	10

資料來源：理查德．科赫著，邵海華，肖維青譯，《公司戰略》上海遠東出版社，二〇〇二年十月第1版，第127頁

進行分數評估，最後得出每個產業或每個細分市場的總分。

產業／細分市場矩陣總得分可以在負四〇到一〇〇分之間，得分高低表示產業吸引力的高低。（見表1-1）

一・一・二　產業穩定性分析

每個對巴菲特投資策略稍微有瞭解的投資者，都知道他最大的特點是持股經常達到幾年甚至十幾年之久。巴菲特之所以如此大膽長期持有，是因為他堅信他投資的企業和產業在未來長期內具有很強的穩定性。

「我們的重點在於尋找一般情況下未來十年、十五年或者二十年後的企業經營情況是可以預測的企業。」——*06

「研究我們過去對子公司和普通股的投資時，你會看到我們偏愛那些不太可能發生重大變化的公司和產業。我們這樣選擇的原因很簡單：在進行兩者（子公司和普通股）中的任何一種投資時，我們尋找那些我們相信在從現在開始的十年或二十年的時間裡實際上肯定擁有強大競爭力的企業。至於那些競爭環境迅速轉變的產業，儘管可能會提供巨大的成功機會，但是它排除了我們尋找的確定性」。*07

巴菲特總結了自己的產業分析經驗，他的結論是：主業長期穩定的企業往往獲利能力最強。「經驗表明，經營獲利能力最好的企業，經常是那些現在的經營方式與五年前甚至十年前幾乎完全相同的企業。當然管理層決不能因此過於自滿。企業總是有機會進一步改善服務、產品線、生產技術等，這些機會一定要好好把握。但是一家公司如果經常發生重大變化，就可能會因此導致重大失誤。推而廣之，在一塊總是動盪不安的經濟土地之上，是不太可能建造一座固若金湯的城堡似的經濟特許權（franchise），而這樣的經濟特許權正是企業持續取得超額利潤的關鍵所在」。*08

一個公司的主業之所以能夠長期穩定，其根本原因在於其所在產業具有長期穩定性。而那些經常甚至很快發生重大變化的產業，如高科技產業和新興產業等，巴菲特則認為其產業本身具有內在的不穩定性，難以對其長期前景進行可靠預測，所以巴菲特從不投資於高科技等容易變化的不穩定產業。

「當然有許多產業，連查理或是我可能都無法確定到底這些公司的業務是『寵物石頭』（pet rock）還是『芭比娃娃』（Barbie）。甚至即使我們花了許多年時間努力研究這些產業，還是無法解決這個問題。有時是由於我們本身智力和學識上的缺陷阻礙對這些產業的瞭解，有時則是由於產業的特性本身就是很大的障礙。例如對於一家隨時都必須應對快速技術變遷的公司來說，根本就無法判斷其長期經濟前景。在三十年前，我們能預見到現在電視機製造產業或電腦產業的變化嗎？當然不能。（就算是大部分熱衷於進入這些產業的投資人和企業經理人也不能）那麼為什麼查理和我非得認為我們能夠預測其他快速變遷產業的發展前景呢？我們寧願專注於那些容易預測的產業。」＊09

巴菲特的產業選擇經驗表明，決定產業長期穩定性的產業演變對於投資分析非常重要。產業演變將導致產業吸引力及產業平均投資回報率的重大變化，相應企業對於產業演變的戰略反應是否適當將導致企業競爭優勢發生較大變化。

我們這裡主要採用波特（一九八〇）提出的產業演變基本分析框架。波特認為分析產業演變的出發點是產業結構分析。產業演變如果從根本上影響了五種競爭作用力，這種產業變化就具有長期性，會對企業有根本性的影響。產業發展初期的產業結構通常與產業發展後的產業結構相差很遠，正是產業演變過程推動產業向其潛在產業結構發展。同時技術開放、創新、產業中或打算進入該產業的某些特定企業本身以及許多不可預知的因素等都會對產業演變有很大影響，這使產業演變很難準確預測。

在產業演變分析中，應關注以下重點——

- 分析重要的產業演變過程。

●分析演變中的重要經濟關係。

●應用產業圖景進行合理預測。

十二種最重要的產業演變過程

每個產業都有一些可預測的、重要的產業演變過程：*10

（一）成長的長期變化：導致產業結構變化最常見的力量大概是產業長期成長率的變化。產業成長是決定產業內競爭激烈程度的主要變量，並且決定了為保持市場佔有額而擴大生產的速度，因而將影響供需平衡以及產業對新進入者的吸引力。長期產業成長變化有五個重要的外部原因：人口因素、需要趨勢、替代品相對地位的變化、互補產品地位的變化、顧客群的滲透、產品變革。

（二）所服務細分客戶群的變化：新細分客戶服務群可能帶來規模經濟、資本要求、行銷方法等方面的變化，從而引起產業結構的變化。

（三）買方的學習：買主通過重複購買，對產品的知識越來越多，從而對於保修、服務、性能改進等的要求也逐步提高，使產品的差異化程度自然減少。

（四）不確定性的減少：隨著產業的逐步發展成熟，產業自身的不確定性不斷減少，產業進入壁壘減少，這將可能吸引大型的、已經確立地位的公司進入，倣傚成功企業的技術和戰略，使原有企業的競爭優勢大大減少。

（五）專有知識的擴散：特定的產品和工藝技術越來越非專有，隨著時間的推移，技術更加成熟，其知識擴散也通過多種方式傳播得越來越廣泛。因此在沒有專利保護的情況下，專有知識優勢將逐步消失，相應的進入壁壘也會消失。這為新對手的加入提供了有利條件。

（六）經驗積累：根據經驗曲線，單位成本隨著生產、經銷以及產品行銷經驗的積累而下降，在經驗能保持專有時，它是產業變化的有效力量。

（七）規模的擴大或縮小：首先產業規模的擴大使企業提高產業規模經濟和資本要求的可用戰略增多；其次是使縱向整合更為可行；第三是可能會吸引新的進入者，使現有的企業處境艱難。

（八）投入成本的變化：每個產業在生產、經銷、行銷中的各種投入的成本或質量的變化都可能影響產業結構的變化，這些重要的投入成本要素包括薪資率、原材料成本、資金成本、通訊成本、運輸成本等。

（九）產品創新、行銷創新、過程創新：產品創新可擴大市場因而促進成長或加強產品的差異化。行銷創新可通過增加需求直接影響產業結構。生產過程或生產工藝的創新能增加或減少生產過程的資本密集性、規模經濟性等從而影響產業結構。

（十）相鄰產業的結構變化：因為某一產業供方和買方的產業結構影響了他們與該產業的侃價

實力，所以供方和買方的產業結構變化對該產業演變可能有重要影響。

（十一）政府政策變化：政府對產業結構的變化有明顯有效的影響。最直接的影響莫過於對進入產業、競爭活動或利潤率等關鍵因素進行全面限制。間接影響是通過對產品質量及安全、環境保護、關稅或外國投資進行限制來實現。

（十二）進入或退出：新的進入者，尤其是在其他產業中已經建立地位的企業進入，對產業結構有明顯的影響，常常成為產業結構變化的主要驅動力，這是因為在其他市場已經立足的企業一般具有能夠使產業結構發生變化的能力或資源。

產業演變過程中的重要趨勢

產業演變不是局部的、分散的變化，因為產業本身是一個多種因素相互聯繫的系統，產業結構某一方面的變化將觸發其他方面也發生變化，甚至發生重大的變化。因此產業的變化常常引發一系列反應，導致其他許多變化。這些變化並沒有什麼統一的模式，根本不像產業生命週期中描述的那麼完整清楚。但是演變過程中具有某些特別重要的發展趨勢：

產業集中趨勢

一般來說，進入壁壘越高，產業集中度也越高，市場佔有率主要由領先的前幾名大企業所佔有。進入壁壘越低，新的企業更容易進入而代替退出的企業，產業集中度一般不會太高。退出壁壘越高，會強迫企業留在產業內，產業集中度也不會降低。

產業邊界模糊化

產業結構的變化常常伴隨產業邊界的變化，產業演變具有改變這些產業邊界的強烈趨勢。產業中的創新或者涉及替代品的創新都可能導致更多的公司直接競爭而有效地擴大產業邊界。

產業結構演變的基本分析工具：產業圖景

很明顯，產業未來發展演變是不確定的，採用巴菲特長期價值投資策略的前提是對產業發展的穩定性進行預測。那麼，如何對面臨許多不確定性的產業未來進行預測呢？波特（一九八五）將圖景分析方法應用在產業結構演變分析上，提出了「產業圖景」這一產業演變分析工具。

所謂圖景就是一種對未來情況的內部連續的看法，是考慮不確定性的有效手段。通過構造多種圖景，能夠系統地研究進行戰略選擇時可能帶來的各種後果，使管理層對未來的模糊假設明確化，避免做出危險的、片面的預測。

所謂產業圖景，是「一種對產業未來結構的內在聯貫的設想，基於一組關於可能影響產業結構的重要不確定性的合理假設」[11]。一種產業圖景不是對未來的預測，而是代表未來一種可能的產業結構，是眾多未來可能的產業結構中的一種。事實上，一個圖景就是在一系列關於未來的聯貫假設下，對產業結構、競爭對手行為以及企業競爭優勢來源所做的充分分析。產業圖景分析的目的是保證企業對於未來產業結構的看法是聯貫的，而不是片面的。

這種產業圖景分析方法當然也可以用於投資決策分析之中。通過仔細分析，慎重選擇一組產業圖景，以反映對產業競爭將產生重要影響的一系列可能的而且是可信的產業結構。然後，利用整個一組產業圖景，而不是其中某個最可能發生的圖景，來分析其對於企業長期競爭優勢的影響，從而有助於作出長期價值投資決策。

波特（一九八五）提出構造產業圖景的過程如下——[12]

- 辨識影響產業結構的不確定性；
- 確定驅動這些不確定性的因果性要素；
- 就每一重要的因果性因素作一系列合理的假設；
- 綜合各要素的假設形成內部聯貫的圖景；
- 分析每一圖景佔優勢的產業結構；
- 確定每一圖景中競爭優勢的來源；

● 預測每一圖景中的競爭對手行為。

一．一．三　巴菲特產業分析的失敗與教訓

儘管巴菲特具有很強的產業分析能力，但智者千慮，必有一失，對於未來沒有人能夠完全準確預測，巴菲特也不例外。他所投資的優秀企業所處的產業也經歷了產業結構的重大變化，這種變化對不同的企業產生了完全不同的影響。巴菲特因經濟全球化及技術變革對鞋業和百科全書出版業的產業結構影響估計不足，從而讓自己對 Dexter 鞋業和世界百科全書公司兩家企業的投資遭受了重大挫折。

全球化讓 Dexter 鞋業經營陷入困境

在經濟全球化的當今世界，產業國際競爭力越強，越具有發展潛力，從而為企業持續競爭優勢提供較好的發展基礎。國際競爭力弱的產業，企業可能與其他國家相同產業的國際競爭中處於劣勢，其競爭優勢也很難長期持續下去。反之，處於國際競爭力強的產業中的企業，由於在與其他國家相同產業的國際競爭中處於優勢，隨著國際市場的開拓，競爭優勢不但會繼續保持並且很有可能

繼續擴大。

因此在持續競爭優勢分析中，對全球化的影響決不能忽視。在分析產業穩定性時，需要用全球化的角度分析產業的國際競爭力。

全球化為巴菲特投資的可口可樂和吉列等公司帶來了巨大的成功。可口可樂第一位外籍總裁高伊祖塔(Roberto C. Goizueta)上任後，推動可口可樂全球化高速成長。一九八四年可口可樂國際市場利潤只勉強佔總利潤的五二%，而一九八七年則成長到七五%以上。國際市場為可口可樂帶來了豐厚的回報。一九八四至一九八七年可口可樂全球銷量成長了三四%，國際市場的總利潤從六．六六億美元成長到了十一．一億美元。*13

全球化卻為巴菲特對鞋業的投資帶來相當大的虧損。主要原因由於美國鞋業相對於亞洲鞋業在生產成本上處於很大的劣勢，其國際競爭力的劣勢使企業原來的競爭優勢風光不再，利潤大幅下降甚至虧損。巴菲特對此也非常無奈，只好承認自己對全球化競爭對美國鞋業的影響估計不足：

「一九九九年我們旗下幾乎所有的製造、零售與服務業務都有優秀的業績，唯一的例外是 Dexter 鞋業。不過這並非公司管理上的問題。在管理技巧、能力與敬業等方面，Dexter 管理層與其他公司相比毫不遜色。但我們大部分鞋子是美國本土進行生產，而美國本土廠商與境外廠商的競爭變得非常困難。一九九九年在美國十三億雙的鞋子消費量中，其中約九三%是進口產品，國外非常廉價的勞動力是決定性的因素」。*14

「二〇〇一年我們的鞋業經營稅前虧損為四、六二〇萬美元，其中H. H. Brown公司有所獲利，但 Justin 仍深陷在 Dexter 公司虧損的泥沼中。……Dexter 公司在我們買入前，事實上也包括買入後的幾年內，在國外殘酷的低成本競爭中業務仍然保持繁榮。當時我就此得出結論認為 Dexter 完全有能力應付這一問題，事實證明我的判斷錯誤」。*15

技術變革對巴菲特投資的影響：世界百科全書投資遭受重大挫折

在所有能夠改變產業結構及企業競爭優勢的因素中，技術變革是最強有力的因素。技術變革是競爭的主要驅動力之一，既會導致現有產業結構的變化，也會形成新興產業。

技術變革經常會導致企業競爭格局的重大變化：原有產業領導者巨大的競爭優勢會因技術的重大變革而很快消失或減弱，其他企業迅速崛起為新的產業領導者。當今許多巨型企業，如微軟、英特爾等，都是充分利用技術變革的機會取得了巨大的成功。

技術變革是一把雙刃劍，既可能提高也可能降低產業的吸引力，既可能強化也可能惡化企業競爭優勢。高技術並不能保證企業獲利，甚至許多高技術企業因競爭過度而遠不如傳統企業賺錢。這正像許多電腦製造企業不如賣電腦配件的小販賺錢一樣。儘管如此，技術如同資金一樣是企業生命血液中的一部分，貫穿企業的價值鏈，對競爭優勢和產業結構有重大的影響。任何企業認為產業中的技術已經完全成熟，是錯誤的，技術變革將會給許多企業和產業帶來翻天覆地的變化，沒有準備的企業將面臨災難，有準備的企業則可能坐享機遇。

巴菲特堅決拒絕投資高科技，因為這些產業受到技術變革的影響而變化不定，使他無法對產業內的公司長期競爭力作基本的判斷。

但是，巴菲特對技術變革影響的估計不足，也曾使他對企業持續競爭優勢的分析出現嚴重的錯誤。技術的發展使原來厚重的百科全書內容可以儲存在一張小小的光碟上，百科全書產業結構徹底改變，從而使巴菲特對世界百科全書公司的投資受很大的挫折。因此我們在分析產業結構穩定性時，必須充分考慮技術的影響。

*01 Warren Buffett: the Chairman's Letter to the Shareholders of Berkshire Hathaway Inc. 1995.

*02 （美）波特著：《競爭戰略》，華夏出版社，一九九七年一月，第二頁。

*03 （美）波特著：《競爭戰略》，華夏出版社，一九九七年一月，第四至五頁。

*04 （美）波特著：《競爭戰略》，華夏出版社，一九九七年一月，第六至二八頁。

*05 （英）理查德．科赫著：《公司戰略》，上海遠東出版社，二〇〇二年十月，第一二七頁。

*06 Whitney Tilson: Why Won't Buffett Invest in Tech Stocks？ March 6, 2000, http://www.fool.com/boringport.

*07 Warren Buffett: the Chairman's Letter to the Shareholders of Berkshire Hathaway Inc. 1996.

*08 Warren Buffett: the Chairman's Letter to the Shareholders of Berkshire Hathaway Inc. 1987.

*09 Warren Buffett: the Chairman's Letter to the Shareholders of Berkshire Hathaway Inc. 1993.

*10 （美）波特著：《競爭戰略》，華夏出版社，一九九七年一月，第一六〇至一七三頁。

*11 （美）波特著：《競爭優勢》，華夏出版社，一九九七年一月，第四五一頁。

*12 （美）波特著：《競爭優勢》，華夏出版社，一九九七年一月，第四五二頁。

*13 （美）羅傑．洛文斯坦著：《一個美國資本家的成長——世界首富巴菲特傳》，海南出版社，一九九七年一月，第三八五頁。

*14 Warren Buffett: the Chairman's Letter to the Shareholders of Berkshire Hathaway Inc. 1999.

*15 Warren Buffett: the Chairman's Letter to the Shareholders of Berkshire Hathaway Inc. 2001.

Chapter 1・2

尋找競爭優勢

最終我們的經濟命運將取決於我們所擁有的公司的經濟命運。

——巴菲特

試玉要燒三日滿，辨材須待七年期。

——白居易

在選擇了具有較好吸引力的產業後，產業中眾多的企業，投資人應該如何選擇呢？

巴菲特認為關鍵是分析企業的競爭優勢及其可持續性，他一再強調，投資人應該去尋找和發現具有持續競爭優勢的企業，作為投資的首選。

「對投資來說，關鍵不是確定某產業對社會的影響力有多大，或者這個產業將會成長多少，而是要確定任何所選擇企業的競爭優勢，而且更重要的是，確定這種優勢的持續性。」*01

二〇〇〇年四月波克夏股東大會上，巴菲特在回答一個關於哈佛商學院波特的問題時說：「我對波特非常瞭解，我很明白我們的想法是相似的。他在書中寫道，長期的可持續競爭優勢是任何企業經營的核心，而這一點我們所想的完全相同。這正是投資的關鍵所在。理解這一點的最

佳途徑是研究分析那些已經取得長期的可持續競爭優勢的企業。」＊02

一九八七巴菲特在波克夏回顧自己以前二十五年的投資生涯時感慨地總結道：「以一般的價格買入一家非同一般的好公司要比用非同一般的好價格買下一家一般的公司好得多」。＊03

巴菲特之所以強調要投資於具有持續競爭優勢的企業，是因為對於長期投資來說，股價最終取決於公司內在價值，而具有持續競爭優勢的企業其經濟命運要遠遠優於那些一般企業，能夠持續創造更大的價值增值，從而為股東帶來更大的財富增值。

持續競爭優勢分析應該分為兩個步驟：

一是分析企業是否具有真正的競爭優勢。

二是分析企業競爭優勢是否能夠長期持續保持。

從企業價值增值能力的角度，公司競爭優勢就是指一個公司向客戶提供具有某種價值的產品或服務的過程中所表現出來超越其他競爭對手的一種優勢，依賴於這種優勢，該企業能夠在一定時期內保持超出所在產業平均水平的價值增值能力。

一・二・一　競爭優勢創造超額價值增值

「競爭優勢」概念最早是由英國張伯倫（E. Chamberlin）在一九三九年提出，Hofer 和 Schendel 將其引入戰略管理領域。但是真正開始對競爭優勢進行系統和深入研究是哈佛大學商學院的波特，他在二十世紀八〇年代中期出版了《競爭戰略》和《競爭優勢》，使競爭優勢的研究開始成為戰略管理學研究的核心，也使「競爭優勢」成為經營管理中最頻繁使用的概念之一。

競爭優勢的基本概念

價值增值是指企業產出價值與投入成本之間的差額。每一個公司都需要充分利用自身的資源從而與對手競爭，使公司比行業競爭者帶來更多的競爭優勢以及更大的價值增值，這些價值增值將以利潤、現金和向顧客提供服務的方式表現出來。

實現價值增值是企業生存和發展的基礎。如果企業不能使購進的原材料或半成品增值，那麼它就沒有長期存在的必要。實際上在一些公司會出現負的價值增值（虧損）的情況：它們生產產品的最終價值不能彌補所有投入的成本，最終陷入破產。

波特認為：公司競爭優勢「歸根結底來源於企業為客戶（即消費者）創造超過其成本的價值。價值是客戶願意支付的價錢，而超額價值產生於以低於對手的價格提供同等的效益，或者所提供的獨特效益補償高價而有餘」。*04

巴尼認為：「當企業能夠實施某種價值創造性戰略而其他任何現有和潛在的競爭者不能同時實施時，就可以說該企業擁有競爭優勢」。*05

在產業競爭市場中，企業具有競爭優勢並擁有超出產業平均水平的超額獲利能力時，必然吸引模仿和進入者，並引發激烈的市場競爭，使超額獲利水平下降直至消失。如果企業能夠在較長的時期內持續保持超過產業內其他競爭對手的獲利水平，那麼這個企業就具有了持續競爭優勢。

企業持續競爭優勢是在較長的一段時間內，在競爭者所有的仿製能力均嘗試之後，企業仍能夠保持的競爭優勢。競爭優勢是否能夠持續以及持續多長時間，取決於企業的競爭優勢「壁壘」。競爭對手想模仿優勢企業的競爭優勢，必須克服或通過創新避開優勢企業的隔離機制，但是這需要額外增加其生產成本或降低其收益率，從而減弱其模仿和進入的驅動力，這種「壁壘」使競爭優勢長期持續下去，並長期獲得超額利潤。

巴菲特將競爭優勢壁壘稱為「護城河」：「那些所提供的產品或服務周圍具有很寬的護城河的企業能為投資者帶來滿意的回報。」*06「我們喜歡持有這樣的企業城堡：有很寬的護城河，河裡游滿了很多鯊魚和鱷魚，足以抵擋外來闖入者。」*07

競爭優勢創造超額價值增值的三大驅動力

企業競爭優勢的差異性表現在顧客對企業產品或服務的偏愛程度差異性，或者說這些差異可以為顧客帶來的價值與眾不同。具有競爭優勢的企業與競爭對手相比往往擁有更高的獲利能力，能夠獲取更多的利潤。

我們可以用微觀經濟學方程式*公式一對競爭優勢進行簡化的分析——具有競爭優勢的企業一般會比競爭對手獲得更多的利潤。這種超額利潤只能有三個來源：更多的市場佔有率（在市場總銷售量相對穩定時）、更低的生產成本、更高的銷售價格。可以將這三個因素稱之為基於競爭優勢的三個價值驅動因素。

根據以上分析，競爭優勢體現為兩個基本類型和兩種基本形式：

（一）市場佔有率優勢：在產品銷售利潤率相近時，從市場的角度來看，競爭優勢體現更大的市場佔有率。

（二）產品優勢：市場佔有率本身會由於更低的生產成本或者更高的銷售價格而增加：更低的生產成本使企業能以更低的銷售價格出售，從而進一步增加市場佔有率；當企業由於產品的差異性能以更高的價格出售時，即使銷售數量不變，市場佔有率也會增加。

＊ 公式一：

利潤 ＝ 銷售量 ×（銷售價格 － 生產成本）

＝市場佔有率 × 市場總銷售量 × 銷售利潤率

＝市場佔有率 × 市場總銷售量×（銷售價格 － 生產成本）

從產品或服務角度，競爭優勢可以進一步歸納為更低的生產成本或者更高的銷售價格。由此可以將基於產品的競爭優勢歸納為兩種基本類型：成本優勢和差異化優勢。

一．二．二　市場佔有率優勢

一般來說，檢驗競爭優勢的最可行、最客觀的標準是相對市場佔有率和相對利潤率。與相對利潤率相比，相對市場佔有率可能是更好的標準。一般來說細分市場的領導者如果能持續保持其領導地位，就表明其具有競爭優勢。

相對市場佔有率往往是和相對利潤率相關的。細分市場的領導者一般也擁有相對高於其競爭對手的利潤率。波士頓顧問公司創始人亨德森指出：「決定獲利水平的，正是競爭者在戰略局部市場中所佔的市場佔有率，而不是公司的規模」。*08

分析公司相對市場佔有率優勢一般可按照以下步驟：

- 對公司進行業務競爭的市場進行細分；
- 確認細分市場上的領導者；
- 分析細分市場結構的穩定性。

競爭市場細分

評估競爭優勢需要確定企業的相對市場佔有率，而確定市場佔有率的前提是對市場進行細分。只有正確地確定被分析公司的業務範圍，即在什麼競爭領域考察競爭優勢，才能為準確分析競爭優勢形成基礎。這裡的市場細分與行銷中的市場細分不盡相同，競爭優勢分析中的市場細分主要是針對不同的競爭對手進行市場細分，更確切地說是「業務市場細分」或「競爭市場細分」。這一概念與亨德森提出的「戰略性的局部市場」相似。「所謂戰略性的局部市場，指的是企業可以獲得競爭優勢加以利用的那部分市場。戰略性局部市場完全是從競爭性差異的角度來劃分的。戰略性局部市場分析則是根據競爭程度實現利潤的最優化。」*09

理查德·科赫提出了兩個競爭市場細分的原則*10：

- 如果你在不同的業務範圍內（產品、顧客、流通通路、國家、技術或任何可以分割與該公司有關的業務的手段），遇到的是不同的主要競爭對手，那麼，這兩個領域是不同的競爭細分市場。
- 即使公司在兩個領域裡遇到同樣的主要對手，如果在兩個市場中該公司和對手的市場地位有很大差別，這也是兩個不同的競爭細分市場。

專業化核心經營企業

關於「多元化」與「專業化」的爭論已經持續了很久，每個公司情況不同相應有不同的選擇。但大多數具持續競爭優勢的企業都是高度專業化，集中於一種在細分市場上遙遙領先的核心業務。

專業化的公司是一個簡單的公司，一切都保持簡單：一個簡單的經營戰略、一條簡單的產品或服務價值鏈、一個簡單的組織結構。這種簡單的專業化公司是巴菲特選擇股票最喜愛的公司類型。

美國著名行銷大師阿爾·里斯(Al Ries)指出：全球化是最大的經營趨勢。而全球化進一步推動了專業化。「市場越大，專業化程度越高。市場越小，專業化程度越低，公司的經營也就多元化。隨著全球化經濟的發展，公司也必須變得越來越專業。……當自由貿易在全球範圍內實現的時候，公司要想生存就必須走專業化的道路」。[*11]

越來越多的研究表明，專業化生產是企業獲取長期競爭優勢的根本特徵。因此我們尋找持續競爭優勢企業應該集中於那些高度專業化的企業中。

克里斯·祖克和詹姆斯·艾倫研究發現，在過去的二十年裡，世界上九〇%的公司未能取得持續獲利成長。他們通過對美國、澳大利亞、英國、法國、德國、意大利和日本七個國家的一九九六年銷售收入大於五億美元的一、八五四家上市公司一九八八年至一九九八年十年間的數據分析，發現僅有一三%的公司是超過十年的持續價值創造者：即持續保持五·五%以上的實際收入成長率且股東總收益（包括股票升值和股利再投資）超過資本成本（平均十年收回資本成本）。[*12] 他們發現許多持續創造價值的企業一般都是高度集中於核心業務的專業化企業，並且越來越領先於多元化經營且沒有清晰核心業務的競爭者。

Gunter Rommel 研究了三十九個德國的中型公司，發現獲利水平高的企業其共同特徵是專業化：產品少、客戶少，供應商也較少。*13

由 Kalcha Group 公司顧問們進行的調查涉及了美國和英國七百個企業，他們發現集中型的公司即只參與一到二項主要業務的企業比非集中型公司運作要好得多。集中型公司每股獲利平均成長率為一八%，而非集中型公司只有十一%。*13

康斯坦丁諾斯・馬科特斯對美國企業在二十世紀八〇年代重新核心化的範圍和影響進行了實證研究。他將重新核心化界定為專心於核心業務而決定減少經營活動的範圍。他的研究表明：二十世紀八〇年代美國最優秀的企業超過二〇%的企業重新核心化，六〇年代僅有一%。美國前一百家企業在一九八一至一九八七年間發生的收購中，六五%以上都是與核心業務相關的。*12

波特在一九八七年的《哈佛商業評論》上發表了一篇分散化對企業業績影響的研究報告，他考察了三十三家美國大企業從一九五〇年到一九八六年的分散化歷史。他發現企業對新行業收購的剝離率平均在五〇%以上，對全新領域收購的剝離率超過六〇%，對不相關投資的剝離率幾乎達到七五%。*14

Ramakrishnan 和 Thomas（一九九一）年研究了利潤的構成對企業的作用，他們認為，利潤的不同組成成份有不同的持久性，獲利的持久性是其組成成份不同持久性的平均數。他們把獲利的組成成份分成為三類：一是永久類，能無限持續；二是暫時類，只影響當期獲利；三是價格無關類，其持久性為零。其中主營業務利潤是企業獲利的核心，具有永久的持續性，是利潤中最穩定和最可預期的部分。

Lev,B.和S.B. Thiagarajan（一九九三）[15] 研究結果表明，獲利的質量與其持久性呈顯著的正相關，而主營業務利潤比重又在很大程度上決定了企業的獲利質量和獲利能力。

波士頓顧問公司的「三四律」

對競爭市場細分，並尋找相對市場佔有率最大市場領導者後，什麼樣的市場結構下競爭市場是比較穩定的呢？

波士頓顧問公司創始人亨德森於一九七六年提出了「三四律」：「在一個穩定的競爭性市場中，有影響力的競爭者數量絕不會超過三個。其中，最大競爭者的市場佔有率又不會超過最小者的四倍。這個規律是由下面兩個條件決定的——在任何兩個競爭者之間，二比一的市場佔有率似乎是一個均衡點。……市場佔有率小於最大競爭者的四分之一就不可能有效地參與競爭。……三四律只是一種假設。它並沒有經過嚴格的證明。但在諸如汽輪機、汽車、嬰兒食品、飲料和飛機製造等特性迴異的產業中，這條規律與觀察所得相當吻合」。*16

分析巴菲特所投資的企業，如可口可樂、華盛頓郵報等，在其所在的競爭細分市場上，都是絕對的市場領導者，並且非常注意與競爭對手形成良好的競爭關係，以保持穩定的市場結構。以可口可樂為例，根據美國飲料行業數據服務公司公佈的二〇〇二年度報告，在美國碳酸軟性飲料市場中，可口可樂二〇〇二年的市場佔有率為四四．三%，銷售量達到二十九億加侖。而百事可樂的市場佔有率為三一．四%，銷售量為二十億加侖。兩者的市場佔有率接近八〇%，其他飲料廠商的市場佔有率只有二〇%左右，只有可口可樂和百事可樂的四分之一左右，正好符合八〇／二〇定律。

一．二．三 成本優勢與差異化優勢

基於市場佔有率的競爭優勢評估是企業整體優勢比較，要尋找企業競爭優勢的本質特徵和內在根源，還需要從產品的角度進一步深入進行詳細的評估。企業的競爭優勢有多種多樣的形式，但是從產品或服務的角度都可以歸納為兩種最基本的形式：競爭對手長期無法複製的成本優勢和差異化優勢。

波特在其著名的《競爭優勢》中指出：「競爭優勢有兩種基本形式：成本領先和差異化」。*17「儘管相對於其競爭對手有很多優勢和劣勢，企業仍然可以擁有兩種基本的競爭優勢：低成本或差異化。一個企業所具有的優勢或劣勢的顯著性最終取決於企業在多大程度上能夠對相對成本和差異化有所作為」。*18「任何一個業績優異的企業都具備其中之一或同時具備兩種優勢，即超凡的獲利能力從邏輯上說只能來自於低成本和差異化中的高定價」。*19

尋找成本領先優勢

波特將成本領先優勢定義為一個企業是同一產業中的低成本生產廠商。如果一個企業能夠創造和維持全面的成本領先地位，那麼它只要將價格控制在產業平均或接近平均的水平，就能夠獲取優於平均水平的經營業績。*20 成本優勢不僅僅是指企業成本低於產業平均水平，而是指企業生產成本明顯低於產業平均水平。因此只要該企業能夠將價格控制在產業平均的市場價格水平或接近平均水平，就能獲得高於產業平均水平的超額獲利。

成本優勢來自企業成本明顯低於產業平均水平，但這種成本領先仍然必須在相對競爭對手產品差異化的基礎上創造相等或近似的顧客價值，才能取得超額獲利水平。一般來說，成本優勢主要體現在三個方面：①提供與競爭對手具有相同顧客價值的產品，但在生產成本上明顯低於競爭對手；

②提供與競爭對手相似的顧客價值的產品，但企業的相對成本優勢大於它與競爭對手之間的價格差異，由此可以同時增加顧客價值和自身利潤；③提供在顧客價值上與競爭對手有差異的產品，產品的顧客價值和生產成本都低於競爭對手，但成本差異超過顧客價值差異，公司通過重新定義產品而獲得競爭優勢。典型的成本優勢廠商通過生產銷售標準的產品並且極力強調從一切來源中獲取規模經濟或絕對成本優勢。

尋找差異化優勢

波特（一九八五）認為，當一個企業能夠為顧客提供一些獨特的、對於顧客來說其價值不僅僅是價格低廉的產品或服務時，這個企業就具有了區別於其競爭對手的差異性*[23]。這種差異化可使企業控制產品溢價，為企業贏得顧客忠誠，使企業在一定的市場價格水平下出售更多的產品或服務，或者能夠以更高的價格出售相同數量的產品或服務從而獲取溢價收益。如果企業獲得的溢價超出企業為形成經營差異性而追加的成本和費用，那麼差異化優勢就會為企業創造出眾的業績。差異化優勢的前提是顧客能夠從產品或服務的特殊性能中獲得的價值差異超過他們支付的成本差異。

差異化優勢主要表現為以下幾種形式：①提供與競爭者生產成本相近的產品，但能夠為顧客提供更多的價值。②提供生產成本稍高於競爭對手、但質量卻明顯高於競爭對手的產品。③提供生產成本明顯高於競爭對手的產品，但能夠為顧客創造更多的價值，即價值差異明顯大於成本差異。

競爭優勢的核心是差異化，即企業與競爭對手的差異化，體現在一個企業提供與競爭對手不同的產品或服務，以至於市場上大部分顧客比較偏愛這種企業產品或服務。這種差異化是競爭優勢的根本來源。

波士頓顧問公司創始人亨德森指出：「形成有別於競爭對手的差異是在自然競爭中生存的前提條件。雖然這些差異可能不很明顯，但在同一時間、同一地點、以相同方式生活的競爭者之間是極難維持穩定局面的。在某些常見的競爭環境下，差異可能給一個競爭者帶來壓倒其他對手的優勢。這種差異的價值，成了衡量某個競爭者未來的興旺程度和生存前景的尺度」。*24

波特（一九八五）認為，差異化優勢主要來源於企業的價值鏈，來源於企業所進行的各種具體活動和這些活動影響顧客的方式。這些獨特的活動使企業提供產品或服務具有獨特性，這種獨特性能夠為顧客創造價值，而且是競爭對手無法提供的。「除非企業經營差異化的來源始終對其顧客具有價值而且不易被競爭對手模仿，否則它就不可能長期產生溢價。因此企業必須找到受到各種壁壘防護而不為競爭對手模仿的持久的獨特性來源」。*25

巴菲特將差異化競爭優勢稱為「經濟特許權」（economic franchise），他在波克夏一九九一年報中指出：「藉由特定的產品或服務，一家公司擁有經濟特許權：（一）產品或服務確有需要或需求；

（二）被顧客認定為找不到其他類似的替代品；（三）不受價格上的管制。一家具有以上三個特點的公司，就具有對所提供的產品與服務進行主動提價的能力，從而能夠賺取更高的資本報酬率」。

波特（一九八五）認為，企業獲取差異化優勢有兩種主要方法：1、控制相關驅動因素，在當前的價值活動中增加更多的獨特性來源。2、重構全新的價值鏈以增加獨特性。*26

波特（一九八五）認為，企業在某種價值活動中的獨特性取決於一系列基本的驅動因素，這是企業某些價值活動之所以獨特的根本原因。這些因素與前面的成本驅動因素類似。識別這些因素，有助於我們分析企業差異化優勢。獨特性的主要驅動因素包括：*27

- 政策選擇：企業對進行什麼樣的活動和怎樣進行作出政策選擇，這可能就是一個單一的最普遍的驅動因素。
- 聯繫：獨特性往往來源於價值鏈內部的聯繫或者企業與供應商和銷售通路的聯繫。
- 時機選擇：一項價值活動開始之日就是獨特性形成之時。有時企業作為率先行動者可以在市場上捷足先登，防止其他廠商效仿，但遲後行動者也可能有後發制人的優勢，如採用最新技術。
- 相互關係：某種活動的獨特性可以產生於企業內部姐妹業務單元之間的合作。
- 學習和模仿過分：某種活動的獨特性可以是學習如何更好地開展該活動的結果。
- 整合：一項價值活動的縱向整合的程度可能影響其獨特性。

● 規模：大規模生產會具有小批量生產所不具備的特點。

● 制度因素：包括政府法規、工會、稅收等制度因素對獨特性也有較大影響。

＊01 Warren Buffett:「Mr. Buffett on the Stock Market」, FORTUNE, Nov. 22, 1999.

＊02 Whitney Tilson: Notes From the Berkshire Hathaway Annual Meeting ,May 1, 2000, http://www.fool.com/boringport.

＊03 Warren Buffett: the Chairman's Letter to the Shareholders of Berkshire Hathaway Inc. 1987.

＊04 （美）波特著：《競爭優勢》，華夏出版社，一九九七年一月，第二頁。

＊05 Barney, J.B.1991.「Firm Resources and Sustained Competitive Advantage」. Journal of Management 17, p.102.

＊06 Warren Buffett:「Mr. Buffett on the Stock Market」, FORTUNE, Nov. 22, 1999.

＊07 Whitney Tilson: Notes From the Berkshire Hathaway Annual Meeting, May 1, 2000, http://www.fool.com/boringport.

＊08 （美）卡爾．W．斯特恩，小喬治．斯托克編選：《公司戰略透視》，上海遠東出版社，一九九九年，第一七七頁。

＊09 （美）卡爾．W．斯特恩，小喬治．斯托克編選：《公司戰略透視》，上海遠東出版社，一九九九年，第一七五頁。

＊10 （英）理查德．科赫著：《公司戰略》，上海遠東出版社，二〇〇二年，第一〇八頁。

＊11 （美）阿爾．黑斯著《聚焦：決定你公司的未來》上海人民出版社，二〇〇二年六月。

＊12 （美）克里斯．祖克，詹姆斯．艾倫著：《主營利潤：動盪時代的企業成長戰略》，中信出版社，二〇〇二年，第一七七頁，第四一頁。

＊13 （美）卡爾．W．斯特恩，小喬治．斯托克編選：《公司戰略透視》，上海遠東出版社，一九九九年，第一五三頁，第一五七頁。

＊14 （美）克里斯.祖克，詹姆斯.艾倫著：《主營利潤：動盪時代的企業成長戰略》，中信出版社，二〇〇二年，第一六頁。

＊15 Lev, B. and S. R. Thiagarajan,（1993）.「Fundamental information analysis」, Journal of Accounting Research, 31（2）: 190-215.

＊16 （美）卡爾．W．斯特恩，小喬治．斯托克編選：《公司戰略透視》，上海遠東出版社，一九九九年，第四三頁。

*17（美）波特著：《競爭優勢》，華夏出版社，一九九七年一月，第二頁。

*18（美）波特著：《競爭優勢》，華夏出版社，一九九七年一月，第一〇—一一頁。

*19 Porter, M. E. 1991.「Towards a Dynamic Theory of Strategy」. Strategic Management Journal 12, p.101.

*20（美）波特著：《競爭優勢》，華夏出版社，一九九七年一月，第一二頁。

*21（美）波特著：《競爭優勢》，華夏出版社，一九九七年一月，第一〇〇頁。

*22（美）波特著：《競爭優勢》，華夏出版社，一九九七年一月，第七〇—八二頁。

*23（美）波特著：《競爭優勢》，華夏出版社，一九九七年一月，第一二三頁。

*24（美）卡爾·W·斯特恩小喬治·斯托克編選：《公司戰略透視》，上海遠東出版社，一九九九年，第六—七頁。

*25（美）波特著：《競爭優勢》，華夏出版社，一九九七年一月，第一五八頁。

*26（美）波特著：《競爭優勢》，華夏出版社，一九九七年一月，第一五八頁。

*27（美）波特著：《競爭優勢》，華夏出版社，一九九七年一月，第一二七—一三〇頁。

Chapter 1・3

尋找持續競爭優勢

像可口可樂和吉列這樣的公司很可能被貼上「注定必然如此」（The Inevitables）的標籤。……從來沒有哪位明智的觀察家，甚至是這些公司最有力的競爭者，會懷疑未來可口可樂和吉列會繼續在遍佈世界的領域中佔據主導地位的能力。

——巴菲特

巴菲特以長期投資聞名，他經常長期投資數年甚至十幾年。他每次進行投資分析時，都假設自己要長期持有十年以上：「讓我們假設，你將離開十年之久，在此之前你想要進行一項投資，離開的十年間你瞭解的只能和你現在一樣多，而且無法改變你離開時所發生的一切。這時你會怎麼想？」*01

巴菲特最成功的投資來自於對於那些競爭優勢長期持續「注定必然如此」的偉大企業：

「偉大企業的定義如下：在二十五年或三十年後仍然能夠保持其偉大企業地位的企業」。*02

「像可口可樂和吉列這樣的公司很可能會被貼上『注定必然如此』（The Inevitables）的標籤。預測者對這些公司在未來的十年或二十年裡到底會生產多少軟性飲料和剃刀的預測可能會略有差別，我們討論『注定必然如此』也並不意味著就不用再考察這些公司必須在生產、銷售、包裝和產品創新等領域內繼續進行的努力工作。但是，在誠實地評估這些公司後，最終從來沒有哪位明智的觀察家，甚至是這些公司最強有力的競爭者，會懷疑在投資壽命期限內可口可樂和吉列會繼續在其遍佈世界的領域中佔據主導地位的能力。實際上他們的主導地位很可能會更加強大。在過去的十年中，兩家公司都已經明顯地擴大了他們本來就非常巨大的市場佔有率，而且所有的跡象都表明在下一個十年中他們還會再創佳績。」*03

巴菲特自己的投資分析經驗表明，只有少數企業具有長期持續競爭優勢：「當然，查理和我即便在尋覓一生之後，也只能夠鑒別少數競爭優勢持續『注定必然如此』的公司。領導能力本身提供不了什麼必然的結果：看看幾年前通用汽車、ＩＢＭ和西爾斯百貨所經歷的震盪，所有這些公司都享受過很長一段表面上看起來所向無敵的時期。儘管有一些行業或者一些公司的領導者具有實際上無以倫比的優勢，因此自然而然成為行業中翹楚，但大多數公司並不能做到這一點。在確定一家注定必然如此的公司時，都會碰到十幾家冒牌貨，這些公司儘管高高在上卻在競爭性攻擊下會脆弱得不堪一擊。考慮到成為一家注定必然如此的公司有多麼困難，查理和我認識到我們所能發現注定必然如此的企業數目永遠不能趕上藍籌股五十家（Nifty Fifty）排行榜，甚至『璀璨明星二十顆』（Twinkling Twenty）。因此，在我們投資組合中除了注定必然如此的公司外，我們還增加了幾家

『可能性高的公司』（Highly Probables）」。*04

巴菲特將那些競爭優勢長期持續「注定必然如此」的偉大企業比喻為「受到很寬而且游著鱷魚護城河保護下的企業經濟城堡」。巴菲特認為他長期投資的可口可樂和吉列公司正是這種經濟城堡的典範：「就長期而言，可口可樂與吉列所面臨的產業風險，要比任何電腦公司或是通訊公司小得多，可口可樂佔全世界飲料銷售量的四四％，吉列則擁有六〇％的刮鬍刀市場佔有率（以銷售額計），除了稱霸口香糖的箭牌公司之外，我看不出還有哪家公司可以像他們一樣長期以來享有傲視全球的競爭力。更重要的，可口可樂與吉列近年來也確實在繼續增加他們全球市場的佔有率，品牌的巨大吸引力、產品的出眾特質與銷售通路的強大實力，使得他們擁有超強的競爭力，就像是在他們的企業經濟城堡周圍形成了一條護城河。相比之下，一般的公司每天都在沒有任何這樣保障的情況下浴血奮戰」。

巴菲特認為企業競爭長期持續的根本原因在於「經濟特許權」（economic franchise）「一項經濟特許權的形成，來自於具有以下特徵的產品或服務：（一）產品或服務是顧客需要或者希望得到的；（二）被顧客認定為找不到很類似的替代品；（三）不受價格上的管制。以上三個特點的存在，將會體現為一個公司能夠對所提供的產品與服務進行主動提價從而賺取更高資本報酬率的能力。不僅如此，經濟特許權還能夠容忍不當的管理，無能的經理人雖然會降低經濟特許權的獲利能力，但是並不會對它造成致命的傷害」。*05

「根據 Fortune 雜誌在一九八八年出版的投資人手冊，在全美五百大製造企業與五百大服務企業中，只有六家公司過去十年的股東權益報酬率超過三〇%，最高的一家也不過只有四〇·二%。……在一九七七年到一九八六年間，總計一、〇〇〇家中只有二十五家能夠達到業績優異的雙重標準：連續十年平均股東權益報酬率達到二〇%，且沒有一年低於十五%。這些超級明星企業同時也是股票市場上的超級明星，在所有的二十五家中有二十四家的表現超越S&P500指數。這些 Fortune 冠軍榜企業的兩個特點可能會讓你大吃一驚：第一，其中大企業只使用相對於其利息支付能力來說很小的財務槓桿。真正的好企業常常並不需要借款；第二，除了一家企業是高科技企業和其他幾家是製藥企業之外，絕大多數企業的業務都非常平凡普通。它們大都出售的還是與十年前基本上完全相同的、並非特別引人注目的產品（不過現在銷售額更大，或者價格更高，或者二者兼而有之），這二十五家明星企業的經營記錄再次證實：繼續增強那些已經相當強大的經濟特許權，或者專注於一個遙遙領先的核心業務，往往是形成出眾競爭優勢的根本所在。」*06

經過對企業競爭優勢文獻的研究，我們認為巴菲特所稱的經濟特許權與核心競爭力的概念非常一致。

企業在產業競爭中的競爭優勢直接體現為企業能夠抓住外部產業環境中的市場機會，提供低成本的同質產品或差異化的異質產品。儘管產業競爭環境對企業競爭優勢有很大的影響，但相比較而言，企業自身的內部因素更為重要，企業根本的內在基礎是企業所擁有或控制的資源和能力。企業的內部資源和能力決定了企業在產業競爭中能夠做什麼，是企業進行競爭的基礎。但是外部的產業市場機會和內部的資源都不可能直接轉化為競爭優勢，而是需要經過一定的中間過程或程序。這個將企業外部的產業市場機會和企業內部的獨特資源相結合形成持續競爭優勢的關鍵因素，就是企業的核心競爭力。

分析世界五〇〇強企業，幾乎無一不在技術訣竅、創新能力、管理模式、市場網絡、品牌形象、顧客服務等方面具有核心競爭力。這些公司成功的過程，也就是其通過培育和發展核心競爭力取得持續競爭優勢的過程。

這種真正具有核心競爭力並形成長期持續競爭優勢的企業數量非常之少，加上研究時間較短，使對核心競爭力的判斷像對稀世珍寶的判斷一樣既是科學又是藝術。正因為如此，像巴菲特那樣擁有這種出眾判斷能力的人才能在股市中獲得巨大投資回報。

與企業戰略研究中從內部分析核心競爭力不同，我們是從一個投資人的立場出發，以外部分析的角度，判斷企業是否具有核心競爭力。一般來說，可以根據以下三個步驟進行分析：

● 第一步，對核心競爭力進行全方位界定，分析其定義、類型、載體、作用。

- 第二步，分析核心競爭力在外部表現出來的基本特徵。
- 第三步，根據這些特徵對核心競爭力進行外部分析判斷。

一・三・一　核心競爭力的基本定義

C. K. Prahalad 和 G.Hamel在一九九〇年發表的「公司的核心競爭力」中將核心競爭力定義為：「組織中的集體性（積累性）學識（學習過程），特別是關於如何協調不同的生產技能和有機整合多種技能的學識」（the collective learning in the organization, especially how to coordinate diverse production skills and integrate multiple streams of technologies）。*07

應當注意的是，其中的兩個關鍵詞在翻譯成中文時有多種含義：「collective」即有「集體性」的含義，又有「積累性」的含義；「learning」即表示在某一時點形成的學識狀態，也表示某一個動態的學習過程。

C. K. Prahalad 和 G. Hamel（一九九〇）認為，核心競爭力的實質是一種能力，但它們並不是一般或普通的能力，而是超越普通能力或技巧的更高級別或層次的能力。核心競爭力是企業的一組技能和技術的集合體，或對相關多種技術學習心得的總和與組織知識的總和，並非單個分散的技能或技術與組織知識。不應將核心競爭力與核心產品和核心能力混淆。核心競爭力注重企業價值鏈中的個別關鍵優勢，與能力有所不同。核心競爭力是能使企業提供附加價值給客戶的一組獨特的技能和技術。

麥肯錫管理咨詢公司的 Kevin P.Coyne、Stephen J.D Hall、Patricia Gorman Clifford（二〇〇一）認為，核心競爭力是指不管一個企業在結構上有沒有競爭優勢，只要它在少數技能或者知識領域出類拔萃，就可以實現成功。「核心競爭力是群體或團隊中根深蒂固的、互相彌補的一系列技能和知識的組合，借助該能力，能夠按世界一流水平實施一到多項核心流程。該定義排除了以往常被組織稱為「核心競爭力」的很多技能或特質。專利、品牌、產品和技術都不能算核心競爭力；戰略規劃、靈活應變和團隊協作這些內涵廣泛的管理能力不能算核心競爭力；質量、生產率、客戶滿意度等常見的企業主題也不能算核心競爭力。*08

總之，企業核心競爭力的本質在於它是企業持續競爭優勢的源泉，核心競爭力是一種不同尋常的、推動企業價值增值的、最核心的競爭力。

G. Hamel認為，核心競爭力可以分為三種基本類型：①市場通路能力：指推動企業更接近消費者或市場的能力，主要包括品牌拓展管理、市場行銷、經銷通路、後勤和技術支持等方面的能力；②整合能力：指使企業更快、更加靈活地、或更加優質地生產產品或提供服務的能力，主要包括質量、產品週期和即時生產與庫存管理等方面的能力；③功能性能力：指企業通過提供具有差異性功能的產品或服務，為消費者創造的差異性價值的能力。

麥肯錫管理諮詢公司認為，核心競爭力包括兩類能力：「（一）洞察力、預見力。這些能力有助於企業發現並掌握能夠形成先行一步優勢的事實或模式。……（二）業務一線的實施能力。因一線人員工作差異顯著，導致終端產品和服務也產生很大差異，從而導致實施能力的不同。業務一線實施能力可以定義為交付產品或服務的獨特能力，產品和服務質量能達到頂尖的工作者在理想狀況下所能產生的最佳水平」。*09

C.K.Prahalad 和 G.Hamel 用一棵大樹的各個組成部分來比喻企業的核心競爭力與核心產品及最終產品相互之間的關係：「企業是一棵大樹，樹幹和主枝是核心產品，小樹枝是戰略業務單位（strategic business unit、SBU）。樹葉、花和果實則是最終產品。為整棵樹提供養分、支撐力和穩定性的樹的根系就是核心競爭力」。核心產品是一種具有物質形態的產品，是企業核心競爭力的物質載體或物化形式，是一種或多種核心競爭力的物質和市場體現。核心產品是企業最終產品的關鍵組成部分，是聯繫核心競爭力與最終產品的紐帶、中間產品或服務。

C. K.Prahalad 和 G.Hamel 認為，決勝未來的市場競爭通常需要經歷三個明顯不同而又互相重疊的階段：（一）產業遠見與智力先見：這要求企業把握未來的趨勢，以利用它們來改變產業界限並創造新的競爭空間；（二）發展路徑：企業之間主要競爭生產產品或提供服務所需的必要能力、產品或服務概念的合理性及生命力、生產所需的基礎性結構等；（三）產品市場地位和市場佔有率：這是市場競爭的最後階段，期間企業之間主要競爭產品的功能、質量、成本和價格等外在屬性。＊10

C.K.Prahalad 和 G.Hamel 把市場競爭的三個階段比喻為女人懷孕的三個階段：受孕期、懷胎期和分娩期。傳統戰略管理理論的缺陷在於一般只重視最後一個階段，忽視了前兩個階段的基礎性和重要性。只有清楚地分析了前兩個階段，才有可能真正贏得最終產品階段的競爭。從核心競爭力的角度，C.K.Prahalad 和 G.Hamel 把市場競爭的三個階段歸為核心競爭力的四個層次：開發和獲取構成競爭力的技能和技術之爭、整合核心競爭力之爭、擴大核心產品之爭、擴大最終產品佔有率之爭。＊11

一・三・二　核心競爭力的四個基本特徵

核心競爭力的本質特徵在於它是企業持續競爭優勢的源泉。核心競爭力識別的關鍵也在於判斷其對於企業持續競爭優勢形成和提升的作用。

價值性

核心競爭力是一家企業超越競爭對手的原因，是持續競爭優勢的源泉，因此核心競爭力對企業差異化競爭優勢具有重要的貢獻。核心競爭力的價值特性，表現在三個方面：

（一）創造消費者價值：核心競爭力通過創造符合市場需求的產品來實現顧客所特別注重的價值，比競爭對手為顧客提供更多的價值。一項能力之所以是核心的，是因為它形成了企業價值鏈中的個別關鍵優勢，能夠實現顧客所特別注重的價值。

（二）創造企業價值：核心競爭力在企業創造價值差異和成本差異方面具有核心地位，能顯著提高企業的獲利能力。核心競爭力表現在企業以比競爭對手更低的成本滿足顧客的需求，或以同樣的成本滿足顧客更多的、更高的需求。同時核心競爭力必須能夠把它本身的優勢傳遞給公司，為公司創造更多的價值增值，而盡量不能讓顧客、競爭者、供應商獲得。

（三）利用機會或抵抗威脅：核心競爭力的價值使企業能夠在相同的環境中比競爭對手更好地利用機會或抵抗威脅，是一種綜合的和動態的競爭力。其價值體現在核心競爭力與其他能力的結合、以及與市場需求的相互影響過程中，並隨著時間變化而變化。

關鍵性

核心競爭力之所以是核心的，是因為它是企業最關鍵的價值驅動因素，對最終產品或服務的價值具有最重要的貢獻。核心競爭力具有支持多種最終產品或服務的潛能，它既是聯繫企業現有各種業務的「底盤」，也是開展新業務的「發動機」，使企業擁有進入其他市場的潛力。同時一種核心競爭力可以成為一個更高層次核心競爭力的組成部分，形成新的更具效率的核心競爭力。

人們往往錯誤地認為，只要在某個方面做到具有最強大的核心競爭力，就可以抵消其他劣勢，保證公司整體具有競爭優勢。事實上，選擇側重於一兩項具體競爭力，並不能消除規模或範圍的劣勢，也不能彌補其他領域的不足。要想通過核心競爭力導向型的戰略取勝，該核心競爭力必須比該行業相關的所有戰略因素都更為重要，比如結構性優勢或者獲取廉價資源的能力就屬於這種強大的核心競爭力。

獨特性和稀缺性

核心競爭能力是一種獨一無二、不同尋常的競爭力，這種競爭力體現在其相對於其他所有競爭對手更加卓越。核心競爭力相對於對手的競爭力不僅是超出，而是遠遠超出。核心競爭力的差異決定了企業經營效率之間的差異。這種獨特性同時也表明核心競爭力是稀缺的，很難形成，而且形成後其他對手難以模仿。核心競爭力的獨特性也表明其不能被其他一般性能力所等效替代，從而能支持企業實施與眾不同的戰略並取得競爭優勢。但如果存在其他既不稀缺、又可以仿製的替代性能力，使其他現有和潛在的競爭對手用以實施相似的戰略，那麼企業的競爭優勢將很快削弱甚至消失。

難以模仿

核心競爭力如果具備競爭優勢就必須不易被模仿。企業擁有創造價值的核心競爭力，獲得經濟租金的能力依賴於相關能力模仿的難易程度。其他競爭對手在仿製企業的核心競爭力時面臨成本劣勢，這使企業具有了持續的競爭優勢。核心競爭力之所以難以模仿，主要原因是存在以下模仿障礙，使核心競爭力與競爭優勢之間的關係、作用方式很難被競爭對手甚至優勢企業自身所完全認識。

知識模糊性

核心競爭力中往往包含了大量具有「方法論」的知識，既有企業的獨特技術、操作技能、訣竅等，也有組織管理和企業文件等，其內容難以用語言、文字、符號來直接描述，因而是一種隱性知識。這種隱性知識對於外界甚至企業自身都是模糊的，常常隱藏於企業的管理體制、企業文化、企業技術流程中，並且分散在不同的業務單元或個人手中。

路徑依賴性

核心競爭力是企業在長期經營中的歷史經驗積累形成的，依存於企業發展過程中特定的歷史條件和歷史環境，具有相當程度的路徑依賴性。路徑依賴性簡單地講就是指「歷史決定現在，現在來源於歷史」。這種路徑依賴性使核心競爭力難以通過交易獲得和被對手複製。

社會複雜性

儘管確認企業在哪些方面比競爭對手做得好是可能的，但是要識別為什麼會做得好通常是不可能的，即「普遍模糊」。核心競爭力的獲得涉及多種相關的社會關係，包括聲譽、信用、友誼等，這些是很難完全理解和模仿的。

不可完全轉移性

核心競爭力很難在企業間進行轉移或流動，不能夠被其他競爭對手輕易獲得，或者說在其他企業無法形成原有的價值創造能力，這有助於形成企業競爭優勢的持續性。核心競爭力的不可完全轉移性主要來源於相關資源要素市場的不完全競爭性，如地理性固定、不完全訊息、專用性、組織能力的附著性等因素的限制，這使競爭對手難以通過公開的市場交易購買相同的資源形成相同的能力。由於核心競爭力具有特殊性和一般不具有完全轉移性形成核心競爭力的投資，總的來說是不可還原的，它實際上形成了一種剛性，構成一種進入和退出壁壘。

資產專用性

資產專用性是某項資產在某種特定用途方面能夠發揮其最大的效用，而在其他方面的作用就相對較小。企業的專用性資產，尤其是企業的專用性技術、知識的獲得需要長期的經驗積累，根本無法在公開市場通過公開交易取得。那些具有專用性的資產假如被轉移到其他企業，其價值就會大大降低甚至消失，因此它們很難與現有企業中的資產使用者分離。

一．三．三　在股票投資中核心競爭力的外部識別

由於核心競爭力具有上述特點，因此核心競爭力的識別就變得非常困難，而且大多數被引證的企業案例往往帶有事後追溯的特徵，也就是說一個企業之所以成功是因為它已經成功了，一個企業之所以具有核心競爭力是因為它已經取得了競爭優勢。而我們在投資過程中的任務是從企業的成長歷程出發（即從「事前」和「事中」的角度），尋找識別核心競爭力的有效方法，以確認那些具有核心競爭力且未來擁有持續競爭優勢的優秀企業，使之成為長期價值投資的目標企業。

一般識別核心競爭力的基本方法有兩種：一是以活動為基礎，二是以技能為基礎。這兩種方法有助於企業從內部識別自身的重要活動和關鍵技能，但這裡有一個很大的缺陷，就是主要是從企業制定戰略的角度出發，前提是可以取得所需要的企業內部大量的訊息，而這是在投資過程中很難具備的條件。在價值投資過程中核心競爭力的識別只能從外部訊息開始，這與從企業內部制定戰略時

識別核心競爭力有很大的不同。

由於在投資中我們主要是從外部進行分析，因此我們重點分析企業的核心競爭力是否真正符合前面總結的基本特徵：價值性、關鍵性、獨特性、難以模仿性。

核心競爭力能夠創造客戶價值和企業價值嗎？

核心競爭力是持續競爭優勢的源泉，因此核心競爭力對企業能否超出平均水平的價值增值具有重要的貢獻。我們可以從價值增值方面來判斷公司核心競爭力：

核心競爭力是指是否為客戶創造了特別的價值？

我們從外部客戶開始，最好首先從自身的消費經驗出發，分析企業是否帶給客戶所看重的價值，或者帶給客戶最大的價值增值。識別核心競爭力就必須弄清：客戶願意付錢換取的究竟是什麼？客戶為什麼願意為某些產品或服務付更多的錢？哪些價值因素對客戶最為重要，也因此對實際售價最有貢獻？經過如此分析，可以初步識別出那些能夠真正打動客戶的核心競爭力。

核心競爭力是否為企業創造了特別的價值？

通過分析企業的長期經營記錄，我們可以分析核心競爭力是否使企業能夠在相同的環境中比競爭對手更好地利用機會或抵抗威脅，是否為企業創造價值差異和成本差異作出突出的貢獻，是否顯著提高了企業的獲利能力？

核心競爭力在企業價值創造中具有最關鍵的作用嗎？

核心競爭力的核心地位首先體現在產品價值創造中的核心地位，核心競爭力必須是企業最關鍵的價值驅動因素，形成企業價值鏈上的關鍵環節，為客戶創造獨特的價值貢獻。

其次，核心競爭力的核心地位體現在公司整體價值中的核心地位，核心競爭力必須比該行業相關的所有戰略因素都更為重要，它是形成公司整體競爭優勢的核心因素。

核心競爭力是否具有獨特性和稀缺性？

核心競爭力是一種獨一無二、不同尋常的競爭力，相對於對手的競爭力不僅是超出，而是遠遠超出。如果一項競爭力是核心競爭力，那麼該競爭力必須能夠勝過所有的或者大部分競爭對手。最簡便的檢驗方法是：「企業的這項競爭力是否超過領先的競爭對手？」投資者必須根據外部獨立機構的測評結果，結合自己的調研和經驗判斷，從技術、客戶意見、行業對比等方面推斷出企業的該項競爭力是否卓越超群。

一般來說，只要核心競爭力所形成的產品供不應求，產品具有稀缺性，那麼可初步判斷這種核心競爭力就具有一定稀缺性，能繼續創造競爭優勢。

核心競爭力究竟稀缺到什麼程度才能為企業創造競爭優勢，是一個很難準確量化的問題。一個辦法是列舉法：在本行業中尋找類似具有核心競爭力的企業，能夠找到的具有同類核心競爭力的企業越少，該企業的核心競爭力就越具備稀缺性特徵。

最強有力的競爭對手成功模仿需要多大的代價和多久的時間？

核心競爭力必須不易被模仿，否則就可能很快為競爭對手所複製而形成類似的競爭力，使企業喪失競爭優勢。難以模仿性越強，核心競爭力越能持續更長的時間。核心競爭力的難以模仿性決定了企業競爭優勢持續期的長短。

測試核心競爭力難以模仿性的最有效方式是回答這樣一個問題：同行業內最強有力的競爭對手需要多大的代價和多久的時間才能成功模仿？模仿的難度越高，說明了核心競爭力越稀缺，競爭優勢可持續性就越強。

在判斷難以模仿性方面，一般可重點關注三個方面：

核心競爭力複雜嗎？

一項複雜的核心競爭力往往是在企業長期的經營歷史中形成的，扎根於根深蒂固的文化傳統，依賴於組織內多個職能長期的默契配合，其中隱含了大量工作或流程中員工的隱性知識，這種競爭力的複製將耗費更多時間，難度大，難以模仿性強。

核心競爭力模糊性強嗎？

核心競爭力中蘊含的組織因素和知識因素越多，其模糊性越強，越難以模仿。只包括少數幾種組織因素和知識因素的核心競爭力容易模仿，而包含了各種各樣因素微妙組合的核心競爭力模仿起來就難得多。對於模糊性的競爭力甚至公司本身也都不一定瞭解其核心競爭力的獨特性是什麼，對手更加難以理解，所以更加難以模仿。

公司無形資產實力強大嗎？

有形的資產容易複製，無形資產則困難得多。核心競爭力更多是隱藏在無形資產中，因此識別企業的核心競爭力的捷徑是從分析企業的無形資產著手，特別是品牌、通路、文化、制度和程序等方面，因為這些因素是企業自身長期投資、學習和積累的結果，因而具有難以模仿和複製的特徵。

*01 Kilpatrick,Andrew: Of Permanent Value : The Story of Warren Buffett Birmingham,Alabama: AKPE, 1994. Page 198.

*02 Warren Buffett: Berkshire Hathaway Annual Meeting, 1989.

*03 Warren Buffett: the Chairman's Letter to the Shareholders of Berkshire Hathaway Inc. 1996.

*04 Warren Buffett: the Chairman's Letter to the Shareholders of Berkshire Hathaway Inc. 1996.

*05 Warren Buffett: the Chairman's Letter to the Shareholders of Berkshire Hathaway Inc. 1991.

*06 Warren Buffett: the Chairman's Letter to the Shareholders of Berkshire Hathaway Inc.1987.

*07 Prahalad, C. K. and G. Hamel.1990.「The Core Competence of the Corporation.」Harvard Business Review, May-June, p. 79—91.

*08 Kevin P.Coyne, Stephen J.D Hall, Patricia Gorman Clifford：「亦真亦幻的核心競爭力」，《麥肯錫高層管理論叢》，二〇〇一年第二期。

*09 Kevin P.Coyne, Stephen J.D Hall, Patricia Gorman Clifford：「亦真亦幻的核心競爭力」，《麥肯錫高層管理論叢》，二〇〇一年第二期。

*10 （美）加裡．哈梅爾，C．K．普拉哈拉德著：《競爭大未來》，崑崙出版社，一九九八年，第五〇—五一頁。

*11 （美）加裡．哈梅爾，C．K．普拉哈拉德著：《競爭大未來》，崑崙出版社，一九九八年，第二二五—二三三頁。

Chapter 2

估值原則

——現金為王

內在價值是一個非常重要的概念，它為評估投資和企業的相對吸引力提供了唯一的邏輯手段。內在價值的定義很簡單，它是一家企業在其餘下的壽命中可以產生現金流量的貼現值。

——巴菲特

經濟學家知道任何東西的價格而對其價值則一無所知。

——蕭伯納

在生活中，我們經常發現最有能力的人不一定是成功者。在體育比賽中，技術最優秀的運動員並不一定能最終奪冠。在商業世界中，許多聲名赫赫並且擁有巨大競爭優勢的公司也不一定值得投資。競爭優勢並不等於投資價值。

有一則故事：布萊德利(Bill Bradley)參議員進入參議院時，他頭上有兩個耀眼的光環：他不僅是美國常春籐名校普林斯頓最優秀的學生，之前還是ＮＢＡ（美國國家職業籃球聯賽）著名球星。有一次他被邀請出席一個大型宴會並發表演講。這位自信的參議員坐在貴賓席上，等著發表演講。

這時侍者走過來，將一塊黃油放在他的盤子。布萊德利立刻攔住他：「抱歉，能給我兩塊黃油嗎？」

侍者說：「對不起，一個人只有一塊黃油」。

「我想你一定不知道我是誰吧，」布萊德利高傲地說道，「我是羅茲獎學金獲得者、ＮＢＡ球星、世界冠軍、美國參議員比爾·布萊德利」。

聽了這句話，侍者回答道：「那麼，也許你也不知道我是誰吧」。

「這個嘛，說實在的，我還真不知道，」布萊德利回答道，「你是誰呢？」

「我嘛，」侍者不緊不慢地說道，「我就是主管分黃油的人」。*01

……

在權力的世界中，總會有人主管分黃油。在投資的世界中，投資者是主管分黃油的人。

投資者決定將世界上最重要的資源——現金分配給哪一家公司。而決策的唯一標準不是公司是否具有競爭優勢，而是公司的競爭優勢能否為投資者的將來帶來更多的「黃油」，即更多的現金。

價值投資人在尋找具有持續競爭優勢的企業後，買入股票並不能保證獲得利潤。他首先要對公司價值進行評估，確定自己準備買入的企業股票的價值是多少，然後跟股票市場價格進行比較。價值投資最基本的策略正是利用股市中價格與價值的背離，以低於股票內在價值相當大的折扣價格買入股票，在股價上漲後以相當於或高於價值的價格賣出，從而獲取超額利潤。巴菲特稱之為「用四十美分購買價值一美元的股票」。

價值評估是價值投資的前提、基礎和核心。巴菲特在波克夏一九九二年報中說：「內在價值是一個非常重要的概念，它為評估投資和企業的相對吸引力提供了唯一的邏輯手段」。可以說，沒有準確的價值評估，即使是股神巴菲特也無法確定應該以什麼價格買入股票才划算。

總結巴菲特的估值經驗，要進行準確的價值評估，必須進行以下三種選擇：

一是選擇正確的估值模型。

二是選擇正確的現金流量定義和貼現率標準。

三是選擇正確的公司未來長期現金流量預測方法。

＊01　（美）馬修斯著：《硬球：政治是這樣玩的》，新華出版社，二〇〇三年。

Chapter 2・1

正確的估值模型

內在價值的定義很簡單，它是一家企業在其餘下的壽命中可以產生現金流量的貼現值。

——巴菲特

巴菲特的導師葛拉漢第一個在證券分析中提出了「內在價值」的概念：「證券分析家似乎總是在關注證券的內在價值與市場價格之間的差距。但是，我們又必須承認，內在價值是一個非常難以把握的概念。一般來說，內在價值是以事實——比如資產、收益、股息、明確的前景等——作為根據的價值，它有別於受到人為操縱和心理因素干擾的市場價格」。＊01

巴菲特一九九六年的波克夏股東手冊中對內在價值定義如下：「內在價值是一個非常重要的概念，它為評估投資和企業的相對吸引力提供了唯一的邏輯手段。內在價值可以簡單地定義如下：它是一家企業在其餘下的壽命中可以產生現金流量的貼現值」。＊02

巴菲特強調內在價值與會計上的帳面價值

不同：「帳面價值是一個會計概念，即由投入資本與留存收益所形成的財務投入的累積值。內在價值則是一個經濟概念，是預期未來現金流量的貼現值。帳面價值告訴你的是過去的歷史投入，內在價值告訴你的則是未來的預計收入。一個比喻能夠使你清楚瞭解兩者之間的不同。假設你花相同的錢供兩個小孩讀大學，兩個小孩接受教育的帳面價值（用財務投入來衡量）是一樣的，但未來所獲得的回報的現值（即內在價值）卻可能有很大的差異——從零到所支付教育成本的好幾倍。同樣如此，財務投入相同的公司，最終其內在價值卻會有巨大的差異。」＊03

那麼如何評估企業的內在價值呢？

巴菲特認為唯一正確的內在價值評估模型是一九四二年 John Burr Williams 提出的現金流量貼現模型：「在寫於五十年前的《投資價值理論》中，John Burr Williams 提出了價值計算的數學公式，這裡我們將其精練為：『今天任何股票、債券或公司的價值，取決於在資產的整個剩餘使用壽命期間預期能夠產生的、以適當的利率貼現的現金流入和流出。』請注意這個公式對股票和債券來說完全相同。儘管如此，兩者之間有一個非常重要的，也是很難對付的差別：債券有一個息票（coupon）和到期日，可以確定未來現金流。而股票投資，分析師則必須自己估計未來的「息票」。另外，管理人員的能力和水平對於債券息票的影響甚少，除非管理人員十分無能或不誠實以至於暫停支付債券利息的時候才有影響。與債券相反，股份公司管理人員的能力對股權的『息票』有巨大的影響。」＊04

巴菲特在波克夏二〇〇〇年報中用伊索寓言中「一鳥在手勝過二鳥在林」的比喻，再次強調價值評估應該採用現金流量貼現模型：

「我們用來評估股票與企業價值的公式完全相同。事實上這個用來評估所有為取得投資收益而購買資產的價值評估公式從公元前六〇〇年時一位智者第一次提出後（雖然他還沒有聰明到以至於知道當時是公元前六〇〇年），從來就沒有變過。這一奇蹟就是伊索他那永恆的，儘管有些不完整的投資智慧——一鳥在手勝過二鳥在林。要使這一原則更加完整，你只需再回答三個問題：你能夠在多大程度上確定樹叢裡有小鳥？小鳥何時出現？以及有多少小鳥會出現？無風險利率是多少？（我們認為應以美國長期國債利率為準。）如果你能回答出以上三個問題，那麼你將知道這片樹叢的最大價值是多少，以及你現在需要擁有小鳥的最大數量是多少，才能使你現在擁有的小鳥價值正好相當於樹叢未來可能出現的小鳥的價值。當然不要只是從字面上理解為小鳥，其實是資金。」

「這樣延伸和轉化到資金方面，伊索的投資格言放諸四海而皆準。它同樣適用於評估農場、油田、債券、股票、彩票以及工廠等的投資。不論蒸汽機的發明、電力的開發，還是汽車的問世，都絲毫沒有改變這個公式，連網路也無能為力。只要輸入正確的數字，你就可以對資本在宇宙間任何一種可能的用途投資價值進行評估。」

「一般的評估標準，諸如股利收益率、本益比、或股價淨值比、甚至是成長率，與價值評估毫不相關，除非它們能夠在一定程度上提供一家企業未來現金流入流出的一些線索。事實上，如果一個項目前期的現金投入超過了未來該項目建成後其資產產生的現金流貼現值，成長反而會摧毀企業的價值。有些市場分析師與基金經理人口口聲聲將「成長型」與「價值型」列為兩種截然相反的投資風格，只能表明他們的無知，絕不是什麼真知。成長只是價值評估公式中的因素之一，經常是正面因素，但是有時是負面因素。」*05

事實上有很多種價值評估方法，為什麼巴菲特認為貼現現金流量模型是唯一正確的估值模型呢？答案很簡單：因為只有貼現現金流量模型，才能比較準確地評估巴菲特所投資的持續競爭優勢企業的內在價值。

為了進一步說明貼現現金流量模型的優越性，我們選擇最常用的三類價值評估方法，以比較分析這些評估方法對於持續競爭優勢企業的適用性：

- 基於資產的價值評估方法。
- 本益比等相對價值評估方法。
- 貼現現金流量價值評估方法。

二·一·一 基於資產的價值評估方法

價值分析的傳統方法是根據公司資產的價值來確定公司股票的價值。常用的評估方法有帳面價值調整法、重置成本法、清算價值法。

帳面價值調整法

最為簡單直接的資產價值分析方法是根據公司提供的資產負債表中帳面價值進行估算。帳面價值法的一個明顯缺點是：資產負債表中的資產和負債的帳面價值很有可能不等於市場價值。第一，通貨膨脹使得一項資產當前的市場價值並不等於其歷史成本價值減去折舊；第二，技術進步使得某些資產在其折舊期滿或報廢之前就過時貶值；第三，由於公司形成的組織能力對各項資產有效的合理組合，公司多種資產組合的整體價值會超過各項單獨資產價值之和，而這種組織能力的價值在公司帳面上並沒有反映。因此，在進行資產價值分析時，需要對帳面價值進行調整，以反映公司資產的市場價值。常用的調整方法有重置成本法、清算價值法。

重置成本法

重置成本法是最常用的資產價值評估方法。將一項資產的獲利能力與其遙遠的歷史成本相聯繫很難，但與其當前的重置成本相聯繫卻很容易。

確定重置成本的一種簡單的、主要針對通貨膨脹進行調整的方法，是選用一種價格指數，將資產購置年份的價值換算為當前的價值。但價格指數法並沒有反映資產的過時貶值與資產價格的變化，所以更好的方法是，逐項對每一項資產進行調整，同時反映通貨膨脹和過時貶值這兩個因素的影響，以確定各項資產真正的當前重置成本。

重置成本法的最大不足是忽略了組織能力。公司存在的根本原因是，運用組織能力，按照一定的方式組合資產和人員，使公司整體的價值超過各項資產單獨價值的總和。但重置成本法無論如何完美，也只能反映各項資產單獨價值的總和，卻忽略了公司組織能力的價值。

清算價值法

清算價值法認為，公司價值等於公司對所有資產進行清算並償還所有負債後的剩餘價值。清算價值與公司作為持續經營實體的經營價值往往相差很大。如果公司處於衰退產業，公司獲利能力大幅度下滑，這時公司清算價值可能會大大高於公司經營價值。如果公司處於成長產業，公司獲利能力不斷提高，這時公司清算價值可能會大大低於公司經營價值。

在實際操作中，對於有活躍二手市場的相應資產，清算變賣價格就等於二手市場價格。但大多數資產並沒有相應的二手市場，只能由評估師進行估算，但估算並不一定容易。同時，清算價值法也忽略了組織能力。而且只有在破產等少數情況下，公司才會花費大量時間和精力進行估算清算變賣價值。

總之，資產價值評估方法不適用於持續競爭優勢企業，這是因為：

第一，持續競爭優勢企業的根本特徵是，以較少的資產創造更多的價值，其資產價值往往大大低於公司作為持續經營實體的經營價值。

第二，持續競爭優勢企業除了帳面反映的有形資產外，其品牌、聲譽、管理能力、銷售網絡、核心技術等重要的無形資產卻根本不在帳面上反映，也很難根據重置成本或清算價值進行評估。

二・一・二　本益比等相對價值評估方法

相對價值評估方法是根據公司與其他「相似」公司進行比較來評估公司的價值。一般的方法是對公司的重要財務指標進行比較，常用的指標是本益比、股價淨值比、市銷率等指標。

本益比

本益比是股票市價與公司每股收益的比率，常用股票市價與公司未來一年每股收益的比率。

本益比的簡單、直觀、數據容易獲得等優點，使其成為所有比率中使用最廣泛的指標。分析人員利用本益比進行國家之間、行業之間、公司之間、以及公司不同時期之間的比較，以發現被低估的公司股票，從中獲取超額投資利潤。低本益比股票存在超額收益是一個很早就被發現的投資策略。

本益比是最常用的，但也是最常誤用的分析指標。本益比的有效性取決於對公司未來每股收益的正確預期和選擇合理的本益比倍數，而這兩個條件在實際操作中是很難滿足的。這是因為，第一，每股收益的質量難以保證：每股收益容易受到管理層的會計操縱，人為擴大或降低每股收益。第二，每股收益波動性很大：對於週期性公司，在經濟衰退時其本益比反而會處於最高點，在經濟繁榮時會處於最低點。第三，收益為負值時，本益比沒有意義。第四，本益比的合理倍數很難確定。一般採用行業平均本益比進行價值評估，但是當市場對某個行業存在系統誤差時，會高估或低估其股票。這時將公司股票本益比與行業平均本益比對比，會得出錯誤的結論。

股價淨值比

股價淨值比是指公司股票價格與每股平均權益帳面價值的比率。公司權益的市場價值反映公司未來的獲利能力和預期未來現金流，公司權益的帳面價值反映了原始成本。當公司未來獲利能力顯著高於或低於資本成本時，如果市場有效，市場價值會與帳面價值產生明顯差異，股價淨值比也會有明顯變化。如果股價淨值比在公司獲利能力增加時沒有相應增加，則表明股票被低估，投資者有機會獲取超額利潤。

股價淨值比的優點是，帳面價值提供了一個對於權益價值相對穩定和直觀的量度，投資者可以在同行業中進行對比，發現價值低估股票。股價淨值比的缺點是，帳面價值和會計收益一樣會受到折舊方法和其他會計政策的影響。採用不同會計政策、會計制度的企業之間無法進行比較。同時，對於沒有太多固定資產的服務企業、軟體等高科技企業來說，股價淨值比沒有太大意義。

市銷率

市銷率是指公司股票價格與每股平均銷售收入的比率。運用市銷率篩選股票已經成為越來越廣泛使用的投資策略。一些實證研究也證明了市銷率投資策略的有效性。

市銷率的優點是不會像本益比、股價淨值比可能為負值而變得毫無意義，它適用於每個公司，包括最困難的公司。銷售收入不受公司會計政策不同的影響，難以人為擴大；市銷率不像本益比那樣易變，因為銷售收入不像利潤那樣對經濟週期很敏感。

銷售收入的穩定性是市銷率的優點，也是其缺點。當公司成本控制出現問題時，儘管利潤和帳面價值為負值，銷售收入可能不會大幅度下降，這時市銷率並不能發現公司面臨的生存困境，導致作出非常危險的投資決策。

總之，相對價值評估方法的核心在於利用被評估公司與其他同行業公司的相似性進行評估，但持續競爭優勢企業的根本特徵在於其具有與同行業或其他企業根本不同的特點，從而具有超出產業平均水平的獲利能力，這種「不相似性」使我們很難根據行業平均本益比（股價淨值比、市銷率）來確定持續競爭優勢企業相對的合理本益比（股價淨值比、市銷率）。因此，相對價值評估方法從根本上不適用於持續競爭優勢企業價值評估。

二・一・三　貼現現金流量價值評估方法

企業貼現現金流量方法在理論上是最基本的價值評估方法，也是在實踐中運用最廣的價值評估方法。目前已出現了許多貼現現金流量價值評估模型。這些模型大多形式相近，只是在運用哪種現金流量解釋價值增加方面有所不同。以下我們分別介紹和比較在理論和實務中最常用的幾種現金流量貼現模型：

股利貼現模型

股利貼現模型是最早的和最具有理論意義的估值模型。威廉姆斯（John Burr Williams）最早提出了貼現現金流的概念。但真正使這一概念在財務管理中得到重視並廣泛運用的則是著名財務學家戈登（Myron J. Gordon）。他在資本成本的研究中成功地運用了這一概念，提出了著名的 Gordon 成長模型，把股票的價值與未來的預期紅利、股票的要求收益率和預期成長率聯繫起來。＊06

股利貼現模型是貼現現金流量價值評估方法的基礎模型，主要優點是簡單和直觀的邏輯性，但在應用中有許多限制條件，如不適用於不支付紅利或支付低紅利的股票等。大多數持續競爭優勢企業往往不支付紅利或支付低紅利，而將積累的利潤用於再投資，使企業繼續保持較高的成長，從而為股東創造更多的價值，因此股利貼現模型往往過於低估其股票價值，故不適用於持續競爭優勢企業。

權益現金流量模型

權益現金流量模型用權益成本對股權現金流進行貼現，股權現金流即公司在履行了各種財務上的義務後所剩餘的、可向公司股東提供的現金流量。從理論上講，權益貼現現金流量模型是相當簡單的，而實際上，該模型運用起來卻相當困難。除了對於金融機構外，對於其他企業均不如自由現金流量貼現模型有效。這種方法要求調整的精度高，否則籌資的變化會對公司價值的計算造成錯誤影響。

自由現金流量貼現模型

企業自由現金流量貼現模型是學術界與實務界公認最完善的公司價值評估模型，其使用最為廣泛。我們以麥肯錫公司科普蘭(Tom Copeland)等著的《價值評估：公司價值的衡量與管理》中提供的自由現金流量價值評估框架為主來進行說明——[*07]

企業自由現金流量貼現模型，首先根據自由現金流量計算公司的營業價值（可向公司股東和債權人等所有投資人分配的企業價值），然後減去債務價值和優先於普通股的投資要求權價值（如優先股等），得出公司權益價值。營業價值與債務價值等於它們相應的貼現現金流量，貼現率必須能夠反映這些現金流量的風險。其價值評估的基本公式是：

公司權益價值＝營業價值－債務價值

營業價值

營業價值等於企業預期未來現金流量的現值。這種模型一般採用自由現金流量。自由現金流量等於公司的稅後營業利潤加上非現金支出，再減去流動資金、土地、廠房和設備以及其他資產的投資支出，但不包括任何與籌資有關的現金流量。自由現金流量是指公司經營所產生的，並且可以向包括股東和債權人在內的公司所有資本供應者分配的現金流量。自由現金流量所謂的「自由」，是指在不影響企業持續經營的基礎上，企業可以選擇將這部分現金流量自由地派發給股東或債權人，也可以留在企業進行投資以產生更多的利潤。

為了與現金流量的定義相一致，用於自由現金流量的貼現率採用加權平均資本成本，即按照不同資本供應者各自對公司總資本的相對貢獻加權，以反映所有資本供應者的機會成本。由於企業的生命週期是無限的，預測到無限期是不現實的，一般只是確定一定的預測期限（五至十五年）。這時公司價值等於預測期內和預測期後兩個階段的價值之和，我們分別稱為預測價值和連續價值。

公司價值＝明確的預測期間的現金流量現值 ＋ 明確的預測期後的現金流量現值

債務價值

公司的債務價值等於對債權人的現金流量現值。貼現率應該能夠反映現金流量的風險，應等於具有類似風險和可比償還條件的債務的現行市場利率水平。多數情況下，只有在價值評估日尚未歸還的公司債務必須進行價值評估。未來發生的債務的淨現值可以算做零，因為未來債務的現金流量完全等於按債務機會成本貼現的未來償還支出現金流量的現值。

權益價值

公司權益價值等於營業價值加上非營業資產（在不相關的、未合併的業務上的投資），減去債務及其他非營業負債的價值。

自由現金流量貼現模型是最嚴密、最完善的估值模型

我們認為，企業自由現金流量貼現模型是理論上最嚴密、實踐中最完善的公司價值評估模型，它完全適用於持續競爭優勢企業。因為第一，該模型建立在創造公司價值業務的各個組成部分進行評估的基礎上，這樣可以使投資者明確和全面瞭解公司價值的來源、每項業務的情況及價值創造能力。第二，公司自由現金流量的多少反映了競爭優勢水平的高低，產生自由現金流量的期限與競爭優勢持續期相一致，資本成本的高低也反映了競爭中投資風險的高低。第三，該模型非常精密，能處理大多數複雜情況。第四，該模型與多數公司熟悉的資本預算編製過程相一致，計算也比較簡單，易於操作。

*01 （美）本傑明．葛拉漢，戴維．多德著：《證券分析》，海南出版社，一九九九年，第四頁。
*02 Warren E. Buffet:「An Owner's Manual」to Berkshire's to Berkshire's shareholders. June 1996.
*03 Warren Buffett: the Chairman's Letter to the Shareholders of Berkshire Hathaway Inc. 1983.
*04 Warren Buffett: the Chairman's Letter to the Shareholders of Berkshire Hathaway Inc. 1992。
*05 Warren Buffett: the Chairman's Letter to the Shareholders of Berkshire Hathaway Inc. 2000。
*06 Gordon M. 1962. The Investment Financing and Valuation of the Corporation Irwin & Co.
*07 （美）科普蘭（Copeland. T.）等著：《價值評估：公司價值的衡量與管理》，電子工業出版社，二〇〇二年七月，第一〇一－一四〇頁。

Chapter 2・2

現金流量與貼現率

會計師的工作是記錄，而不是估值。
估值是投資者和經理人的工作。
——巴菲特

巴菲特認為：「今天任何股票、債券或公司的價值，取決於在資產的整個剩餘使用壽命期間預期能夠產生的，以適當的利率貼現的現金流入和流出。」*01 也許你會因此認為巴菲特使用的內在價值評估模型與我們在財務管理課程學習的現金流量貼現模型類似。實際上二者具有根本的不同，這體現在兩個最關鍵的變量即現金流量的計算方法和貼現率的標準選擇上的根本不同。

首先，巴菲特認為「現金流量等於報告收益減去非現金費用」的定義並不完全正確，因為這忽略了企業用於維護長期競爭地位的資本性支出。

其次，巴菲特並沒有採用常用的加權平均資本成本作為貼現率，而採用長期國債利率，這是因為他選擇的企業具有長期持續競爭優勢。

二．二．一　計算自由現金流量的正確方法

巴菲特在波克夏一九八六年報中以收購 Scott Fetzer 公司為例，說明按照會計準則（GAAP）計算的現金流量並不能反映真實的長期自由現金流量。他提出的所有者收益（owner earnings）才是計算自由現金流量的正確方法，巴菲特提出的所有者收益與現金流量表中根據會計準則計算的現金流量最大的不同是包括了企業為維護長期競爭優勢地位的資本性支出。*02

「所有者收益包括：（a）報告收益，加上（b）折舊費用、折耗費用、攤銷費用和某些其他非現金費用，減去（c）企業為維護其長期競爭地位和單位產量（unit volume）而用於廠房和設備的年平均資本性支出等等。（如果需要追加流動資金維護其長期競爭地位和單位產量，那麼追加部分也必須包含在（c）中。但是，如果單位產量不變，那麼採用後進先出存貨計價方法的企業通常不需要追加流動資金。）」

每個看過企業現金流量表的投資人都會發現：根據會計準則編製的現金流量表中計算的現金流量數值，只是（a）報告收益，加上（b）非現金費用，卻沒有減去（c）企業為維護其長期競爭地位和單位產量而用於廠房和設備的年平均資本性支出。巴菲特認為，現金流量表中的現金流量數值其實高估了真實的自由現金流量，他所提倡的所有者收益才是對企業長期自由現金流量的準確衡

量。儘管由於年平均資本性支出只能估計，導致所有者收益計算並不精確，但大致的正確估計，遠勝於精確的錯誤計算。

「由於企業為維護其長期競爭地位和單位產量的年平均資本性支出必定只能是估計，而且有時是一種極難作出的估計，所以我們的所有者收益公式就不會產生根據會計準則編製的現金流量表中提供的名為精確實為欺騙的現金流量值。儘管存在這個問題，但不論是對於購買股票的投資者們，還是對於購買整個企業的經理們來說，我們認為所有者收益數值，而不是根據會計準則計算的現金流量數值，才是與估值目的真正相關的項目。我們完全同意凱恩斯的觀點：我寧願模糊的正確，也不要精確的錯誤。」

「大多數企業經理人很可能不得不承認，在更長的時期中，僅僅是為了保持企業目前的單位產量和競爭地位，他們就需要在經營中投入比非現金費用更多的資金。如果存在這種增加投入的必要性，也就是說如果年均資本性支出超過非現金費用，那麼根據會計準則計算的現金流量就會大於所有者收益。這種誇大常常太過頭。近年來，石油業已經出現了過於誇大現金流的事例。如果大部分大石油公司每年僅需支出非現金費用的話，那麼按照實際情況將來它們的業務肯定會大大萎縮。」

「所有這些都表明，在華爾街的股票分析報告中提供的『現金流量』數字常常是非常荒謬的。這些數字例行公事地包括報告收益加上非現金費用，但沒有減去年均資本性支出。大多數投資銀行家的股票銷售手冊上也有這種欺騙性的介紹。這些銷售手冊暗示正在出售的企業是一座商業金字塔，永遠是最現代化的，而且永遠不需要更新、改善或整修。實際上，如果所有發行上市的美國股份有限公司都通過我們一流的投資銀行家進行股票銷售，而且如果推薦這些公司股票的銷售手冊令人信服的話，那麼，政府對全國廠房和設備開支的預算必須削減九〇%。」

「對某些房地產企業或者其他初始支出巨大而後期支出很小的企業估值時，『現金流量』的確可以作為一種反映收益能力的簡捷方法。比如一家公司的財產僅有一座橋樑，或者是一座開採期特別長的油氣田。但是『現金流量』對於製造、零售、採掘和公用事業這類企業毫無意義，因為對它們來說年均資本性支出總是很大。當然，在特定年度這種企業能夠遞延資本支出。但是在五年或十年中，它們必須投資，否則企業就會垮掉。」

「……公司或投資者相信，評估一家企業的償債能力或對其權益進行估值時可以用報告收益加上非現金費用而忽略年均資本性支出肯定會遇上大麻煩。」

「在 Scott Fetzer 和我們擁有的其他企業中，我們認為以歷史成本為基礎的非現金費用——也就是不包括無形資產的攤銷和其他收購價格調整——在數額上相當接近於年均資本性支出。（當然這兩項並不完全一樣。例如，我們在喜事糖果上僅僅為了保持我們的競爭地位，每年的資本化開支會超過折舊費用五十萬至一〇〇萬美元。）我們對此深信不疑，這是我們將攤銷費用和其他收購價格調整分列的原因，而且也是我們這裡報告各個企業的收益而不是財務報表數值更接近所有者收益的原因。」

「懷疑財務報表數值也許看起來有些不敬。畢竟，如果不是為了給我們提供企業的『實情』，那麼我們付錢給會計師是為了什麼？但是，會計師的工作是記錄，而不是估值。估值是投資者和經理人的工作。會計數據當然是企業的語言，而且為了任何評估企業價值並跟蹤其發展的人提供了巨大的幫助。沒有這些數字，查理和我就會迷失方向：對我們來說，它們永遠是對我們自己的企業和其他企業進行估值的出發點。但是經理人和所有者要記住，會計僅僅有助於經營思考，而永遠不能代替經營思考」。

二・二・二　估計貼現率的正確方法

公司的內在價值就是未來現金流量的貼現，那麼恰當的貼現率應該是多少？

貼現率是股票價值評估中非常重要的參數，其選擇是否恰當將對評估結果和投資判斷產生巨大的影響。關於貼現率（在學術研究中大多稱為資本成本）存在非常激烈的爭論。

巴菲特選擇了最簡單的解決辦法：「無風險利率是多少？我們認為應以美國長期國債利率為

準」。*03

巴菲特把一切股票投資都放在與債券收益的相互關係之中來看待。如果他在股票上無法得到超過債券的潛在收益率，那麼他會選擇購買債券。因此，他的公司定價的第一層篩選方法就是設定一個門檻收益率，即公司權益投資收益率必須能夠達到政府債券的收益率。

巴菲特並沒有費精力試圖為他研究的股票分別設定一個合適的、唯一的貼現率。每個企業的貼現率（資本成本）是動態的，它們隨著利率、利潤估計、股票的穩定性以及公司財務結構的變化而不斷變動。對一檔股票的定價結果，與其作出分析時的各種條件緊密相關。但是兩天之後，可能會出現新的情況，迫使一個分析家改變貼現率，並對公司做出不同的定價。為了避免不斷地修改模型，巴菲特總是很嚴格地保持他的定價參數的一致性。如果一個企業沒有任何商業風險，那麼他的未來獲利就是完全可以預測的。在巴菲特眼裡，可口可樂、吉列等優秀公司的股票就如同政府債券一樣毫無風險，因此應該採用一個與長期國債利率相同的貼現率。

*01 Warren Buffett: the Chairman's Letter to the Shareholders of Berkshire Hathaway Inc. 1992.

*02 Warren Buffett: the Chairman's Letter to the Shareholders of Berkshire Hathaway Inc. 1986.

*03 Warren Buffett: the Chairman's Letter to the Shareholders of Berkshire Hathaway Inc. 2000.

Chapter 2・3

保守但準確的現金流量預測

我寧願模糊的正確，也不願精確的錯誤。

——凱恩斯

價值評估的最大困難和挑戰是內在價值取決於公司未來的長期現金流，而未來的現金流又取決於公司未來的業務情況，而未來是動態的、不確定的，預測時期越長，越難準確地進行預測。所以即使是股神巴菲特也不得不感歎：「價值評估，既是科學，又是藝術」。*01「無論誰都可能告訴你，他們能夠評估企業的價值，你知道所有的股票價格都在價值線上下波動不停。那些自稱能夠估算價值的人對他們自己的能力有過於膨脹的想法，原因是估值並不是一件那麼容易的事。但是，如果你把自己的時間集中在某些行業上，你將會學到許多關於這些行業公司估值的方法」。*02

巴菲特一再強調內在價值是估計值而不是精確值：「內在價值可以簡單地定義如下：它是一

家企業在其餘下的壽命中可以產生現金流量的貼現值。但是內在價值的計算並非如此簡單。正如我們定義的那樣，內在價值是估計值，而不是精確值，而且它還是在利率變化或者對未來現金流的預測修正時必須相應改變的估計值。此外，兩個人根據完全相同的一組事實進行估值，幾乎總是不可避免地得出至少是略有不同的內在價值的估計值，即使對於我和查理也同樣如此。這正是我們從不對外公佈我們對內在價值估計值的一個原因」。*03

巴菲特坦誠地承認，自己也只能估出一個大致的價值區間：「查理和我承認，我們只是對於估計一小部分股票的內在價值還有點自信，但這也只限於一個價值區間，而絕非那些貌似精確實為謬誤的數字」。*04

巴菲特在波克夏二〇〇〇年報中指出，永遠不可能精確預測未來現金流量出現的時間與數量，因此只能進行保守的預測：「顯然，我們永遠不可能精準地預測一家公司現金流入與流出的確切時間及精確數量，所以我們試著進行保守的預測，同時集中於那些經營中意外事件不太可能會為股東帶來災難性恐慌的產業中。即便是如此，我們還是常常犯錯，大家可能還記得我本人就曾經自稱是相當熟悉集郵、紡織、製鞋以及二流百貨公司等產業的傢伙。……要想預測未來現金流量出現的時間和數量這兩個變量的具體數值是一個非常困難的任務。想要使用這兩個變量的精確值事實上是非常愚蠢的，找出它們可能的區間範圍才是一個更好的辦法。一般情況，對這兩個變量的估計結果往往是一個很大的區間範圍，以至於根本得不出什麼有用的結論。但在某些偶然情況下，即使對未來樹林中可能出現的小鳥數量進行最保守的估計，也會發現價格相對於價值太低了（我們把這個現象稱之為無效樹叢理論（Inefficient Bush Theory）。可以肯定的是，投資人要得出一個證據充分的正確結論，需要對公司經營情況有大致的瞭解，並且需要具備獨立思考的能力。但是投資者既不需要具備什麼出眾的天才，也不需要具備超人的直覺。另一個極端，有很多時候，即使是最聰明的投資人都沒有辦法提出小鳥確實會出現的證據，這在最寬鬆的假設下仍是如此，這種不確定性在考察新成立企業或是快速變化的產業時經常發生。在這種非常不確定的情況下，任何規模的投資都屬於投機。」

巴菲特認為防止估計未來現金流量出錯有兩個保守卻可靠的辦法：能力圈原則與安全邊際原則：「儘管用來評估股票價值的公式並不複雜，但分析師，即使是經驗豐富且聰明智慧的分析師在估計未來現金流時也很容易出錯。在波克夏，我們採用兩種方法來對付這個問題。第一，我們努力固守於相信我們可以瞭解的公司。這意味著他們的業務本身通常具有相當簡單且穩定的特點，如果企業很複雜而產業環境也不斷在變化，那麼我們就實在是沒有足夠的聰明才智去預測其未來現金流量，碰巧的是，這個缺點一點也不會讓我們感到困擾。對於大多數投資者而言，重要的不是他到底知道什麼，而是他們真正明白自己到底不知道什麼。只要能夠盡量避免犯重大的錯誤，投資人只需要做很少幾件正確的事情就足以保證獲利了。第二，亦是同等重要的，我們強調在我們的買入價格上留有安全邊際。如果我們計算出一檔普通股的價值僅僅略高於它的價格，那麼我們不會對買入產生興趣。我們相信這一安全邊際原則——葛拉漢非常強調這一原則——是成功投資的基石」。*05

保守預測的基礎：公司穩定的長期歷史經營記錄

對於未來保守的估計，只能建立在公司穩定的長期歷史經營基礎上。巴菲特非常強調公司業務的長期穩定性。「經驗顯示，經營獲利能力最好的企業，經常是那些現在的經營方式與五年前甚至十年前幾乎完全相同的企業。當然管理層絕不能夠過於自滿。企業總是不斷有機會進一步改善服務、產品線、生產技術等等，這些機會自然要好好把握。但是一家公司如果經常發生重大變化，就可能會因此導致重大失誤。推而廣之，在一塊動盪不安的經濟土地之上，是不太可能形成一座固若金湯的城堡似的經濟特許權，而這樣的經濟特許權正是企業持續取得超額利潤的關鍵因素」。*06

巴菲特在波克夏一九八二年及其後續的年報中多次重中自己喜歡的企業的標準之一，是具備「經證明的持續獲利能力（Demonstrated Consistent Earning Power）」，因為他本人對預測未來收益不感興趣。

對未來的預期來自於公司長期經營記錄的分析。我們要對公司的歷史收益記錄進行仔細的分析考察，在此基礎上保守地預測公司穩定的未來長期現金流量。公司的持續獲利能力表現為其長期平均獲利具有相當的穩定性和可持續性，既不會因經濟蕭條時收益暫時下降而下降，也不會因經濟繁榮時收益暫時提高而提高，其變化只是與未來長期的發展相聯繫。

研究表明，在大多數案例中，企業獲利的歷史記錄是預測其未來發展最可靠的指示器。如果一個企業在過去二十多年間一直保持著十五％的獲利成長率，那麼在未來數年內它不太可能過度偏離歷史獲利平均水平。當然這種獲利平均水平是企業在經歷了經濟衰退、戰爭、通貨膨脹等重大事件後繼續保持的獲利水平。相反，沒有穩定的歷史獲利記錄而僅僅依靠對於未來的預期進行價值評估，很可能造成很大的錯誤。葛拉漢指出：「估值越是依賴於對未來的預期，與過去的表現結果聯繫越少，就越容易導致錯誤的計算結果和嚴重的投資決策失誤」。葛拉漢認為正確的做法是，根據真實的、並且經過合理調整的公司歷史收益記錄，計算長期平均收益，以此為基礎推斷分析公司未來可持續的獲利能力。計算平均收益時必須包括相當長的年份，因為長期的、持續和重複的收益記錄總要比短暫的收益記錄更能說明公司可持續獲利能力。

保守預測的最佳指標：長期平均股東權益收益率

葛拉漢和多德指出獲利能力的計算應是「平均收益」，即根據過去較長一段時期內實際獲利的收益平均數推估未來平均收益預期。這種平均收益並非簡單的算術平均，而是「具有正常或眾數意義的平均值，其內涵在於每年的經營結果具有明確的接近這個平均的趨勢」*07。這種基於長期平均收益的獲利能力比當前收益更能反映公司長期價值創造能力。

巴菲特認為衡量公司價值增值能力的最佳指標是股東權益收益率。「對公司經營管理業績的最佳衡量標準，是能否取得較高的營業用權益資本收益率（earnings rate on equity capital employed）（沒有不合理的財務槓桿、會計操縱等），而不是每股收益的增加。我們認為，如果管理層和金融分析師們將最關注的重點不是放在每股收益及其年度變化上的話，公司股東以及社會公眾就能更好地理解公司經營情況。」*08

對公司價值創造能力最基本的檢驗標準是使股本投資獲得高水平的收益率（當然是在沒有不合理的財務槓桿和會計花招等情況之下），而不是每股獲利的持續成長。權益收益率表現了管理層利用股東投入資本的經營效率。

巴菲特用一九八八年 Fortune 雜誌的數據證明持續獲利能力是優秀企業的真正衡量標準。「根據 Fortune 雜誌在一九八八年出版的投資人手冊，在全美五百家製造業與五百家服務業中，只有六家公司過去十年的股東權益收益率超過三〇%，最高的一家也不過只有四〇・二%。……在一九七七年到一九八六年間，總計一、〇〇〇家中只有二十五家能夠達到業績優異的雙重標準：連續十年平均股東權益收益率達到二〇％，且沒有一年低於十五％。這些超級明星企業同時也是股票市場上的超級明星，在所有的二十五家中有二十四家的表現超越S&P500指數。」*09

高水平的權益投資收益率必然會導致公司股東權益的高速度成長，相應地公司內在價值及股價也將穩定成長。集中投資於具有高水平權益投資收益率的優秀公司，正是巴菲特獲得巨大投資成功的重要秘訣之一。

如果一個公司能夠持續地以一個較高的速度提高每股獲利，那麼就相應地會導致每股帳面價值以較高的速度成長。在長期內，帳面價值的成長必然導致公司的內在價值及股票價格按照相應的速度成長。巴菲特在波克夏一九九六年報中指出：「儘管帳面價值不能說明全部問題，但我們還是要給大家報告波克夏的帳面價值，因為至今帳面價值仍然是對波克夏內在價值大致的追蹤指標，儘管低估了一些。換言之，在任何一個年度裡，帳面價值的變化比率很可能會合乎邏輯地與當年內在價值的變化比率十分接近」。

美國股市一百年來的實證研究表明，股票價格與淨資產比率圍繞其長期平均值波動。其最顯著的表現是Q的長期穩定性。Q是諾貝爾經濟學獎獲得者詹姆斯．托賓於一九六九年提出的「托賓Q比率」（Tobin's Q ratio），指公司股票市場價值與公司淨資產價值的比率，或者公司每股股票市場價格與每股淨資產價值的比率。

羅伯遜和賴特在《有關長期股票回報率的好消息與壞消息》一文中用一百年來美國股市的統計數據進行的研究表明，Q的平均值具有令人驚奇的長期穩定性，Q值呈現出明顯的均值回歸，即儘管短期內Q會偏離其長期平均值，但長期內會向其平均值回歸。*10

由於每股獲利很容易受到許多因素的影響，公司管理層可以採用多種合法的會計手段來操縱獲利，因此每股獲利經常不能準確地反映出公司價值創造能力。而帳面價值的變化則相對穩定，不易受到眾多因素的影響。因此，巴菲特將帳面價值的變化，尤其是帳面價值在長期內的穩定成長作為判斷企業未來經營穩定性的指標之一。

保守預測的基本功：小心企業財務報告中的陷阱

人們問巴菲特是如何評估一個企業的價值呢？巴菲特回答說：「大量閱讀」。

巴菲特閱讀最多的是企業的財務報告。「我閱讀我所關注的公司年報，同時我也閱讀它的競爭對手的年報，這些是我最主要的閱讀材料」。*11

巴菲特認為分析企業會計報表是進行價值評估的基本功。「當經理們想要向你解釋清楚企業的實際情況時，可以通過會計報表的規定來進行。但不幸的是，當他們想弄虛作假時，起碼在一些行業，同樣也能通過報表的規定來進行。如果你不能辯認出其中的差別，那麼你就不必在資產管理行業中混下去了」。[*12]

巴菲特給閱讀企業財務報告的投資者提出了以下三個建議：

「第一，特別注意會計賬務有問題的公司。如果一家公司遲遲不肯將期權成本列為費用，或者其退休金估算假設過於樂觀，千萬要當心。當管理層在幕前就表現出走上了斜路，那麼在幕後很可能也會有許多見不得人的勾當。廚房裡絕對不可能僅僅只有你看見的那一隻蟑螂。」

「第二，複雜難懂的財務報表附註披露通常暗示管理層不值得信賴。如果你根本就看不懂附註披露或管理層分析，這通常表明管理層壓根兒就不想讓你搞懂，安隆(Enron)對某些交易的說明至今還讓我相當困惑。」

「最後要特別小心那些誇大收益預測及成長預期的公司。企業很少能夠在一帆風順、毫無意外的環境下經營，收益也很難一直穩定成長。至今查理跟我都搞不清楚我們旗下企業明年到底能夠賺多少錢，我們甚至不知道下一季度獲利多少，所以我們相當懷疑那些常常聲稱知道未來獲利會如何如何的ＣＥＯ們。而如果他們總是能達到他們自己聲稱的目標收益，我們反而更懷疑這其中有詐。那些習慣保證能夠達到獲利預測目標的ＣＥＯ，總有一天會被迫去假造獲利數字。」[*13]

*01 Warren Buffett: the Letter to the Partners of the Buffett Partnership, 1966.

*02 「Buffett Talks Strategy with Students」, Omaha World-Herald, Jan 2, 1994.

*03 Warren Buffett: 「An Owner's Manual」 to Berkshire's to Berkshire's shareholders. June 1996.

*04 Warren Buffett: the Chairman's Letter to the Shareholders of Berkshire Hathaway Inc. 1999.

*05 Warren Buffett: the Chairman's Letter to the Shareholders of Berkshire Hathaway Inc. 1992.

*06 Warren Buffett: the Chairman's Letter to the Shareholders of Berkshire Hathaway Inc. 1987.

*07 （美）本傑明・葛拉漢，戴維・多德著：《證券分析》，海南出版社，一九九九年，第四五二頁。

*08 Warren Buffett: the Chairman's Letter to the Shareholders of Berkshire Hathaway Inc. 1979.

*09 Warren Buffett: the Chairman's Letter to the Shareholders of Berkshire Hathaway Inc. 1987.

*10 Robertson, D and Wright, S（2002），「The Good News and the Bad News about Long-Run Stock Returns」 www.ssrn.com.

*11 Warren Buffett: Berkshire Hathaway Annual Meeting, 1993.

*22 （美）珍妮特・洛爾著：《巴菲特如是說》，海南出版社，一九九八年，第一二二頁。

*13 Warren Buffett: the Chairman's Letter to the Shareholders of Berkshire Hathaway Inc. 2002.

Chapter 3

市場原則
——理性投資

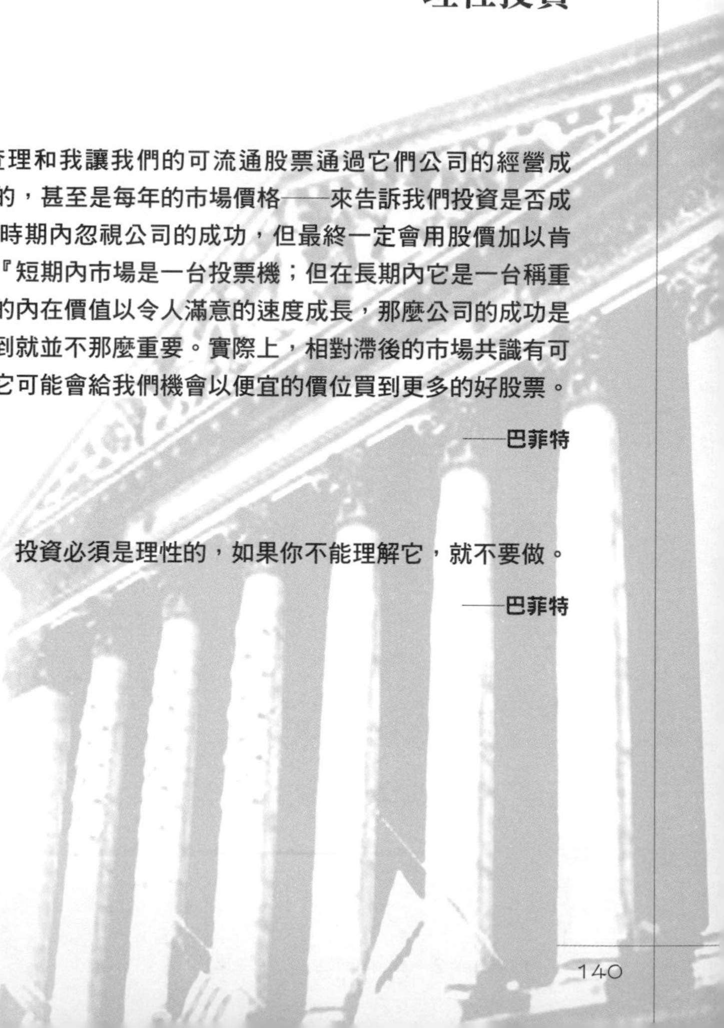

遵循葛拉漢的教誨，查理和我讓我們的可流通股票通過它們公司的經營成果——而不是它們每天的，甚至是每年的市場價格——來告訴我們投資是否成功。市場可能會在一段時期內忽視公司的成功，但最終一定會用股價加以肯定。正如葛拉漢所說：『短期內市場是一台投票機；但在長期內它是一台稱重機。』此外，只要公司的內在價值以令人滿意的速度成長，那麼公司的成功是遲是早被市場普遍認識到就並不那麼重要。實際上，相對滯後的市場共識有可能是一種有利因素：它可能會給我們機會以便宜的價位買到更多的好股票。

——巴菲特

投資必須是理性的，如果你不能理解它，就不要做。

——巴菲特

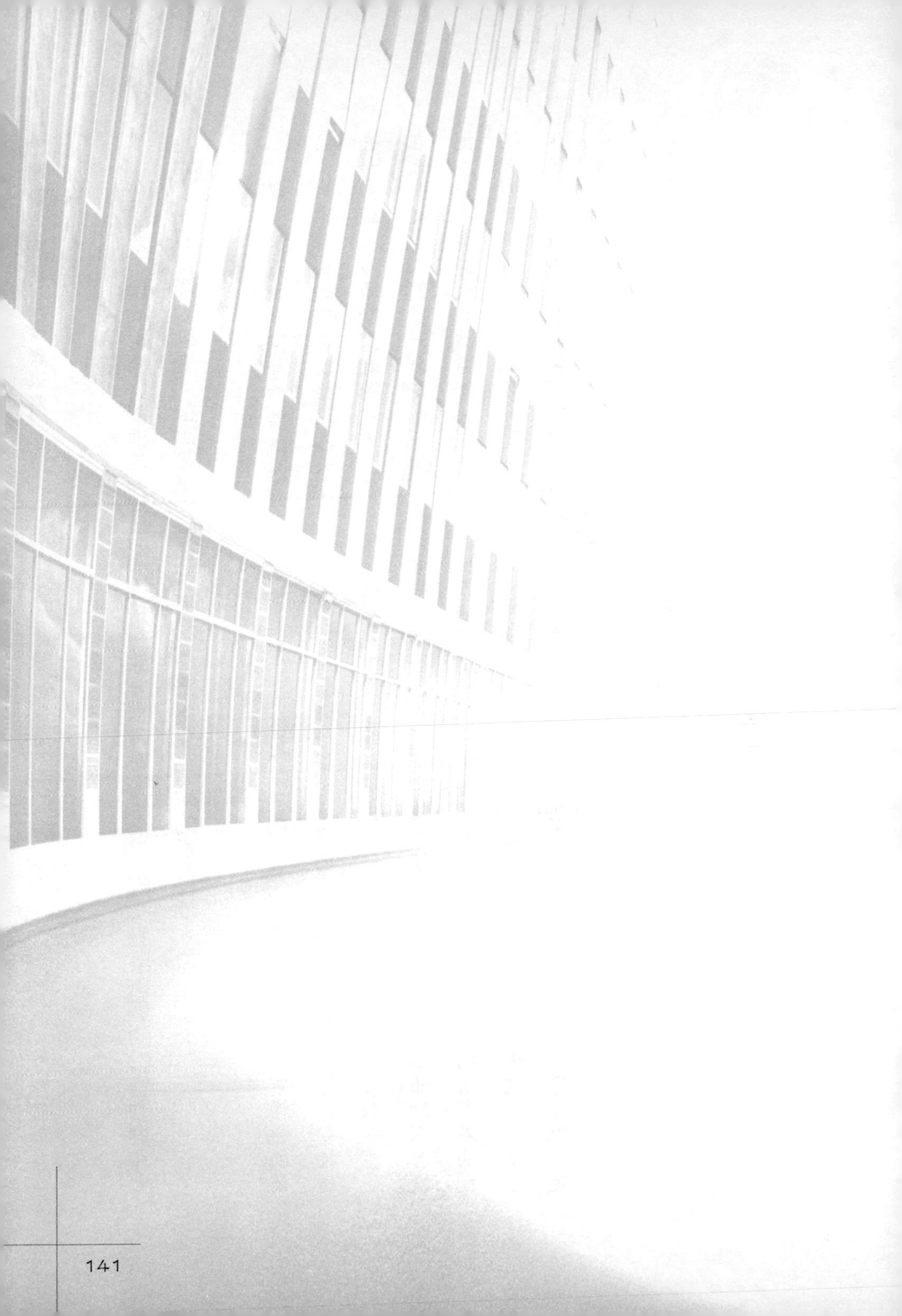

在股票市場的影響力下進行理性的決策是一件非常困難的事情。因為股票市場的影響力實在太巨大了。葛拉漢曾講過一個寓言來描述投資者受到股市影響力時的盲目性：

當一位石油勘探者準備進入天堂的時候，聖．彼得攔住了他，並告訴了他一個非常糟糕的消息：「你雖然的確有資格進入天堂，但分配給石油業者居住的地方已經爆滿了，我無法把你安插進去」。這位石油勘探者聽完，想了一會兒後，就對聖．彼得提出一個請求：「我能否進去跟那些住在天堂裡的人們講一句話？」聖．彼得覺得沒什麼，就同意了他的請求。於是，這位石油勘探者就把手罩在嘴邊大聲喊道：「在地獄裡發現石油了！」話音剛落，大門洞開，天堂裡住的所有石油勘探者們都蜂擁著跑向地獄。聖．彼得看到這種情況非常吃驚，於是他請這位石油勘探者進入天堂居住。但這位石油勘探者遲疑了一會說：「不，我想我還是跟那些人一起到地獄中去吧，傳言說不定是真的呢」。

Chapter 3・1

市場短期是投票機，長期是稱重機

對待價格波動的正確精神是所有成功股票投資的試金石。

——葛拉漢

投資人都知道股價總是在波動。那麼股票價格波動的規律是什麼呢？

巴菲特從他的導師葛拉漢那裡學習了關於股市波動的永恆規律，並在波克夏一九八七年年報中告訴了我們，「從短期來看，市場是一台投票機；但從長期來看，它是一台稱重機」：

「很久以前，我的老師葛拉漢曾描述過對待市場波動的正確心態，我認為這種心態對於投資是否成功有重要的意義。你必須想像市場報價來自於一位樂於助人並被稱為『市場先生』的朋友，他是你私人企業的合夥人。市場先生每天都會出現，報出一個他既可以買入你的股票也可以賣出你股票的價格。儘管你們倆的合夥企業具有非常穩定的經濟特性，但市場先生的報價卻有各種可能。因為不幸的是，這個可憐的傢伙有感情脆弱的老毛病。有些時候，他心情愉快，而且只看得見對公司發展有利的因素。在這種心境下，他可能會報出非常高的買賣價格，因為他害怕你會盯上他的股票，搶劫他即將獲得的利潤。在另一些時候，他意氣消沉，而且只看得見公司和整個世界前途渺茫。在這種時候，他會報出非常低的價格，因為他害怕你會將你的股票脫手給他。此外，市場先生還有一個討人喜歡的特點，就是他從不介意無人理睬他的報價。如果今天他的報價不能引起你的興趣，明天他再來一個新的報價。但是否交易完全按照你的選擇。在這些情況下，他越狂躁或者越抑鬱，你就越有利」。*01

葛拉漢和多德在《證券分析》中指出：「當證券分析家在尋找那些價值被低估或高估的證券時，他們就更關心市場價格了。因為此時他的最終判斷必須很大程度上根據證券的市場價格。這種分析工作有以下兩個前提：第一，市場價格經常偏離證券的實際價值；第二，當這種偏離發生時，市場中會出現自我糾正的趨勢」。*02

葛拉漢認為，內在價值是影響股票市場價格的兩大類重要因素之一，另一個因素即投機因素。價值因素與投機因素的交互作用使股票市場價格圍繞股票內在價值不停波動，價值因素只能部分地影響市場價格。價值因素是由公司經營的客觀因素決定，並不能直接被市場或交易者發現，需要通過大量的分析才能在一定程度上近似地確定，通過投資者的感覺和決定，間接地影響市場價格。所以，市場價格經常偏離內在價值。

葛拉漢在一九四九年出版的《聰明的投資者》（The Intelligent Investor）中指出，「股票市場本身沒有時間進行這種科學的思考。儘管沒有什麼正確的價值衡量方法，它必須先把價值確立起來，然後再尋找其根據。因此股票價格不是精心計算的結果，而是不同投資者反應的總體效應。股票市場是一台投票機，而不是一台稱重機。它對實際數據並不作出直接反應，只有當這些數據影響買賣雙方的決策時它才作出反應」。*03

五十多年來大量的股票市場實證研究表明，葛拉漢認為股市短期是投票機而長期是稱重機的觀點是完全正確的，雖然股市短期內會劇烈波動，但長期會向價值回歸。Eugene Fama 和 Kenneth French、James Poterba 和 Lawrence Summers、Werner De Bondt、Richard Thaler 的實證研究都支持這一結論：股票收益在短期內可能存在正相關關係，如一周或一月，但對於較長的時期來說，股票收益則顯示出負的序列相關性，比如在兩年或更長的時間內。*04 簡單地說，也就是經過兩年或更長的時間後，原來上漲的股票會反轉而下跌，而原來下跌的股票會上漲。

以下我們引用兩項著名的關於美國股市二百年和一百年波動的研究結果來進行說明：

- 席格爾的研究表明，一八〇二至一九九七年二百年間，股票投資收益率在很多時候都會偏離長期平均水平，但是長期股票實際平均年投資收益率非常穩定，約為七%。
- 巴菲特以一百年詳細的歷史數據解釋說明了為什麼一八九九至一九九八的一百年間美國股市走勢

經常與GNP走勢完全相背離。他認為美國股市二十年整體平均實際投資收益率約為六%—七%左右，但短期投資收益率會因為利率、預測投資報酬率、心理因素的綜合作用而不斷波動。

三・一・一 席格爾關於美國股市二百年來投資收益率的實證研究

當歷史學家們記錄九〇年代的金融歷史時，《股票：長線法寶》一書的出版被視為一個啟蒙事件。在這本具有劃時代意義的著作中，華頓商學院的傑瑞米・席格爾(Jeremy Siegel)教授對一八〇二年以來的市場情況進行了詳細的討論，為股票市場在長期投資中的安全性、穩定性和必要性提供了迄今為止最全面、最有力、最無可辯駁的證據。

席格爾的研究表明，美國股票的長期平均實際年投資收益率令人驚奇的穩定，約為七%，大大超過債券的收益率水平。因此耐心的投資者積累股票總能比積累其他金融資產獲得更大的收益：「如果在一八〇二年向股票投資一美元並把收益不斷地再投資於股票，它在一九九七年年末的價值將接近七五〇萬美元。如果用一〇〇萬美元在這一九五年中進行投資和再投資，它在一九九七年的價值將達到難以置信的七五、〇〇〇億美元。比美國股市總值的一半還要多！」*05

然而股票實際投資收益率的長期穩定性並不否認短期收益率會變化。實際上，股票投資收益率在很多時候都會偏離長期平均水平。一九八二年到一九九七年的牛市使投資者在剔除通貨膨脹之後的年收益率達到了一二．八％，比它的歷史平均水平高出近六％。但這段時期出色的高收益率卻並不足以彌補投資者在此前十五年間（一九六六至一九八一年）遇到的可怕低收益率（實際收益率為-○．四％），在此次牛市之前的十五年中，股票投資收益率低於歷史平均水平的程度要大於它在此後十六年中高於歷史平均水平的程度。

安德魯．史密瑟斯和史蒂芬．賴特（二○○○年）研究表明，一八○二年至一九九七年間股票短期收益率波動非常劇烈，九○％的時間內在-二二％至三三％之間上下波動*06。

席格爾的研究表明，美國股票的長期平均實際年投資收益率約為七％。一八○二至一八七○年是年均七．○％，一八七一至一九二五年是年均六．六％，而一九二六至一九九七年是年均七．二％。即使在美國過去二百年間通貨膨脹最嚴重的第二次世界大戰後期，股票實際平均收益率仍然達到了每年七．五％，幾乎與前一百二十五年完全一樣，而後者並沒有出現過全面的通貨膨脹。長期實際收益的這種出色的穩定性具有均值回歸的特徵，即用一種變量抵銷短期波動的影響，從而得到更穩定的長期收益。

儘管出現了工業革命、訊息技術革命等重大變革使創造股東財富的基本因素發生了巨大的變化，股票投資收益率卻表現出驚人的穩定性。

根據席格爾的研究，美國股票在過去兩個世紀中的平均年投資收益率情況如表3-1。

三・一・二　美股一百年股價研究

在一九九九年十一月二十二日的《Fortune》雜誌刊登了巴菲特的一篇文章，他指出：美國投資人不要被股市飆漲沖昏了頭，股市整體價格水平偏離內在價值太遠了。他預測美國股市不久將大幅下跌，重新向價值回歸。果然在二〇〇一年，網絡泡沫破滅，Nasdqe下跌近五〇%。*07

兩年後在二〇〇一年十一月十日的《Fortune》雜誌再次刊登了巴菲特對股市的看法，他再次重申股市整體表現長期來說與美國經濟整體成長性相關，過度高漲的價格長期而言肯定會回歸於其

表3-1　1802—1997年：美國股票平均實際年投資收益

時期		實際年投資收益率（%）		
		複合年收益率	算術平均年收益率	算術平均年收益率的標準差
主要時期	1802—1997	7.0	8.5	18.1
	1871—1997	7.0	8.7	18.9
主要次級時期	1802—1870	7.0	8.3	16.9
	1871—1925	6.6	7.9	16.8
	1926—1997	7.2	9.2	20.4
戰後時期	1946—1997	7.5	90	17.3
	1966—1981	-0.4	1.4	18.7
	1966—1997	6.0	7.5	17.1
	1982—1997	12.8	13.6	13.2

數據來源：（美）傑瑞米・席格爾著：《股票：長線法寶》，海南出版社，2000年五月，第12頁

內在價值。

在這篇文章中，巴菲特以一百年詳細的歷史數據解釋說明了為什麼一八九九到一九九八的一百年間美國股市走勢與GNP走勢完全相背離？他的研究證明美國二十年平均整體投資報酬率約為七%左右，但短期投資報酬會因為利率、預測投資報酬率、心理因素的綜合作用而不斷波動。巴菲特以詳細的歷史數據說明了為什麼短期來說股市是一個投票機，但長期來說股市卻是一個稱重機。*08

為什麼一九六四—一九九八年間美國股市走勢與GNP走勢完全相背離？

美國股市道瓊指數在一九六四到一九九八年間的前十七年與後十七年的走勢截然不同。

第一個十七年：一九六四年年底道瓊指數為八七四．一二，一九八一年底為八七五．〇〇，十七年間成長〇．一個百分點。第一個十七年股市幾乎絲毫沒漲。

第二個十七年：一九八一年年底道瓊指數為八七五．〇〇，一九九八年年底為九一八一．四三，十七年間上漲超過十倍，這十七年是一個難以置信的大牛市。

美國股市在兩個相同的十七年期間卻有完全不同的成長率，為什麼會如此呢？

大多數人想到的原因會是國民經濟總產值（GNP）的波動導致股市的相應波動，因為眾所周知的一個說法是「股市是國民經濟的晴雨表」。

但事實上並非如此，這一現象無法單純地以美國國民經濟的波動來解釋：一九六四至一九九八年間美國股市走勢與GNP走勢完全背離。股市低迷的第一個十七年間美國GNP成長率為三七三%，而在股市猛漲的第二個十七年間GNP成長率只有一七七%，二者相差近一倍。不僅過去三十四年美國股市表現與美國GNP走勢完全背離，事實上在整個二十世紀也是經常如此。

二十世紀事實上是屬於美國人的世紀，先後發明了汽車、飛機、收音機、電視與電腦，大放異彩，GNP（扣除通貨膨脹的影響）破記錄地淨成長了七〇二%。儘管其中也包括一九二九至一九三三年的大衰退，但以十年為一個大階段來進行比較，我們發現每個十年的人均實際GNP都在持續成長。或許有人認為穩定的經濟成長反映在股票市場上也應該會有穩定的股票指數成長才對。但事實並非如此。

一九〇〇到一九二〇年美國人均實際GNP（以一九九六年美元價值計算）從四、〇七三美元成長到五、四四四美元，成長了三三．七%。而同期股票市場卻一點動靜都沒有，一八九九年底道瓊指數為六六．〇八點，一九二〇年底道瓊指數為七一．九五點，二十年間只有〇．四%的年成長率，這種反差與一九六四至一九八一年的情況相似。

但接下來的一九二〇至一九三〇年的十年間，股市一飛沖天，到一九二九年九月股市一度大漲到三八一點，上升了四三〇%。

隨後的一九三〇至一九四八年的十九年間股市幾乎下跌了一半，一九四八年道瓊指數只有一七七點。但同期的GDP卻成長了五〇%。

結果接下來的一九四八至一九六四年的十七年股市大漲五倍之多，之後就是我們前面提到一九六四至一九九八兩個截然不同的十七年時期，先冷後熱，以驚人的大牛市結束了這個輝煌的世紀。

若我們用一種不同的時間分段法，在過去一百年裡，經歷了三個時期的大牛市，包括四十四個年份，期間道瓊指數總計上漲了一一、〇〇〇點。同時經歷了三次熊市，包括五十六個年份，儘管在這五十六年間美國經濟大幅成長，期間道瓊指數卻總計下跌了二九二點。

到底是什麼原因造成股市表現如此大的反常呢？

影響股市波動的三個關鍵經濟因素

巴菲特將股市如此反常的現象，歸諸於利率、預期投資收益率兩個關鍵經濟因素，以及一個與心理有關的因素。

影響股市的第一個關鍵經濟因素是利率。巴菲特強調「投資」的正確定義是今天投入一筆資金，並期待明天可以收回更多的資金。在經濟學中，利率就好像自然界的地心引力一樣，不論何時，不管何地，利率任何的微小波動都會影響到全世界所有資產的價值。最明顯的例子就是債券，但這道理同樣適用於其他各項資產，不管是農場、油田、股票與其他金融資產，都是如此。假設今天市場利率是七%，那麼你未來一美元的投資收益的價值就與市場利率為四%時的價值有很大差別。

分析過去三十四年長期債券利率的變化，我們可以發現第一個十七年期間利率從一九六四年底的四・二〇%大幅上升到一九八一年的一三・六五%，這對投資人來說實在不是什麼好事。但在第二個十七年期間利率又從一九八一年的一三・六五%大幅下挫到一九九八年的五・〇九%，為投資人帶來了福音。

影響股市的第二個關鍵經濟因素是人們對於未來的投資收益率預期。在第一個十七年間，因為公司獲利前景不佳，所以投資者預期顯著下調。但在一九八〇年代初期 Paul Volcker 接任美聯儲主席後大力刺激經濟成長，使得企業獲利水平達到一九三〇年以來前所未有的高峰。

在一九六四至一九八一年的第一個十七年間，兩個不利因素使投資人對於美國經濟失去信心的原因，一方面在於過去企業獲利成績不佳，一方面在於利率過高使投資者對企業未來獲利預期大打折扣。兩項因素綜合作用，導致一九六四年到一九八一年間美國股市停滯不前，儘管同期ＧＮＰ大幅成長。

然而這些因素在一九八一至一九九八年的第二個十七年間卻完全反轉，一方面企業收益率大幅提高，另一方面利率又不斷下降使得投資者對於企業的收益預期進一步提高。這兩項因素為一個大牛市提供了產生巨大上升動力的燃料，形成GNP下降的同時股票市場卻猛漲的怪異現象。

最後再加入第三個因素即心理因素，人們看到股市大漲，投機性交易瘋狂爆發，終於導致危險的悲劇一再重演。

衡量股市是否過熱或過冷的定量分析指標

巴菲特認為，回顧過去一個世紀的股市表現，股市大幅波動經常與國民經濟發展相背離，這種極端的非理性行為是週期性爆發的。認識這種現象對於投資人來說具有重要意義，想要在股票市場上取得更好的回報，就應該學會如何應對股市非理性行為的爆發。

巴菲特認為要在股市非理性波動中保持理性，其中最需要的方法是學會定量分析，從而能夠準確判斷股市是否過熱或過冷。如果投資人能夠進行定量分析，儘管不會因此就把分析能力提高到超人的水平，但卻能夠使自己避免隨波逐流陷入股市群體性瘋狂，作出非理性的錯誤決策。如果投資人根據定量分析發現股市過熱，就可以理性地決策不再追漲，乘機高價離場。如果投資人根據定量分析發現股市過冷，就可以理性地決策選擇合適的股票低價買入。

巴菲特向我們推薦了一個非常簡單卻非常實用的股市整體定量分析指標「所有上市公司總市值佔GNP的比率」：

「雖然所有上市公司總市值佔GNP的比率這項指標只能告訴投資人有限的訊息，但它卻可能是任何時候評斷公司價值是否合理的最理想的單一指標。分析八十年來所有上市公司總市值佔GNP的比率可以發現，這項指標在兩年前即一九九九年達到前所未有的高峰，這本應該是一個很重要的警告信號。如果投資人財富增加的速度比美國總體經濟成長的速度更高，那麼所有上市公司總市值佔GNP的比率必須不斷提高，直到無限大。事實上這是不可能的。」

巴菲特認為所有上市公司總市值佔GNP的比率在七〇％至八〇％之間時買入股票，長期而言可能會讓投資者有相當不錯的報酬，但若這個比率達到二〇〇％，像一九九九年以及二〇〇〇年中的一段時間那樣，那麼購買股票簡直就是在玩火。正如巴菲特所分析的那樣，二〇〇一年底所有上市公司總市值佔GNP的比率大幅回落到一三三％左右，並且以後幾年內還在繼續回落。

股市波動預測：短期波動不可預測，長期波動容易預測

巴菲特認為預測股市的短期波動是不可能的：「我對預測股市的短期波動無所長，我對未來六

個月、未來一年、或未來二年內的股票市場的走勢一無所知」。

相反，巴菲特認為股市長期波動具有非常穩定的趨勢，非常容易預測：

「我認為對股市的長期趨勢預測相當容易。葛拉漢曾經告訴我們為什麼會如此：「從短期來說股市是一台投票機，但從長期來說股市卻是一台稱重機」。貪婪與恐懼或許在投票時很起作用，但在稱重時卻沒有什麼作用。我認為可以很容易地確定，在二十年期間，投資於利率為九．五％的債券，肯定不如投資於平均回報率為一三％的被稱為道瓊指數的『準債券』。之所以將道瓊股票指數稱為準債券的原因是：一個債券是指具有一定的期限和一組息票。一個利率為六％的債券，每半年付一次三％的息票。而股票是一種代表對於特定企業未來盈餘具有分配權的金融工具，不管是分配股利、買回股份、出售股權或是清算，事實上都是一種息票。獲取息票的所有者隨著的股東的變化而變化，但股東們作為一個整體的投資回報將取決於這些息票的多少和支付時機。投資分析的主要目的就是要估計這些息票的具體數值。當然要估計個別股票的息票的多少非常困難，但若要估計所有股票的息票總和就容易多了。一九七八年時，根據道瓊指數股票平均每股帳面淨資產八五〇美元計算的投資報酬率十三％。當然十三％只是一個平均標準，而不是一個基本水平。你在一九七八年投資股票，事實上相當於買入一種債券，其本金約為八九一美元，年利率非常可能為一三％。」

一九九九年巴菲特大膽預測未來十年甚至二十年內，美國投資人股票投資預期報酬率（包含股利以及預期二％的通貨膨脹率）大概在七％左右，扣除諸如手續費等交易成本，淨投資回報率約為六％。

正如巴菲特所預測的那樣，在兩年後的二〇〇一年，美國經濟成長依舊，股市卻大幅下跌。

我們可以發現，巴菲特預測扣除成本後淨投資回報率約為七％，正好與席格爾經過統計分析得出美國股市二百年來長期平均實際投資回報率為七％左右的結論非常一致，不知道巴菲特看了席格爾的那本名著後是否會長歎一聲：英雄所見略同。

三・一・三　市場波動規律的解釋及其對投資人戰勝市場的啟示

在過去的二百年間，美國股票的年複合實際投資收益率接近七％，並顯示出驚人的穩定性。其他主要國家的股票實際收益率也與美國的情況相吻合。股票投資收益率長期穩定性的原因目前還沒有得到很好的解釋。

席格爾認為：「股票投資收益率取決於經濟成長、生產力和風險的收益。但是創造價值的能力也同樣來自於卓有成效的管理、尊重財產權利穩定的政治體系以及在競爭環境中向消費者提供價值的意願。政治或經濟危機可以導致股票偏離長期的發展方向，但是市場體系的活力能讓它們重新返回長期的趨勢。或許這就是股票收益為什麼能夠超越過去兩個世紀影響全世界的政治、經濟和社會的異常變化，保持穩定性的原因」。*09

其實沒有人能夠完全解釋股市長期內向價值回歸的根本原因，這正是股市的神奇之處。

一九二九年美國國會對未來可能出現的市場崩盤深感不安，於是安排了一次聽證會。當時華爾街最著名的投資大師葛拉漢參加了這次聽證會。

參議院銀行業委員會主席威廉・富布萊特問葛拉漢：「最後一個問題。當你發現了某個特殊的情形，並且您僅憑個人思考判斷你可以用十美元買入一檔股票，而它的價值是三十美元的，於是你買進一些股票。但您只有當許許多多其他的人們認為它確實值三十美元的時候您才能實現您的利潤。這個過程是如何產生的——是作宣傳呢？還是什麼別的方式？是什麼原因促使一種廉價的股票發現自己的價值呢？」

葛拉漢回答道：「這正是我們行業的一個神秘之處。對我和對其他任何人而言，它一樣神奇。但我們從經驗上知道最終市場會使股價達到它的價值」。*10

巴菲特回憶在為葛拉漢——紐曼公司工作時，他問他的老闆葛拉漢：一位投資者如何才能確定，當一家股票的價值被市場低估時，它最終將升值呢？葛拉漢只是聳聳肩，回答說：「市場最終總是這麼做的。…從短期來看，市場是一台投票機；但從長期來看，它是一台稱重機」。*11

「實踐經驗中，聰明的投資者將會發現安慰和鼓舞人心的事情。經過很長時間，證券趨向於以接近價值水平買賣，接近於它們的內在價值。這個修正的時間是不確定的，在某些情況修正的時間實際上要被延遲好幾年。……我自己的記錄表明，一個被過分低估價值的股票股價得到修正，平均需要的時間在半年到兩年半之間」。*12

認識市場的波動規律，對於投資人戰勝市場具有非常重大的意義。

葛拉漢股票價格波動給投資人很好的投資機會：「從根本上講，價格波動對真正的投資者只有一個重要的意義：當價格大幅下跌後，提供給投資者低價買入的機會；當價格大幅上漲後，提供給投資者高價賣出的機會」。*12

葛拉漢指出「股市總是特別偏愛投資於估值過低股票的投資者。首先，股市幾乎在任何時候都會生成大量的真正估值過低的股票以供投資者選擇。然後，在其被忽視且朝投資者所期望的價值相反運行相當長時間以檢驗他的堅定性之後，在大多數情況下，市場總會將其價格提高到和其代表的價值相符的水平。理性投資者確實沒有理由抱怨股市的反常，因為其反常中蘊含著機會和最終利潤」。*12

這種市場波動正是巴菲特採取長期投資策略的根本信心所在：「我們波克夏公司作為可口可樂公司和吉列公司股票的持有者，把自己當成這兩家卓越公司的非經營性合夥人。我們用這兩家公司的長期發展來衡量我們的投資成就，而不是其在股票市場上每個月的股價漲幅。事實上，即使這兩家公司未來幾年之內這些公司的股票在市場上根本沒有交易，根本沒有報價，我們也毫不在意。如果我們有堅定的長期投資期望，那麼短期的價格波動對我們來說毫無意義，除非它們能夠讓我們有機會以更便宜的價格增持股份。」*13

「如果我們發現了喜歡的公司，股市的價格高低並不會真正地影響投資決策。我們將通過公司本身的經營情況決定是否投資。」*14

*01 Warren Buffett: the Chairman's Letter to the Shareholders of Berkshire Hathaway Inc. 1987.

*02 （美）本傑明．葛拉漢，戴維．多德著：《證券分析》，海南出版社，一九九九年，第九頁。

*03 （美）本傑明．葛拉漢，戴維．多德著：《證券分析》，海南出版社，一九九九年，第一〇頁。

*04 （美）伯頓．麥基爾著：《漫步華爾街》，上海財經大學出版社，二〇〇二年，第二八〇頁。

*05 （美）傑裡米J．席格爾著：《股票：長線法寶》，海南出版社，二〇〇〇年，第五頁。

*06 （美）安德魯．史密瑟斯，史蒂芬．賴特著：《華爾街價值投資》，海南出版社，二〇〇一年八月，第一八〇頁。

*07 Warren Buffett:「Mr. Buffett on the Stock Market」, FORTUNE, Nov. 22, 1999.

*08 Warren Buffett:「Mr. Buffett on the Stock Market」, FORTUNE, Nov. 10, 2001.

*09 （美）傑裡米J．席格爾著：《股票：長線法寶》，海南出版社，二〇〇〇年，第二一—二二頁。

*10 （美）羅傑．洛文斯坦著：《一個美國資本家的成長——世界首富巴菲特傳》，海南出版社，一九九七年一月，第七〇頁。

*11 An Interview with Warren Buffett in 1974, Forbes magazine, the November 1, 1974.

*12 分別見（美）葛拉漢著：《葛拉漢投資指南》，江蘇人民出版社，二〇〇一年，第五一，五五頁

*13 Warren E. Buffet:「An Owner's Manual」to Berkshire's to Berkshire's shareholders. June 1996.

*14 Warren Buffett: Berkshire Hathaway Annual Meeting, 1992.

Chapter 3・2

無效市場理論，挑戰有效市場理論

如果股票市場總是有效，我只能沿街乞討。

——巴菲特

在現代資本市場理論中佔據主導地位的有效市場假說認為，市場總是有效的，股票的價格總是完全反映所有的訊息，沒有人能夠持續戰勝市場。但是，最近的股市短期波動實證研究則以大量的研究成果表明，在短期內市場經常是無效的，有效市場理論提出的弱式、半強式、強式三種有效市場形式並不成立。巴菲特本人則總結了葛拉漢的眾多追隨者們採用價值投資策略取得的優秀業績，表明價值投資策略能夠持續戰勝市場是無可爭議的事實，對有效市場理論進行了有力反駁。

三・二・一　有效市場假說

有效市場假說的提出起源於早期對市場價格

形成的不確定性的研究和探索，最早可追溯到一九〇〇年出現的商品價格隨機遊走研究。一九七〇年 Fama 發表的經典論文《有效資本市場：實證研究回顧》對過去有關有效市場假說的研究進行了系統的總結，並提出了一個完整的理論框架*01。此後，有效市場假說的研究蓬勃發展，逐步成為現代金融理論的支柱之一。

有效市場假說（efficient market hypothesis）認為，證券資產的價格總是完全反映了所有相關的訊息，並排除了利用現有訊息就可以獲得超額回報率的交易策略的可能性。其最主要的推論就是任何投資人企圖長期持續戰勝市場的努力都是徒勞的，因為股票的價格已經反映了所有可能的訊息，包括所有公開的和未公開的訊息，在股價對訊息的迅速反應下，任何獲得非正常回報的機會都不會存在。

有效市場假說自問世以來，對現代金融產生了十分深遠的影響。如果這個理論假設成立，那麼投資者所有用來分析和選擇股票的努力其實都是浪費的，沒有任何人能夠持續戰勝市場。

巴菲特持續戰勝的投資業績則是對有效市場理論最強有力的挑戰之一，他的巨大成功使有效市場理論的支持者無法解釋，於是那些獲得諾貝爾經濟學獎的教授們認為巴菲特是一個怪才和例外，而有效市場理論仍然永遠正確。史丹佛大學的威廉 F. 夏普(William F. Sharpe)認為，巴菲特只是個「三Σ事件——一個統計學上極小的機率，可以忽略不計」。*02

有效市場的基本定義、三種形式、基本假定

有效市場理論的確立是以美國芝加哥大學教授 Fama 在一九七〇年發表的《有效資本市場：對理論和實證工作的評價》一文為標誌的，在這篇文章中，Fama 提出了得到普遍接受的有效市場的定義：如果所有股票價格都充分反映了所有相關訊息，股市即達到了效率狀態。Fama 指出，在有效市場中，投資者都利用可獲得的訊息力圖獲得更高的報酬，證券價格對新的市場訊息的反應是迅速而準確的，證券價格能完全反映全部訊息，市場競爭使證券價格從一個均衡水平過渡到另一個均衡水平，而與新訊息相應的價格變動是相互獨立的，或者說是隨機的且不可測的*03。因此，有效市場理論又被稱為隨機遊走（random walk）理論。Fama（一九七〇）根據與資產定價相關的三種形式的已知訊息，提出了有效市場假說的三種形式：弱式、半強式和強式。*04

（一）弱式有效市場：弱式有效市場中，資產價格充分及時地反映了與資產價格相關的所有歷史訊息，包括歷史價格水平、交易量和收益率等，因此任何投資者都無法利用過去股價所包含的歷史訊息獲得超額利潤。弱式有效市場意味著通過分析市場價格的歷史走勢來預測其未來走勢的技術分析是無效的，根本不可能獲得超額利潤。

（二）半強式有效市場：在半強式有效市場中，證券價格反映了當前所有的公開訊息，訊息只要一公佈，立即被融入價格，因此，投資者不僅無法從歷史訊息中獲取超額利潤，而且也無法通過

分析當前的公開訊息獲得超額利潤。半強式有效市場意味著通過分析公司的公開披露訊息來確定公司價值並以此預測其股票價格未來走勢的基礎分析是無效的，根本不可能獲得超額利潤。

（三）強式有效市場：強式市場有效性中的相關訊息不僅包含所有公開的，而且包含未公開的訊息。強式有效市場假設認為，證券價格反映了所有與資產價格相關的訊息，包括所有歷史訊息、公開訊息和未公開的內幕消息。強式有效市場意味著內幕交易是無效的，投資者即使擁有內幕消息，也無法獲得超額利潤。

市場有效性是不可檢驗的

二十世紀六、七十年代有效市場假說提出後，學術界對其進行了大量的實證研究工作。在遭受大量的挫折之後，有效市場假說的集大成者 Fama 在一九九一年也不得不承認：市場有效性是不可檢驗的。*05

市場有效性意味著「價格對訊息快速、正確的反應」，這隱含了這樣一個重要命題：已知的訊息對獲利沒有價值。為檢驗這個命題，需要定義「已知訊息」和「獲利」。第一個定義相對直接，但是第二個定義有爭議。因為在金融中，「獲利」表示調整風險後的超額回報率，因此市場有效性的檢驗必須借助一個定義風險和預期收益率之間關係的模型。如果實際收益與模型得出的預期收益相符，則認為市場是有效的。因此，市場有效性的檢驗對風險——預期收益率模型存在著巨大的依賴性，市場有效性必須與風險——預期收益率模型同時得到證明。

這樣就陷入了一個悖論：風險——預期收益率模型的建立以市場有效為假定前提，而檢驗市場有效性時，必須先假設風險——預期收益率模型是正確的。這就說明利用市場有效性假設下的風險——預期收益率模型是無法檢驗市場有效性的。只要有人發現對已有訊息的交易可以獲得超額回報率時，有效市場假說的支持者馬上會提出一個風險——預期收益率模型來說明這種超額回報率是因為承擔了更大的風險才形成的。這個問題一直成為有效市場假說和行為金融學兩派學者爭執的焦點。

由於以上原因，關於市場有效性的實證研究很難得出統一的結論。另外，關於市場有效性的實證研究往往是對不同時期、不同市場的數據採用不同的資產定價模型，這也造成研究結果難免不夠客觀。

三・二・二 市場短期內經常無效

有效市場理論受到了重大挑戰，大量實證研究表明股票市場並不像有效市場假說聲稱的那樣總是能夠形成均衡預期收益，實際上市場經常是無效的，存在著大量收益異常現象，這些現象無法用有效市場理論進行解釋，故被稱為「異象」（anomalies）。正是對這些異象的研究，使得人們開始對有效市場假說進行反思。

過度反應

De Bondt和Thaler（一九八五）*06提出的金融資產價格的過度反應（over-reaction）現象，這對弱式有效市場理論提出了有力的挑戰。他們的研究方法是根據資產組合形成的前三年表現，將組成股票分為溢價股票和跌價股票，然後比較這兩組股票在以後五年的表現。結果發現原先的跌價股票取得了極高的收益率，而原先的溢價股票卻只有極低的收益率，並且這種現象不能用跌價股票的風險來解釋。他們認為，一個比較合理的解釋是金融資產價格中存在反應過度現象。跌價股票價格太低，於是在後來的五年中得以回升；而溢價股票的價格太高，於是在後來的五年中價格下降。這個解釋與心理學的解釋一致：跌價股票一般在近幾年向市場發出利空訊息，投資者便將以前的、現在的狀況推廣到將來，因此低估了這些股票。而溢價股票則正好相反，投資者高估了股價。

贏者輸者效應

De Bondt 和 Thaler（一九八五）將公司股票按照股價表現進行分類，將前三年內股票累積收益率排在最前幾位的公司構造成為贏者組合（winner portfolio），將前三年內股票累積收益率排在最末幾位的公司構造成為輸者組合（loser portfolio），然後在一九三三年至一九八五年期間比較兩種組合在組合形成後五年內的累積收益率。結果發現輸者組合能夠取得很高的收益率，相對於市場整體而言，輸者組合在形成後六十個月內的累積收益率約為三〇%，而贏者組合約為負一〇%。

Chopra、Iakonishok 和 Ritter（一九九二）[*07] 的研究發現，在一段較長的時間內，過去市場表現差的股票具有強烈的趨勢在其後的一段時間內會出現較大的漲幅，而在一段較長的時間內，過去市場表現好的股票具有強烈的趨勢在其後的一段時間內會出現較大的跌幅。簡單地說，股票投資收益率在長期內會出現反轉。

這些研究表明證券市場的弱式有效形式並不成立，股票未來收益率是可以預測的，以往的價格和收益率對於將來都具有預測作用。投資者可以根據過去的價格和收益率構造出選定的投資組合來戰勝市場。

小公司效應

小公司效應是指小型股比大型股的收益率高。Rolf Banz（一九八一）[*08] 最早研究了小公司效應。他將所有紐約股票交易所上市公司從一九二六年到一九八〇年根據市值排序，研究發現，總收益率和風險調整後的收益率都有隨公司的相對規模（由其現有資產淨值的市值表示）的上升而下降的趨勢，他把所有在紐約證券交易所上市的股票按公司規模分成五組，結果最小規模組的平均年收益率比那些最大規模組的公司要高三．三％，這一現象以後被學者稱為規模效應，也稱為小公司效應。

Marc Reinganum（一九八三）[*09] 研究了一九六三至一九八〇年NYSE-AMSE所有上市股票投資收益率與市值的關係。他的研究表明，公司規模最小的普通股票其平均收益率要比根據CAPM模型預測的理論收益率高出十八％。

Fama 和 French（一九九二）[*10] 以市值對投資收益的影響作過一個經典研究。他們對一九六三至一九九〇年間在紐約證券交易所、美國證券交易所、納斯達克交易的股票每年按照市值分組，然後計算每一組股票下一年的平均收益。他們發現市值最小的一〇％股票組合比市值最大的一〇％股票組合年平均投資收益要高，而且每月都要高出〇．七四％。

Siegel（一九九八）的研究發現，一九二六至一九九六年間，紐約證券交易所市值最大的一〇％股票年複合投資收益率為九．八四％，市值最小的一〇％股票年複合投資收益率為一三．八三％，平均而言小型股比大型股年收益率高出四％。[*11]

金融學家對各主要先進國家的證券市場做廣泛檢驗，發現日本、加拿大、西班牙、比利時等國家都存在小公司的規模效應。而且研究還發現，小公司效應大部分集中在一月份。用標準的風險測量方法很難說明小型股在一月份風險更高。由於公司的規模和一月份的到來都是市場已知訊息，這一現象明顯地違反了半強式有效市場假設。

股價淨值比效應

最近的研究發現股價淨值比（每股市價與每股帳面淨資產之比）能夠預測收益率。高股價淨值比的股票被認為是成長型（growth）股票，而低股價淨值比的股票被認為是價值型（value）股票。所有的研究表明，價值型股票能夠顯著戰勝成長型股票。

Roger Ibbotson（一九八六）*12 對股價淨值比與投資收益的關係進行了檢驗。紐約股票交易所的所有上市股票每年年底根據股價淨值比進行排序，分成相同數量的十組股票投資組合，計算每組投資組合十八年期間（一九六六年十二月三十一日至一九八四年十二月三十一日）複合年收益率。研究表明，十八年期間低股價淨值比股票顯著超過高股價淨值比股票，最低股價淨值比組合複合年收益率為一四．三六%，顯著超過NYSE指數收益率八．六%。

Fama 和 French（一九九二）*13 以股價淨值比對投資收益的影響作過一個經典的研究。這一研究的年代跨度為一九六三—一九九〇年，包括所有在NYSE、AMEX和NASDAQ掛牌的非金融企業的股票。所有股票按股價淨值比比率分成十個投資組合，每個投資組合再根據市值規模分成十個投資組合。其投資收益情況如**表3-2**。

研究表明，最低股價淨值比投資組合內的小市值股票投資收益最高，同時在同一類市值規模分組中，低股價淨值比股票投資收益最高。

另外回歸檢驗表明，將β係數、市值、股價淨值比、本益比四種指標的未來投資收益預測能力進行比較，股價淨值比是最有效的指標。

研究還發現高股價淨值比的股票風險更

表 3-2　NYSE,AMEX和NASDAQ上市公司高低股價淨值比股票投資收益對比

市值分組	根據股價淨值比分為10組									
	最高股價淨值比									最低股價淨值比
	1	2	3	4	5	6	7	8	9	10
1 (小市值)	8.4%	13.7%	14.4%	17.2%	18.7%	18.1%	20.4%	20.5%	21.8%	23.0%
2	5.2	12.6	11.5	14.3	16.0	14.3	19.0	15.4	17.2	21.5
3	6.7	10.6	14.8	11.4	16.3	15.6	15.6	16.8	18.5	19.2
4	4.7	8.6	12.7	16.3	13.6	14.5	16.1	19.1	18.1	17.6
5	10.6	7.8	13.0	17.6	13.6	17.2	17.3	15.1	18.2	17.9
6	8.4	11.8	13.7	14.8	11.3	15.2	14.3	14.3	14.9	18.0
7	11.4	12.0	11.9	10.0	11.9	13.6	11.9	13.9	13.2	17.6
8	7.9	13.6	10.9	11.4	11.9	12.1	13.8	12.6	15.5	18.6
9	5.3	10.7	11.0	12.0	12.6	11.2	9.8	13.3	12.5	14.6
10 (小市值)	11.2	10.6	10.1	8.5	9.5	10.0	9.7	11.5	11.6	14.2
所有公司	7.7	11.8	12.7	14.0	14.9	15.1	16.7	16.8	18.0	19.6

資料來源：Fama, E.F. and K.R. French, 1992, The Cross-Section of Expected Returns, Journal of Finance, v47, 427—466.

大，在大盤下跌和經濟衰退時，業績特別差。股價淨值比與收益率明顯的反向關係對有效市場假說的半強式有效市場形式形成嚴峻的挑戰。因為這時已知的訊息對於收益率有明顯的預測作用。

價格在無訊息時仍會反應

一九八七年十月十九日，美國股市道瓊工業指數平均下降了二二・六%，這是歷史上跌幅最大的一天。但在股市崩潰之前並沒有任何明顯的消息。許多研究試圖找到造成股市崩潰的原因，但是並沒有獲得有說服力的證據。

Culter 等（一九九一）對美國股市在第二次世界大戰後五十個最大的股票價格日波動情況進行了研究，發現大部分的市場巨幅振動並沒有伴隨相應的重要訊息公佈。這證明除了訊息之外還有其他的力量在推動股市價格的運動。*14

指數加入事件的研究也引起了許多學者的關注。在美國，S&P500指數包含了全國的五百家大公司股票，每年有少數公司因為被兼併而從指數中刪除，同時選入其他新的公司來替代。將一個公司加入指數本身並不增加公司的價值，因此不傳遞任何有價值的訊息。但是，當一個公司加入指數，指數基金將增加對其股票的需求量。另外，專業的基金經理人員為了使自己的資產組合和指數接近，也將增加對這種股票的需求量。Wurgler 和 Zhuravskaya（二〇〇二）的研究表明，一九七六至一九九六年間入選S&P500指數實際上使股票的平均價格上漲了三．五％，而且這種上漲是穩定持久的。*15

這些現象表明，需求的變化移動了資產價格，套期保值者的存在並沒有刪除價格的偏差。

三．二．三　巴菲特對有效市場理論的抨擊

曾經有一則小故事這樣嘲諷了有效市場理論的無效性：兩位信奉有效市場理論的經濟學教授在芝加哥大學的校園裡散步，忽見前方有一張像是十美元的鈔票，其中一位教授正打算去拾取，另一位攔住他說，「別費勁了，如果它真的是十美元，早就有人撿走了，怎麼會還在那裡呢？」在他倆爭論時，一位叫花子衝過來撿起鈔票，跑到旁邊的麥當勞買了一個大漢堡和一大杯可口可樂，邊吃邊看著兩位還在爭論的教授直樂。

巴菲特正是那個在股市非常低迷時低價撿走別人只敢看不敢買的超級明星企業股票，從而成為讓研究有效市場理論的教授無法解釋的華爾街股神。

巴菲特本人對充斥學院研究的有效市場理論不屑一顧，「如果市場總是有效的，我只能沿街乞討。」*16

巴菲特認為市場並不總是有效的，而是經常無效的，他持續戰勝市場的原因是遠比市場先生更加瞭解買入的公司並能夠正確估價，從而利用市場價格與內在價值的差異獲利。「七〇年代有效市場理論在學術圈子裡非常流行，實際上幾乎成了神聖的教旨。概括而言，這個理論的觀點是，股票分析毫無用處，因為所有關於股票的公開訊息都已經相應反映在股價中。簡單地說就是，市場總是無所不知。因此，教授有效市場理論的教授們說，一個人往股票清單上擲飛鏢來所選出的股票形成的投資組合，與一個最聰明且最勤奮的證券分析師選出的投資組合相比較，其預期收益率完全相同。令人吃驚的是，不僅是那些學術人士，甚至還有許多專業投資人和公司經理信奉有效市場理論。正如他們所觀察到的那樣，市場經常是有效的，但由此得出市場永遠是有效的結論就完全錯了。兩者的差別如同白天與黑夜一樣不同。我們認為葛拉漢——紐曼公司、巴菲特合夥公司、以及波克夏公司連續六十年的套利經驗（還有許多證據）就可以說明有效市場理論多麼荒唐透頂。」*17

巴菲特認為根本沒有必要學習那些有效市場理論：「要想成功地進行投資，你不需要懂得什麼 β 值、有效市場、現代投資組合理論、期權定價或是新興市場。事實上大家最好對這些東西一無所知。當然我的這種看法與大多數商學院的主流觀點有著根本的不同，這些商學院的金融課程主要就是那些東西。我們認為，學習投資的學生們只需要接受兩門課程的良好教育就足夠了，一門是如何評估企業的價值，另一門是如何思考市場價格。」*18

一九八四年，哥倫比亞大學為了慶祝由葛拉漢與多德合著的《證券分析》發行五十週年，把辯論的雙方聚集到了一起，使這場爭論達到了頂點。

來自羅傑斯特大學的詹森（Michael Jenson）代表支持有效市場理論的學術界發言，巴菲特則代表葛拉漢和多德價值投資實務界發言。詹森是有效市場理論虔誠的信徒，他認為「經濟學中沒有比有效市場更有經驗證據的理論」。*19 面對台下持續戰勝市場的葛拉漢和多德的明星學生們，詹森卻斷言很難說這些傑出的投資人是否真的很傑出，他的理由是著名的「選擇傾向問題」：「如果我調查一些不太傑出的分析家如何用擲硬幣做出投資決策時，我敢說有些人一輪中有兩次是面朝上，甚至有十次是面朝上的」。*20 他的觀點來自於一個被多次證明且反覆引用的現象：大多數投資管理人的業績並不比根據擲硬幣隨機選股好。

巴菲特在演說中對有效市場理論進行了反駁，他總結葛拉漢追隨者採用價值投資策略持續戰勝市場無可爭議的事實，證明了市場的無效性，在投資界產生很大影響力。巴菲特在演講中借用了詹森「擲硬幣」的例子：

「我要各位設想一場全國性的擲硬幣大賽。讓我們假定，全美國二．二五億的人口在明天早晨起床時，都擲出一枚一美元的硬幣，並猜硬幣出現的是正面或是反面。如果猜對了，他們可以從猜錯者手中贏得一美元。如此循環每天都會有輸家遭到淘汰，獎金則不斷地累積。經過十個早晨十回合的投擲之後，全美國約有二．二萬人連續十次猜對結果，每人可贏得超過一千美元的獎金。」

假定現在繼續猜硬幣的遊戲，在經過十個早晨，約有二一五個幸運者能夠連續二十次猜對擲硬幣的結果，大家平分輸家所付出二．二五億美元的賭注，每個人約可贏得一百萬美元的獎金。

這些贏家會對持懷疑態度的有效市場理論教授說：「如果這是不可能的事，為什麼會有我們這二一五個人存在呢？」但是，某商學院的教授可能會粗魯地提出一項事實，今天如果是由二．二五億隻猩猩參加這場大賽，同樣也會有二一五隻連續贏得二十次的投擲。巴菲特指出，如果發現其中有四十隻猩猩是來自於奧瑪哈的某個動物園，則其中必有蹊蹺。如果你發現成功的案例有非比尋常的集中現象，你一定希望判斷這種異常的特徵是否就是成功的關鍵。

「葛拉漢—多德村落」超級投資者的共同特徵

巴菲特在演講中指出，人們在投資領域會發現絕大多數的「擲硬幣贏家」都來自於一個極小的智力村落，他稱之為「葛拉漢—多德村落」，這個特殊智力村落存在著許多持續戰勝市場的投資大贏家，這種非常集中的現象絕非「巧合」二字可以解釋。

「我所要考慮的這一群成功投資者，他們有一位共同的智力族長——葛拉漢。但是這些人離開這個智力家族後，都是依據很不相同的方法猜測自己的硬幣。他們各自前往不同的地方，買賣不同的股票和企業，但他們的總體業績絕對無法用隨機因素來解釋。他們作出同樣正確的猜測，並不是因為領導者下達某個指令，因此也無法用這種方式解釋他們的表現。族長只提供了猜測硬幣的智力理論，每位學生都必須自己決定如何運用這項理論。」

「來自『葛拉漢—多德村落』的投資者所具備的共同智力架構是，他們探索企業的價值與該企業的市場價格之間的差異，實質上，他們利用二者之間的差異，卻不在意有效市場理論家所關心的問題：股票究竟在星期一或星期二買進，或是在一月份或七月份買進……等問題，就像企業家買進某家公司股權一樣，這正是『葛拉漢—多德村落』的投資者透過買入流通股票所採取的投資方式。我懷疑有多少人會在意交易必須發生於某個月份或某個星期的某一天，如果企業買進交易發生在星期一或星期五沒有任何差別，則我無法瞭解學術界人士為何要花費大量的時間和精力，研究代表該企業部分股權的股票交易發生時的差異。無庸多說，葛拉漢—多德村落的投資者並不探討β、資本資產定價模型、證券投資報酬率的方差，這些都不是他們所關心的議題，事實上，他們大多難以分辨上述的學術名詞，他們只在乎兩個變量：價值與價格。」

巴菲特在演講中列出了九個來自「葛拉漢—多德村落」的投資管理人長期持續戰勝市場指數的投資業績記錄。他指出：「儘管他們的投資風格有很大不同，但投資態度卻完全相同：購買的是企業，而非企業的股票。他們當中有些人偶爾會買下整個企業，但是他們經常只是購買企業的一小部分股票，不論買進企業整體或一部分股票，他們所稟持的態度完全相同。在投資組合中，有些人持有幾十種股票，有些人則集中少數幾檔股票，但是每個人的投資業績都來自於利用企業股票市場價格與其內含價值之間的差異」。

巴菲特一九八四年在哥倫比亞大學演講中指出，市場上存在著許多沒有效率的現象，華爾街的股民們的情緒波動可以影響股票價格，當最情緒化、最貪婪的或最沮喪的人肆意驅動股價時，很難辯稱市場價格是理性的產物，事實上，市場經常是不合理的。巴菲特指出這些來自於「葛拉漢－多德村落」的投資人成功的根本原因在於他們利用市場無效性所產生的價格與價值之間的缺口。

巴菲特在演講中指出，有效市場理論錯誤的關鍵在於，價值投資中報酬與風險不成正比而成反比，如果你以六十美分買進一美元的紙幣，其風險大於以四十美分買進一美元的紙幣，但後者報酬的期望值卻比較高，以價值為導向的投資組合，其報酬的潛力越高，風險卻越低。

巴菲特在波克夏一九九三年年報中把風險定義為價值損失的可能性，並對有效市場理論將風險定義為相對於市場指數的價格波動性進行了批駁：

「我採用字典上的術語將風險定義為「損失或損傷的可能性」（the possibility of loss or injury）……然而，學究們喜歡另行定義投資「風險」，斷言它是股票或股票投資組合的相對波動程度，即它們相對於其他股票的波動程度。……對於公司所有者來說——這種對風險的學術定義遠遠偏離了靶子，甚至產生了荒謬。比如，在β理論下，一檔相對於市場指數水平暴跌的股票——比如一九七三年我們買進的華盛頓郵報的股票走勢——在低價位時相對於在高價位時「更有風險」。那麼，這些話對那些有機會以巨大的折扣購買整個公司的人來說有什麼啟迪呢？」

……

「在確定風險的時候，β值的純粹主義者會鄙視調查公司的產品、公司的競爭對手有什麼舉動、或者這家公司使用的貸款額是多少等等一切背景材料。他甚至不想知道公司的名字。他重視的是公司股票價格的歷史走勢。相反，我們可以幸運地說，我們無意去瞭解公司股票價格的歷史走勢，而是盡心去尋找可以進一步瞭解公司業務的所有訊息。」

……

「根據我們的看法，投資必須確定的真正風險是他從投資（包括他的出售所得）中得到的總的稅後收入，在整個預計的持有期內，是否可以至少保證他擁有與原來相當的資金實力，包括初始投資的適當利息。」

＊01 Fama, Eugene F., 1970. Efficient Capital Markets: A Review of Theory and Empirical Work, Journal of Finance, Volume 25, Issue 2, 383—417.

＊02 羅傑．洛文斯坦著：《一個美國資本家的成長——世界首富巴菲特傳》，海南出版社，一九九七年一月，第三六七頁

＊03 Fama, Eugene F., 1970. Efficient Capital Markets: A Review of Theory and Empirical Work, Journal of Finance, Volume 25, Issue 2, 383—417.

＊04 Fama, Eugene F., 1970. Efficient Capital Markets: A Review of Theory and Empirical Work, Journal of Finance, Volume 25, Issue 2, 383—417.

＊05 Fama, Eugene F., 1991. Efficient Capital Markets: II, Journal of Finance, Volume 46, Issue 5, (Dec., 1991), 1575—1617.

＊06 De Bondt, W. and R.H. Thaler (1985). 「Does the Stock Market Overreact？」Journal of Finance, 40：793-805.

＊07 Chopra, Navin, Josef Lakonishok, and Jay R. Ritter. (1992) 「Measuring Abnormal Performance: Do Stocks Overreact？」 Journal of Financial Economics 31, pp. 235—268.

＊08 Banz, R. 1981. 「The Relationship Between Return and Market Values of Common Stock.」 Journal of Financial Economics 9, (March)：3—18.

＊09 Reinganum, M. 1981. 「Misspecification of Capital Asset Pricing: Empirical Anomalies Based on Earnings' Yields and Market Values.」 Journal of Financial Economics 9, (March)：19—46.

＊10 Fama, E.F. and K.R. French, 1992, The Cross-Section of Expected Returns, Journal of Finance, v47, 427—466.

＊11 Siegel, J.J. (1998), Stocks for the Long Run」, (2nd ed.). McGraw Hill: 3—24.

＊12 Roger Ibbotson：Portfolios of the New York Stock Exchange, 1967—1984, Working Paper, Yale School of Management.

＊13 Fama, E.F. and K.R. French, 1992, The Cross-Section of Expected Returns, Journal of Finance, v47, 427—466.

＊14 Culter, M. David, James M. Poterba, and Lawrence H. Summers, 1991, Speculative dynamics, Review of Economic Studies 58, 529—546.

*15 Wurgler, Jeffrey, and Katia Zhuravskaya, 2002, Does arbitrage flatten demand curves for Stocks? Journal of Business, 75, 583—608.

*16 Terence P. Pane: Yes, You Can Beat The Market, Fortune Magazine, April 3, 1995.

*17 Warren Buffett: the Chairman's Letter to the Shareholders of Berkshire Hathaway Inc. 1988.

*18 Warren Buffett: the Chairman's Letter to the Shareholders of Berkshire Hathaway Inc. 1996.

*19 （美）羅傑・洛文斯坦著：《一個美國資本家的成長——世界首富巴菲特傳》，海南出版社，一九九七年一月，第三六七頁。

*20 （美）羅傑・洛文斯坦著：《一個美國資本家的成長——世界首富巴菲特傳》，海南出版社，一九九七年一月，第三七二頁。

Chapter 3・3

認識自己的愚蠢，才能利用市場的愚蠢

市場先生是你的僕人，不是嚮導。

——巴菲特

巴菲特一再強調投資者必須保持理性才能戰勝經常並非理性的市場：「投資必須是理性的，如果你不能理解它，就不要做」。*01

人們常認為生活中態度決定一切，其實在投資中也是態度決定一切。葛拉漢指出，「對待價格波動的正確態度是所有成功股票投資的試金石」。*02 最近興起的行為金融理論研究表明，虧損的投資者往往是那些容易受到市場波動影響、經常出現行為認知偏差的人。現實中的投資者並非像有效市場理論中假設的那樣是完全理性的，而是有限理性投資者，存在許多行為認知偏差，由此形成非理性投資行為使其買入或賣出股票時不能理性地以股票內在價值為基準，從而在長期內必定會遭受虧損。

巴菲特的投資經驗和行為金融學的研究成果

告訴我們，投資者戰勝市場的基本前提是具有理性的投資態度。這種理性主要體現在投資者如何對待自身的愚蠢和市場的愚蠢——

- 一是認識市場的愚蠢：盡可能避免市場巨大的情緒影響，減少和避免行為認知偏差，保持理性。
- 二是認識自身的能力圈，避免在能力圈外進行愚蠢的投資決策。
- 三是利用市場的愚蠢。要遠比市場先生更加瞭解你的公司並能夠正確評估公司價值，從而利用市場的短期無效性低價買入，利用市場長期內向價值回歸來賺取巨大的利潤。

簡單地說，巴菲特對付市場先生的最佳策略就是：不做蠢事，不做愚蠢的賭博，只在自己的能力圈內做理性的投資，用自己的理性來利用市場的愚蠢錯誤。

三・三・一　認識市場的愚蠢，保持理性態度

巴菲特在投資實踐中，對投資者的非理性有深刻的認識：「事實上，人們充滿了貪婪、恐懼或者愚蠢的念頭，這點是可以預測的。而這些念頭導致的結果卻是不可預測的。」

在中國股市這個非完全市場化的股票市場中，聽消息、跟莊炒股票的非理性投機反而是最普遍的投資模式。許多人根本不對上市公司進行哪怕最簡單的基本分析，只要一聽說有消息就瘋狂地買

入或賣出。相信每個投資者都會天天看到這種情況在身邊發生。有趣的是，儘管如此，在許多專業報紙、期刊上看到許多實證研究以大量的數據分析表明，中國股市竟然是有效的。在國外終於有些學者開始正視事實，根據實際而不是假設研究證券市場中投資者的真實行為。這些研究影響越來越大，逐步形成了新的金融理論：行為金融學。行為金融理論以心理學對人類決策心理的研究成果為依據，以人們的實際決策心理為出發點，討論投資者的非理性投資決策對證券價格變化的影響。

行為金融學研究表明，現實中的投資者正如巴菲特所說「充滿了貪婪、恐懼或者愚蠢的念頭」，並非像有效市場理論中假設的那樣是完全理性的，而是有限理性的，存在許多行為認知偏差，從而導致價格偏離價值。這些研究證明了葛拉漢和巴菲特「股票市場短期是一台投票機」的說法，為巴菲特戰勝市場的投資策略提供了理論上的支持。投資者要戰勝市場，就必須要保證自己不要做出非理性的錯誤行為，然後才有可能利用其他投資者的非理性錯誤來獲利。如果自己進行非理性的投機，卻期望出現比自己更傻的傻瓜，最後可能會發現自己才是更傻的傻瓜之一。

正如巴菲特所說：「投資必須是理性的，如果你不能理解它，就不要做」。*03

投資者經常出現的認知和行為偏差

行為金融學認為，由於投資者是有限理性的，在投資決策過程中常常會受到各種心理因素的影響，導致出現大量認知和行為偏差。通俗地講就是智力正常、教育良好的聰明人卻經常做傻事。

過度自信（Over confidence）

心理學研究表明，人們總是對自己的知識和能力過度自信，過度自信幾乎是人類最根深蒂固的心理特徵之一。投資者往往過於相信自己的判斷能力，高估自己成功的機會，認為自己能夠「把握」市場，把成功歸功於自己的能力，而低估運氣和機會在其中的作用。尤其是各領域內的專家往往比普通人更趨向於過度自信，金融專業人士（證券分析師、機構投資者）也是如此。過度自信的產生有其深刻的心理學基礎，證券市場的巨大不確定性使投資者無法做出適當的權衡，非常容易出現行為認知偏差。過分自信是行為金融學中研究最多的認知偏差，市場上的很多異象都是由投資者的過分自信造成的，最典型的投資者行為是過度交易，推高成交量，導致高昂的交易成本，從而對投資者的財富造成不必要的重大損失。

過度反應和反應不足

Shiller（一九八一）發現了股票市場的波動率遠遠大於能被價格等於紅利貼現模型解釋的波動率，隨後在市場波動率的研究中 Bondt和Thaler（一九八五）提出了金融資產價格的過度反應（over-reaction）現象[*04]。他們根據資產組合形成的前三年表現，將組成股票分為溢價股票和跌價股票，然後比較這兩組股票在組合形成後五年的表現。結果發現原先的跌價股票獲得了極高的收益率，而原先的溢價股票卻只有極低的收益率，並且這種現象不能用跌價股票的風險來解釋。他們認為，一個比較合理的解釋是金融資產價格中存在過度反應現象。

過度反應是指投資者對最近的公司訊息賦予過多的權重，導致對近期趨勢的推斷過度偏離長期平均值。投資者過於重視新的訊息，而忽略長期的歷史訊息，而後者更具有長期趨勢的代表意義。因此投資者經常在壞消息下過度悲觀而導致證券價格上升過度，在好消息下經常過度樂觀而導致證券價格下跌過度。

根據過度反應的內涵，我們不難看出，在過度反應現象下，市場上會出現以下兩種等價現象：1、股票價格的異常波動將會伴隨著隨後的價格反方向運動，即超漲的股票在修正中補跌，而同時超跌的股票則會補漲；2、股票價格的異常波動幅度越大，那麼在以後的反向修正中其調整幅度也越大。這兩點已被許多實證結果所發現，同時也是驗證過度反應是否存在的依據。

反應不足則是指投資者對新的訊息反應不足，尤其是證券分析師等專業投資者，他們往往對曾經處於困境的公司抱有成見，不能根據公司最近出現的成長而對原來的獲利預期進行足夠的修正，導致低估其價值而錯過大好投資機會。

這兩種現象的存在對市場有效性理論提出了挑戰，因為這意味著在不同的市場中專業的投資者利用這些現象獲取超額利潤，卻並不承擔額外風險。

損失厭惡

損失厭惡（loss aversion）是指面對同樣數量的獲利和損失時，損失卻比獲利給投資者帶來更大情緒影響。Kahneman 和 Tversky 發現，同等數量的損失負效用為同等數量獲利正效用的二・五倍。

損失厭惡導致投資者放棄一項資產的厭惡程度大於得到一項資產的喜悅程度，使決策者更願意維持現狀而不願意放棄現狀下的資產，這種現象稱為「稟賦效應」。稟賦效應在投資中表現為買價與賣價的不合理價差。

損失厭惡還會導致投資者過於強調短期的投資虧損，而不願長期持有股票，更願意投向穩定的債券，使其錯失長期的巨大獲利機會。

後悔厭惡

一個人做出錯誤的決定後往往會後悔不已，後悔者感到自己的行為要承擔引起損失的責任，會比損失厭惡更加痛苦，這種現象稱為「後悔厭惡」。為了避免後悔，投資者可能做出一些不理性的行為，如為了等待不必要的訊息而推遲決策。

處置效應

損失厭惡和後悔厭惡能夠較好地解釋處置效應，即過早賣出獲利的股票，長時間不願賣出虧損股票的現象。這是因為在獲利時投資者為了避免未來價格下跌的後悔，在虧損時投資者不願承受兌現虧損的痛苦。

心理帳戶

投資者根據資產的來源、資產的所在及資產的用途等因素對資產進行歸類，這種現象稱為「心理帳戶」。投資者傾向於將其投資武斷地分配到不同的心理帳戶中，並對在不同心理帳戶的投資以不同的標準進行投資決策。如人們通常對賭場贏來的錢亂花一氣，卻對薪資的支出非常謹慎，儘管二者是同樣的貨幣。

錨定

錨定是指人們趨向於把對將來的估計和過去已有的估計相聯繫，尤其在判斷股票價格時，會把心理注意力集中在近期的某個時間點上而忽視長期的價格變化。如證券分析師總是習慣於「錨定」自己的思維，他們喜歡提出一個投資建議，然後就停留在那兒，而不顧不利於這樣操作的新證據的出現，因為他們過於相信自己過去對於獲利的估計。

羊群行為

羊群行為指動物（牛、羊等畜類）成群移動、覓食。後來這個概念被引申描述人類社會現象，指與大多數人一樣思考、感覺、行動，與大多數人在一起，與大多數人保持一致。以後，羊群效應這個概念被金融學家借用來描述金融市場中的一種非理性行為，指投資者趨向於忽略自己有價值的私有訊息，而跟從市場中大多數人的決策方式。羊群行為表現在某個時期，大量投資者採取相同的投資策略或者對於特定的資產產生相同的偏好。

金融經濟學家有關證券市場中羊群效應的實證研究已經取得不少成果。Scharfstein 的研究發現，基金經理之間存在著明顯的羊群效應；[*05] Grinblatt則發現共同基金投資的羊群行為[*06]；Trueman和Welch則以金融分析師為研究標的，結果也證實了分析師之間存在顯著的羊群效應。[*07]

代表性偏差（Representativeness）

代表性偏差是指這樣一種認知傾向——人們喜歡把事物分為典型的幾個類別，然後，在對事件進行機率估計時，過分強調這種典型類別的重要性，而不顧有關其他潛在可能性的證據。選擇性偏差的後果勢必使人們傾向於在實際上是隨機的數據序列中「洞察到」某種模式，從而造成系統性的預測偏差。大多數投資人堅信「好公司」（指有名望的大公司）就是「好股票」，這就是一種代表性偏差。這種認知偏差的產生是由於投資者誤把「好公司」的股票混同於「好股票」。其實好公司的股票價格過高時就成了「壞股票」，壞公司的股票價格過低也就成了「好股票」。

保守主義（Conservatism）

Edwards 在一九六八年對保守主義作了一個定義：保守主義是指個體在新的事實面前修正原有觀點的速度比較慢。貝葉斯法則(Bayes's law）是描述投資者決策過程的有力工具。保守主義意味著投資者事後修正不確定事件發生機率的方式與貝葉斯修正相同，但修正的力度要比標準的貝葉斯修正要小。

自歸因（Self-Contribution）

自歸因指的是人們總是將過去的成果歸功於自己，而將失敗歸因於外部因素的心理特性。投資者通常將投資成功歸功於自己的能力，而投資失敗則歸咎於外部的不利因素。這樣，投資者的自信心將隨著公開訊息與自有訊息的一致而不斷加強；但一旦公開訊息和自有訊息相反時，其自信心卻並不等量地削弱。

顯著性思維（Saliency）

顯著性思維是指儘管某些事件的發生機率很小，但一旦發生後影響很大，能為人們所矚目。對於這樣的事件，人們通常會高估其發生的機率。

在資本市場上，以上這些現象很少單獨出現，而是緊密地聯繫交織在一起。認知偏差出現的原因在於人腦的本質功能是處理人與人之間的關係，而不是進行統計計算，大腦處理視覺形象遠勝於處理數字邏輯。在許多情況下，認知偏差是我們用以簡化日常生活的必要方法，因此，可以說，認知偏差是我們日常生活中認識過程的一部分，也是證券投資中決策過程的一部分。

李心丹等人（二〇〇二）用心理學實驗檢驗了中國投資者幾種常見的認知偏差現象，他們進行了兩輪測試，一輪是面向文化層次較高的投資者，另一輪是面向普通的股民。研究發現：在面對風險性選擇時，兩組投資者具有相似的認知偏差，包括明顯的確定性心理、損失厭惡心理、後見之明、過度自信心理和錨定心理。*08

保持正確的理性投資態度是避免愚蠢行為的關鍵

行為金融學研究的投資過程行為認知偏差，對於保持正確投資態度有借鑑意義。投資者戰勝市場的前提是保持理性，盡可能減少行為認知偏差。

因此巴菲特認為在投資中智商並不是最重要的，更重要的是情商：「你不需要成為一個火箭專家。投資並非一個智商為一六〇的人就能擊敗智商為一三〇的人的遊戲」。*09「關鍵是要有一種『金錢頭腦』，這並不是智商，而且你必須要有合適的性格。」【附註10】

葛拉漢指出，「對待價格波動的正確態度是所有成功股票投資的試金石」。*11 葛拉漢認為，成功的投資者往往是那些性格穩定的人，投資者最大的敵人不是股票市場，而是他自己。即使投資者具有數學、財務、會計方面的高超能力，如果不能掌握自己的情緒，仍難以從投資行動中獲益。巴菲特將葛拉漢的精華總結為：「合適的性格與合適的才智相結合，才會產生理性的投資行為」。

巴菲特在波克夏一九八七年年報中指出：「投資者必須既具備良好的公司分析能力，同時又具備把思想和行為在市場中極易傳染的情緒隔絕開來，才有可能取得成功。我自己與市場情緒保持隔絕的方法是，將葛拉漢所提市場先生的故事牢記在心」。

三・三・二　只在能力圈內進行投資

王爾德（Oscar Wilde）曾說過：先愛自己，才能開始一生的浪漫故事。對於投資也是如此：先瞭解自己的能力圈，才能開始一生的投資傳奇。

巴菲特在波克夏一九九六年年報中為投資者提出的最重要的原則是：「投資人真正需要具備的是給予所選擇的企業正確評價的能力，請特別注意『所選擇』（selected）這個詞，你並不需要成為一個通曉每一家或者許多家公司的專家。你只需要能夠評估在你能力圈範圍之內的幾家公司就足夠了。能力圈範圍的大小並不重要，重要的是你要很清楚自己的能力圈範圍」。

「不同的人理解不同的行業。最重要的事情是知道你自己理解哪些行業，以及你正好在你自己的能力圈內活動」。*12 查理・芒格警告投資者說：「每個人必須找出你的長處，然後你必須運用你的優勢，如果你試圖在你最差的方面獲取成功，我敢肯定，你的事業將會一團糟！」*13

只有在自己的能力圈內，投資者才有可能對企業持續競爭優勢進行合理的分析，才能對企業價值進行大致準確的估計。正如老子在《道德經》中所說：「知不知，上。不知知，病。」

現實中投資者是有限理性的

每個學過經濟學的人都知道，經濟學的基本假設是經濟人是完全理性的。每個學過金融學的人都知道，金融學基本假設是投資者是完全理性的。現代標準金融理論的核心——有效市場理論認為投資者是理性人，具有理性預期、風險迴避、效用最大化三個特點，投資者的理性會保證市場的有效性，使價格與價值相符。投資者完全理性是市場有效的根本前提。

最近興起的行為金融學則認為，有效市場假說對投資者完全理性的假設很難成立。實際上，投資者並不像理論模型中預測的那樣理性，許多投資者具有某種情緒（sentiment），在進行投資決策時受到無關的訊息影響。與理性假設不同，現實世界的人其實是有限理性（bounded rationality）的。投資者情緒與認知偏差的存在使投資無法做到理性預期、風險迴避和預期效用最大化，其非理性行為將導致市場無效，使資產價格偏離其內在價值。

有限理性是一九七八年諾貝爾經濟學獎得主H.A.西蒙的研究結論。根據西蒙的最新解釋，有限理性（Bounded Rationality）一是指行為者具有理性意向，二是指其理性會受到實際智能的限制。簡言之，個體的人由於自身的經驗、閱歷、知識水平、技能等等的限制，使人們作出決策（選擇）時往往陷於一種並不完全理性的預期之中。人們的預期，只能根據自己已有的知識和訊息作出，但個人的知識和訊息是有限的，即人們的預期不可能做到無所不知、無所不能的完全理性。根據行為學的基本原理，某一行為，只要它給行為主體帶來的效用超過了行為主體記憶中其他行為所帶來的效用，該行為主體就會選擇該項行為。或者，某一行為，只要它能夠給行為主體帶來與「預期」效果相比更「滿意」的效果，它就可以成為理性選擇的行為。例如，隨著我練習網球的次數逐漸增加，我對每一個動作的「預期的效果」越能夠熟練掌握，從而我擊球的動作選擇也越具有「最優」的性質。但我的選擇似乎永遠也無法達到最優，因為我始終處於「學習」的過程中，我的選擇不斷地精緻化。由於「有限理性」可以通過學習過程而不斷獲得完善，它也被西蒙稱為「過程理性」。

西蒙說：「我們可以假定提供選擇的對象不是一個固定的數集，可設想有一個產生各種方案的過程；也可以假定不知道結果的機率，而把這些情況的估計程序引進我們的分析中；或者尋找那些應付不確定性的策略，這種不確定性的假定我們不知其機率分佈的情況；我們也可以不作效用函數最大化的假定，而只設想令人滿意的策略。這些具有行為科學大腦的經濟學家對主觀效用全部最大化的偏離，是根據我們實際上對人們思想和選擇過程的瞭解，特別是對人們發現各種方案，在確定和不確定的情況下對各種後果進行計算與比較時，所受到的認知能力的限制時表現出來的」。*14

由此可見，具有「有限理性」的管理人，就是我們現實生活中所見到的人，它與「完全理性」

經濟人假設有兩個根本性的區別：

第一，「經濟人」同「真實世界」的所有事物打交道，而「管理人」只能同所感知的有限世界打交道；第二，「經濟人」尋找最優決策，管理人只尋找滿意決策。尋求最優除了現實不可能性外，還可能給決策人加重計算負擔（常常是負擔不了的，或者是根本不必要的）。而一種有限理性理論不僅使得計算簡單化而且能說明人們的選擇行為中表現的不一貫現象。以找根針縫衣服為例，西蒙提出以有限理性的管理人代替完全理性的經濟人，兩者的差別在於：經濟人企求找到最鋒利的針，即尋求最優，從可以為他所用的一切備選方案當中，選擇其中最優者。經濟人的堂弟——管理人找到足可以縫衣服的針就滿足了，即尋求滿意，尋求一個令人滿意的或足夠好的行動程序*15。

總之，「有限度的理性」和「令人滿意的準則」這兩個決策理論的基本命題糾正了傳統的理性選擇理論的偏激，拉近了理性選擇的預設條件與現實生活的距離，是西蒙對經濟學、管理學所作的最主要的貢獻。

正如我們走路時並不需要對周圍一百公里的路況都瞭如指掌，只需要對三十五步之內看個清楚就可以了，我們只需要瞭解有限的範圍。我們也不需要對每一步的動作精確到毫米，只需要做到穩步向前就很滿意了。在投資中也是如此，我們不可能也不需要對所有公司的所有訊息都一清二楚，甚至也不需要對所選擇的某一家公司的所有訊息都一清二楚，我們只需要知道那些數量有限的、重要的、足夠做出正確投資決策的訊息就可以了。我們不可能也沒有必要對公司的價值估計到分毫不差，只需要大致的正確就可以了。我們必須如此，也不得不如此，因為我們的能力是有限的，我們只能經常做到滿意為止，卻不可能時時做到最優的決策。

投資者的第一戒律：不涉足超出能力圈的投資決策

人們對巴菲特最大的指責是：巴菲特為什麼錯過了投資微軟、思科等科技股這樣巨大的投資升值機會。為此，讓我們對巴菲特與蓋茲進行一個有意思的比較：

巴菲特最成功的投資是對可口可樂、吉列、華盛頓郵報等傳統行業中百年老店的長期投資，這些「巨無霸」企業的不斷成長使巴菲特成為世界第二首富。與作為世界第二首富的巴菲特不同的是，他的好朋友世界首富比爾．蓋茲最成功的投資是對他創建的公司微軟的長期投資（無論從哪一方面來說他持有微軟的股份都是一種投資行為）。正是微軟這個新興軟體產業的「超級霸主」使比爾．蓋茲成為世界首富。

那麼巴菲特為什麼不投資微軟呢？同時比爾．蓋茲為什麼不投資可口可樂呢？答案是因為每個人都有自己的能力圈。如果巴菲特投資高科技產業，而比爾．蓋茲投資傳統產業，這兩個在自己最擅長的能力圈外進行投資的人可能為全世界增加兩個新的百萬富翁，但絕不會是百億富翁。

巴菲特承認他對分析科技公司並不在行。在一九九八年股市正處於對高科技尤其是網絡公司股票的狂熱中，在波克夏公司股東大會上，他被問及是否考慮過在未來的某個時候投資於科技公司。他回答說：「這也許很不幸，但答案是不。我很崇拜安迪・葛洛夫和比爾・蓋茲，我也希望能通過投資於他們的公司股票而將這種崇拜轉化為行動。但當分析微軟和英特爾股票時，我不知道十年後這兩家公司會是什麼樣子。我不想玩這種別人擁有優勢的遊戲。我可以用所有的時間思考下一年的科技發展，但不會成為這個國家分析這類企業的專家，第一百位、第千位、第萬位專家都輪不上我。許多人都會分析科技公司，但我不行」。*16

巴菲特的這種觀點得到查理・芒格的響應。他說：「我們沒有涉足高科技企業，是因為我們缺乏涉及這個領域的能力。低價傳統行業股票的優勢在於我們很瞭解他們，而其他股票我們不瞭解，所以我們寧願與那些我們瞭解的公司打交道。我們為什麼要在那些我們沒有優勢而只有劣勢的領域進行競爭遊戲，而不在我們有明顯優勢的領域施展本領呢？」

「我們的原理如果應用到科技股票上，也會是有效的，但我們不知道該如何去做。如果我們損失了股東的錢，我們會在下一年掙回來，並向股東解釋我們如何做到了這一點。我確信比爾・蓋茲也在應用同樣的原理。他理解科技企業的方式與我理解可口可樂與吉列的方式一樣。我相信他也是在投資中尋找一個安全邊際。我相信他衡量安全邊際的方式就像他擁有整個企業而不僅僅是一些股票。所以我們的原理對於任何高科技企業都是有效的，只不過我們本身不是能夠把原理應用到這些高科技企業的人而已。如果我們在自己畫的能力圈裡找不到能夠做好的事，我們將會選擇等待，而不是擴大我們的能力圈。」＊17

「我們再次說明，缺乏對科技的洞察力絲毫不會使我們感到沮喪。有許許多多行業我和查理．芒格並沒有特別的投資能力。例如，每當評估專利、製造工藝、地區前景時，我們就一籌莫展。如果說我們具備某種優勢的話，那麼優勢應該在於我們能夠認識到什麼時候我們是在能力圈之內得心應手，而什麼時候我們已經接近於能力圈的邊界而近乎手足無措。在快速變化的產業中預測一個企業的長期經濟前景遠遠超出了我們的能力圈邊界。如果其他人聲稱擁有高科技產業中的公司經濟前景預測技巧，我們既不會嫉妒也不會模仿他們。相反，我們只是固守於我們所能理解的行業。如果我們偏離這些行業，我們一定是不小心走神了，而絕不會是因為我們急躁不安而用幻想代替了理智。幸運的是，幾乎可以百分之百地確定波克夏公司總是會有機會在我們已經畫出的能力圈內做得很好。」＊18

在長期投資中，投資決策的核心是公司未來五到十年甚至更長時間內競爭優勢和現金流的預測和分析，做出如此長期的預測分析需要投資人對該公司的業務及其所處的產業有非常深入的理解，除非對該公司所從事業務的長期競爭優勢分析在投資人能力圈內，否則他不可能得出任何有現實意義的結論，從而也無法做出任何理性的長期投資決策。

三・三・三 「在別人恐懼時貪婪，在別人貪婪時恐懼」

行為金融理論對投資者的行為偏差形成市場的無效性進行深入研究，這從另一個側面告訴我們如何正確地進行投資以在長期內戰勝市場。對於有效市場假說的信徒來說，拋棄流行的現代資本市場理論的教條，接受更現實的行為金融學理論，採用巴菲特的長期價值投資策略是相當困難的。巴菲特在波克夏一九八三年報中引用了凱恩斯的名言：「困難的是擺脫舊思想的束縛，而不是新思想的運用」。但是這是戰勝市場的基本途徑。

巴菲特認為戰勝市場的根本途徑在利用市場的愚蠢：在別人恐懼時貪婪，在別人貪婪時恐懼。「恐懼和貪婪這兩種傳染性極強的流行病的突然爆發，在投資世界永遠會一再出現。這些流行病的發生時間卻難以預料。由它們引起的市場價格與價值的嚴重偏離，無論是持續時間還是偏離程度也同樣難以預測。因此我們永遠不會試圖去預測恐懼和貪婪任何一種情形的降臨或離去。我們的目標是相當適度的：我們只是想在別人貪婪時恐懼，而在別人恐懼時貪婪。」*19

總結我們前面關於市場的論述，結合巴菲特的經驗，可以這樣概括，長期投資者要戰勝市場，就必須具備三個基本條件：

一、比市場眼光更長遠：忽略市場的短期波動，專注於公司價值的長期成長。以所有者合夥人的態度進行長期投資，比市場更正確地對股票估價，從而買入價格遠低於價值的股票賺取超額利潤。

二、比市場的估值更正確：投資者戰勝市場的前提是經常能夠遠比市場先生更加瞭解公司，並能夠正確評估公司價值，正確的估值使投資者充分利用市場下跌的良機低價買入。

三、比市場的態度更理性：巴菲特一再強調投資者必須保持理性才能戰勝經常理性的市場，投資是在避免自身的愚蠢基礎上，利用市場的愚蠢賺取超額投資利潤。

比市場的眼光更長遠

巴菲特認為，投資者要忽略市場的短期波動，專注於公司的長期發展，因為從長期來看，市場最終會反映公司的內在價值。

「我從不試圖通過股市賺錢。我們購買股票是在假設它們次日關閉股市，或者在五年內不重開股市的基礎上。」＊20「我們可以幸運地說，我們無意去瞭解公司股票價格的歷史走勢，而是盡心去尋找可以進一步瞭解公司業務的所有訊息。因此，在我們買了股票之後，即使股市停盤上兩三年，我們也不會因此寢食不安。對於我們在喜事（See's）和H.H.布朗公司所持有的一〇〇%的股份，我們不需要用每天的行情來打擾我們對於投資利潤的幸福期盼。同樣，為什麼我們非得時刻知道我們在可口可樂公司的七%股票的市場行情呢。」*21

「遵循葛拉漢的教誨，查理和我讓我們的可流通股票通過它們公司的經營成果——而不是它們每天的，甚至是每年的市場價格——來告訴我們投資是否成功。市場可能會在一段時期內忽視公司的成功，但最終一定會用股價加以肯定。正如葛拉漢所說：『短期內市場是一台投票機；但在長期內它是一台稱重機。』此外，只要公司的內在價值以令人滿意的速度成長，那麼公司的成功是遲是早被市場普遍認識到就並不那麼重要。實際上，相對滯後的市場共識有可能是一種有利因素：它可能會給我們機會以便宜的價位買到更多的好股票。」*22

巴菲特在波克夏一九九六年股東手冊中希望波克夏公司的股東們將自己看作公司的長期所有者合夥人，這也正是他長期投資於可口可樂、吉列、華盛頓郵報、GEICO 等公司股票十多年甚至三十年的基本態度，這也是長期可以戰勝市場的基本前提。

「我們希望你將自己想像成為公司的所有者之一，對這家企業的股票你願意無限期地持有，就像你與家庭中的其他成員合夥擁有一個農場或一套公寓那樣。數據表明，大多數波克夏的股東們確實信奉這種長期合夥人的理念。即使我擁有的股票數量不在計算範圍之內，波克夏股票的年換手率也僅是其他美國大型上市公司換手率的一個零頭而已。實際上我們的股東對波克夏股票的投資行為，與波克夏本身對其所投資公司的行為極為相像。波克夏公司作為可口可樂公司和吉列公司股票的持有者，把自己當成這兩家卓越公司的非經營性合夥人。我們用這兩家公司的長期發展來衡量我們的投資成就，而不是其在股票市場上每個月的股價漲幅。事實上，即使這兩家公司未來幾年之內這些公司的股票在市場上根本沒有交易，根本沒有報價，我們也毫不在意。如果我們有堅定的長期投資期望，那麼短期的價格波動對我們來說毫無意義，除非它們能夠讓我們有機會以更便宜的價格增持股份。」──*23

作為長期投資的所有者合夥人，其投資獲利主要來自於公司內在價值的成長，以及市場認識到這些公司股票的內在價值後對股價的修正。

「我們將繼續持有大多數股票，無論相對公司內在價值而言市場定價過高還是過低。這種『至死也不分開』的態度，再加上這些股票的價格已經達到高位，將意味著不能指望它們在將來能夠還像過去那樣快速推動波克夏公司的價值增加。也就是說，迄今為止，我們的業績受益於雙重力量的支持：（一）我們投資組合中的公司內在價值有出乎意料的增加；（二）在市場適當地『修正』這些公司的股價時，相對於其他表現平平的公司提高了對他們的估值從而給了我們額外的獎賞。我們將繼續受益於這些公司的價值成長，我們對他們的未來成長充滿信心。但我們的『市場修正』獎賞已經兌現，這意味著我們的投資業績今後不得不僅僅依靠另外一種支持，即單純依靠公司的價值成長。」*24

比市場先生更瞭解公司並能正確估值

巴菲特認為戰勝市場的前提是你遠比市場先生更加瞭解你的公司並能夠正確估價。「但是，就像舞會上的灰姑娘（Cinderella），你必須留意以下警告，否則一切都會變回到南瓜和老鼠：市場先生在那兒只能服侍你，但不能指導你。你遲早會發現對你有用的是他的錢包，而不是他的智慧。如果某一天他表現得愚蠢至極，那麼你既可以不理睬他，也可以乘機利用。但如果你受了他的影響而犯下錯誤，那結果將會十分悲慘。實際上，如果不能確定你遠遠比市場先生更加瞭解你的目標公司並能夠正確評估公司價值，那麼還是不要參加股票投資遊戲了。就像他們在撲克牌遊戲中說的那樣：如果你玩了三十分鐘後還不知道誰是笨蛋，那麼你就是那個笨蛋。」*25

投資者對股票的內在價值進行合理的評估，這就使他能夠充分利用市場波動提供的機會進行低價買入。所以投資者應該更喜歡市場下跌，而不是市場上漲。

巴菲特的搭檔查理在一九九〇年威斯科財務公司（Wesco Financial Corporation）致股東的信中進一步描述了價值投資者面對市場漲跌的正確態度：

儘管我們在那次富國銀行股票大跌前以市價買入了一些股票，我們還是非常歡迎股價進一步下跌，因為這使我們能以新出現的恐慌性拋盤的低價買入更多的股票。那些希望一生不斷買入股票的投資者，應該對市場波動採取與我們相似歡迎股價下跌的態度；相反，許多投資者不合邏輯地在股票價格上漲時得意洋洋，在下跌時卻悶悶不樂。可是他們對食品價格波動的反應就從來不會出現這樣的混亂：他們知道自己永遠是食品的購買者，他們歡迎食品價格下跌，譴責價格上漲（只有食品的銷售者才不會喜歡價格一直下跌）。與此類似，即使新聞紙價格下跌可能意味著我們經常保留的大量紙張庫存的價值也會下跌，我們持有的《布法羅晚報》也會為新聞紙的價格下跌歡呼，因為我們知道自己的報紙永遠需要不斷購買新聞紙。完全相同的邏輯指導著我們波克夏的投資策略。只要我還活著（如果波克夏的董事參加我死後已經安排好日程的降神會，那麼時間會更長），我們將一直要買入企業的全部權益，或企業的一部分權益，也就是股票。在這種情況下，股價下跌使我們受益，而股價上漲則使我們受損。

股價過低最常見的原因是悲觀主義，有時對於整個市場，有時對於某一家公司或某一個行業。我們要在這樣一種環境下進行投資，當然這並不是因為我們喜歡悲觀主義，而是因為我們喜歡悲觀主義導致的低價。樂觀主義才是理性投資者的真正敵人。但是，這不意味著在一家公司或一檔股票不受歡迎時買進就是明智的投資，逆向投資策略如同隨大流的策略一樣愚蠢。投資中真正需要的是思考而不是參考。不幸的是，伯特蘭·羅素（Bertrand Russell）對生活的觀察結果在金融界也出奇的相似：「大部分人寧願死也不願思考。許多人的確如此。」

巴菲特在波克夏一九八六年年報中再次提醒投資者在牛市中投資要非常謹慎：「還有什麼比參與一場牛市更令人振奮的，在牛市中公司股東得到的回報變得與公司本身緩慢成長的業績完全脫節。然而，不幸的是，股票價格絕對不可能無限期地超出公司本身的價值。實際上由於股票持有者頻繁地買進賣出以及他們承擔的投資管理成本，在很長一段時期內他們總體的投資回報必定低於他們所擁有的上市公司的業績。如果美國公司總體上實現約十二%的年淨資產收益，那麼投資者最終的收益必定低得多。牛市能使數學定律黯淡無光，但卻不能廢除它們」。

比市場更理性

巴菲特認為一個投資者不只是要具備良好的公司分析能力，同時還要具備適當的性格，使自己避免受到市場易傳染的情緒影響，才有可能取得成功。

巴菲特一九七三年在葛拉漢《聰明的投資人》第四版的前言中寫道：「成功地投資生涯不需要天才般的智商、非比尋常的經濟眼光、或是內幕消息，所需要的只是在做出投資決策時的正確思考模式，以及有能力避免情緒破壞理性的思考，本書明確而清晰地描述了正確的投資決策思考模式，你必須將情緒納入紀律之中。如果你遵從葛拉漢所倡導的投資原則，尤其是第八章與第二十章寶貴的建議，你的投資將不會出現拙劣的結果（這是一項遠超過你想像範圍的成就），你的投資業績將取決於你傾注於投資中的努力與智識，以及在你的投資生涯中股票市場所展現的愚蠢程度。市場的表現越是愚蠢，善於捕捉機會的投資者勝率就越大。如果遵循葛拉漢的話去做，你就能夠從別人的愚蠢行為中受益，否則你自己也會幹出蠢事而讓別人受益」。

「出於某些原因，人們是從價格而不是從價值那裡尋找其投資啟示的。當你開始做一些你並不理解的事，或者只是因為上周什麼投資方式對其他人有效時，這些投資啟示就毫無用途了。世界上購買一檔股票的最愚蠢的動機是：它的股價在上升。」＊26

＊01 「Warren Edward Buffett」, Forbes 400, Oct 18, 1993. page 40.

＊02 （美）葛拉漢著：《葛拉漢投資指南》，江蘇人民出版社，二〇〇一年，第二一頁。

＊03 「Warren Edward Buffett」, Forbes 400, Oct 18, 1993. page 40.

＊04 De Bondt, W. and R.H. Thaler（1985）『Does the Stock Market Overreact ?』, Journal of Finance, 40：793—805.

＊05 Scharfstein D.S. & Stein J.C.（1990）「herd behavior and investment」 American Economic Review, 80, 465—479.

＊06 Grinblatt M., Titman S. & Wermers R.（1995）momentum investment strategies, portfolio performance and herding: a study of mutual fund behavior American Economic Review, 85,（5）, 1088—1104.

＊07 Trueman, B.（1994）「analysts forecasts and herding behavior」 Review of financial studies, 7,（1）, 97—124.

＊08 李心丹等：中國證券投資者行為研究，上證聯合研究計劃第三期課題報告，二〇〇二年一月。

＊09 Fromson, Brett Duval: Are these the new Warren Buffetts?（1990,Investor's Guide）Fortune, September, 1989.

＊10 Whitney Tilson: Buffett's Wit and Wisdom, May 3, 2004.http://www.focl.com/news/commentary/2004/commentary040503wt.htm

＊11 （美）葛拉漢著：《葛拉漢投資指南》，江蘇人民出版社，二〇〇一年，第三一頁。

＊12 Berkshire Hathaway Inc. annual meeting, 1999.

＊13 （美）羅伯特・哈格斯特朗著：《巴菲特的投資組合》，機械工業出版社，二〇〇〇年，第一二〇頁。

＊14 （美）赫伯特・西蒙著：《管理行為：管理組織決策過程的研究》，北京經濟出版社，一九九八年，第二〇一二一頁。

＊15 （美）赫伯特・西蒙著：《管理行為：管理組織決策過程的研究》，北京經濟出版社，一九九八年，第二〇一二一頁。

＊16 （美）羅伯特・哈格斯特朗著：《巴菲特的投資組合》，機械工業出版社，二〇〇〇年，第一一九一一二〇頁。

＊17 Warren Buffett: Berkshire Hathaway Annual Meeting, 1995.

＊18 Warren Buffett: the Chairman's Letter to the Shareholders of Berkshire Hathaway Inc. 1997.

＊19 Warren Buffett: the Chairman's Letter to the Shareholders of Berkshire Hathaway Inc. 1986.

＊20 （美）珍妮特・洛爾著：《巴菲特如是說》，海南出版社，一九九八年，第一〇二頁。

＊21 Warren Buffett: the Chairman's Letter to the Shareholders of Berkshire Hathaway Inc. 1993.

＊22 Warren Buffett: the Chairman's Letter to the Shareholders of Berkshire Hathaway Inc. 1987.

＊23 Warren E. Buffet：「An Owner's Manual」to Berkshire's to Berkshire's shareholders. June 1996.

＊24 Warren Buffett: the Chairman's Letter to the Shareholders of Berkshire Hathaway Inc. 1989.

＊25 Warren Buffett: the Chairman's Letter to the Shareholders of Berkshire Hathaway Inc. 1987.

＊26 L. J. Davis:「Buffett Talks Stock.」The NY Times Magazine, April 1, 1990.

Chapter 4

買價原則
——安全邊際

我大膽地將成功投資的秘密精煉成四個字的座右銘：安全邊際。

——葛拉漢

巴菲特在波克夏一九九二年年報中指出，安全邊際原則是成功投資的基石：「……我們強調在買入價格上留有安全邊際。如果計算出一檔普通股的價值僅僅略高於它的價格，那麼我們不會對買入產生興趣。我們相信這種『安全邊際』原則——葛拉漢尤其強調這一點——是成功的基石」。

巴菲特之所以強調安全邊際原則的原因是：一方面，投資者在買入價格上留有足夠的安全邊際，可以大大降低因預測失誤引起的投資風險，即使投資人在預測上有一定程度的錯誤，也能在長期內確保投資本金的安全。另一方面，投資者在買入價格上留有足夠的安全邊際，在預測基本正確的情況，可以降低買入成本，從而保證合理且穩定的投資回報。巴菲特等價值投資大師幾十年以來以很大優勢持續戰勝市場的穩定業績，以及許多學術研究都表明，基於安全邊際的價值投資能夠取得穩定的投資利潤。

應用安全邊際，必須要有足夠耐心，耐心等待機會的來臨，這種機會來自於公司出現暫時問題或市場暫時過度低迷導致優秀公司的股票被過度低估時。巴菲特正是當市場對股票錯誤地低估而恐慌性拋出時，大量低價買入優秀公司股票並長期持有，從而獲得巨大的投資利潤。

Chapter 4・1

安全邊際是投資安全的保證

價格是你付出的，價值是你得到的。

——巴菲特

葛拉漢告訴他最喜愛的學生巴菲特兩個最重要的投資規則：

第一條規則：永遠不要虧損；

第二條規則：永遠不要忘記第一條。

那麼在實際投資操作中如何應用以上兩條規則呢？葛拉漢自己給出的答案是：「我大膽地將成功投資的秘密精煉成四個字的座右銘：安全邊際」。巴菲特始終遵循導師的教誨，堅持「安全邊際」原則是成功投資的基石。這正是巴菲特永不虧損的投資秘訣。

四・一・一　安全邊際

現代證券分析創始人、巴菲特最尊敬的導師葛拉漢認為，「安全邊際」是價值投資的核心。

儘管公司股票的市場價格漲落不定，但許多公司具有相對穩定的內在價值。訓練有素且勤勉的投資者能夠精確合理地衡量這一內在價值。股票的內在價值與當前交易價格通常是不相等的。基於安全邊際的價值投資策略是指投資者通過公司的內在價值的估算，比較其內在價值與公司股票價格之間的差價，當兩者之間的差價（即安全邊際）達到某一程度時就可選擇該公司股票進行投資。

「為了真正的投資，必須有真正的安全邊際，並且，真正的安全邊際可以由數據、有說服力的推理和很多實際經驗得到證明」。*01

「在正常條件下，為投資而購買的一般普通股，其安全邊際即其大大超出現行債券利率的預期獲利能力」。*02「在一個十年的週期中，股票獲利率超過債券利率的典型超額量可能達到所付價格的五〇％。這個數據足以提供一個非常實際的安全邊際——在合適的條件下將會避免損失或使損失達到最小。如果在二十種或更多種股票中都存在如此的安全邊際，那麼在完全正常的條件下，獲得理想結果的可能性是很大的，這就是投資於普通股的典型策略，並且不需要對成功機率做出高質量的洞察和預測」。*02

葛拉漢指出「股市問題特別偏愛投資於估值過低股票的投資者。首先，股市幾乎在任何時候都會生成大量的真正估值過低的股票以供投資者選擇。然後，在其被忽視且朝投資者所期望的價值相反方向運行相當長時間以檢驗他的堅定性之後，在大多數情況下，市場總會將其價格提高到和其代表的價值相符的水平。理性投資者確實沒有理由抱怨股市的反常，因為反常中蘊含著機會和最終利潤」。*03 葛拉漢告誡投資者，「從根本上講，價格波動對真正的投資者只有一個重要的意義：當價格大幅下跌後，提供給投資者低價買入的機會；當價格大幅上漲後，提供給投資者高價賣出的機會」。*04 葛拉漢指出：「……測試其證券價格過低還是過高的最基本的方法是，拿其價格和其所屬企業整體的價值進行比較」。*03

巴菲特認為安全邊際是投資中最重要的概念「在《聰明的投資人》最後一章中，葛拉漢強烈反對所謂的匕首理論*05：『面對把正確投資的秘密濃縮為三個單詞的挑戰，我斗膽地提出一個座右銘：安全邊際。』我讀過這句話已經四十二年了，至今我仍然認為安全邊際非常正確。投資人忽視了這個非常簡單的投資座右銘，從而導致他們從九〇年代開始遭受重大損失。」*06 「我認為，葛拉漢有三個基本的思想，這足以作為你投資智慧的根本。我無法設想除了這些思想觀點之外，還會有什麼思想能夠幫助你進行良好的股票投資。這些思想沒有一個是複雜的，也沒有一個需要數學才能或者類似的東西。葛拉漢說你應當把股票看作是公司的許多細小的組成部分。要把市場波動看作你的朋友而不是敵人，投資獲利有時來自對朋友的愚忠而非跟隨市場的波動。而且，在《聰明的投資人》的最後一章中，葛拉漢說出了關於投資最重要的詞彙：『安全邊際』。我認為，葛拉漢的這些思想，從現在起直到一百年之後，將會永遠成為理性投資的基石」。*07

「用貼現現金流公式計算出的最便宜股票是投資者應該買入的股票，無論公司是否在成長，無論公司的獲利是波動還是平穩，或者無論本益比和股價與每股帳面價值的比率是高是低」。*08

「即便是最好的公司，也不能買價過高。買價過高的風險經常會出現，而且我認為所有股票，包括競爭優勢未來長期持續的股票，買價過高的風險已經相當大。投資者需要清醒地認識到，在一個過熱的市場中買入股票，即便是一家優秀的公司，可能也要等待更長的時間，公司所能實現的價值才能成長到與投資者支付的股價相當的水平。」*09

四・一・二　安全邊際與投資風險

正如葛拉漢所說：「安全邊際概念可以作為試金石，有助於區別投資操作與投機操作」。葛拉漢和巴菲特之所以非常強調安全邊際，應要求一定的安全邊際，根本原因是影響股票市場價格和公司經營的因素非常複雜，相對來說，人的預測能力是有限的，很容易出現預測失誤——的，

- 股價波動難以準確預測，儘管股價長期有向價值回歸的趨勢，但如何回歸、何時回歸是不確定
- 公司價值難以預測，受到公司內部因素、行業因素、宏觀因素的影響，且這些因素本身是變化和

不確定的，對公司價值的影響更是不確定。

華爾街從來沒有人能夠準確預測股價波動

葛拉漢在去世前幾個月接受採訪時指出：「如果說我在華爾街六十多年的經驗中發現過什麼的話，那就是從來沒有人能夠成功地預測股市變化」。*10

安全邊際是對股票市場波動巨大的不確定性和不可預測性的一種預防和保險。有了較大的安全邊際，即使市場價格在較長的時期內仍低於價值，我們仍可通過公司淨利潤和股東權益的成長，來保證我們投資資本的安全性以及取得滿意的報酬率。如果公司股票市場價格進一步下跌，我們反而能夠以更大的安全邊際買入公司更多的股票。在前一章巴菲特的市場原則中我們知道市場從長期來說是一台稱重機，最終會回歸於股票的內在價值。正如巴菲特所說：「未來永遠是不確定的。在大家普遍看好時，你只能花高價從市場買入股票。所以，不確定性反而實際上是長期價值者的朋友」。

關於股市不可預測的研究成果汗牛充棟，尤其是從任何時期基金公司持有的現金量可清楚地看出，共同基金管理者也根本不能準確地預測市場。Goldman Sachs 對共同基金一九七〇至一九八〇年間現金持有量的一項研究表明，基金管理者未能預測到在此期間股市的九次重大轉折點。Willam A.Sherden 繼續對一九八四至一九九五年期間的數據進行的研究表明，一九八四、一九八五、一九八

六、一九九二、一九九三、一九九四年基金管理預期市場將下跌，增加現金持有量，但市場卻穩步上升。也沒有任何跡象表明他們預測到了一九八七年十月的股市崩盤。*11

德瑞曼關於美國股市一九七三至一九九六年的研究包括了五個牛市和四個熊市，在這二十四年間股票分析師的總體平均預測失誤率為四四．三%，在牛市預測失誤率是四四．九%，在熊市是四七．四%。在牛市的正失誤率分別是二三．二%和二五．五%，負失誤率分別是七九．一%和七七．四%。研究表明，無論是牛市還是熊市，股市預測專家的失誤率是相近的，股市漲跌對預測失誤率沒有太大的影響。同時研究表明，無論是牛市還是熊市，預測專家都有過於樂觀的傾向。*12過於樂觀的收益預測，會使投資者過分高估公司價值，高價買入而降低投資收益率甚至形成虧損。

德瑞曼和愛瑞克的研究發現，一九八二年至一九九七年間，股市預測專家對標準普爾指數成長的估計與實際竟相差一八八%，實際年成長率是七．一%，而預測年成長率是二一．九%，他們的樂觀實在有些過分。*12

分析師之所以總是做出樂觀的預測，根本原因是為了使投資者更多地買入或防止其大量拋售以提高股票交易量，這樣他自己就能從他就職的證券經紀公司獲取更多的薪資和資金。正如巴菲特在波克夏公司一九八〇年報中所說：「我們深信對股票或債券市場價格的短期預測沒有任何效用，這些預測能夠告訴你許多預測者本人的情況，但卻根本不能告訴你任何有關市場未來的情況」。

美國第二大共同基金公司先鋒公司的 John Bogle 指出：「統計數據表明，只有大約十分之一的機會猜中市場是處於高峰還是谷底。要想賺錢，你必須有兩次準確的市場預測：一次在接近谷底時買進，一次在接近高峰時賣出，那意味著你成功的機會只有一%。如果想成功賺錢兩次，那麼就只有萬分之一的機會」。*13「我在這個行業裡幹了三十年，從沒有聽說過誰能連續地預測成功，也沒有聽說誰聽說過別人能連續地預測成功。事實上，我的感覺是，設法選擇交易時機可能非但不能使你的投資帳戶升值，卻會有適得其反的效果」。*14

華爾街股票分析師預測公司收益的失誤率高達六〇%以上

儘管華爾街和學術界在許多方面都存在巨大的分歧，但都認為公司收益是決定公司股票市場價格的最主要因素，現代證券分析的核心是通過預測公司收益來預測公司股票市場價格的未來走勢。因此，證券公司紛紛花費巨資聘請專家預測公司收益變化，股票分析師中的明星便是那些預測專家。那麼，這些專家對公司收益預測的準確程度如何呢？

《金融世界》：明星股票分析師推薦股漲幅比市場平均水平低三四%

《機構投資者》每年評選一次最優秀的分析專家，從數百個經紀公司中選出一支最優秀的明星分析師團隊，由他們來預測每一個行業的收益變化。《金融世界》研究了這些明星的實際表現，發現他們的真實業績卻令人吃驚的拙劣：「真正的英雄少之又少，在研究期間股市平均上漲一四・一%，而明星推薦的股票，總體上漲九・一%，比市場平均水平還低三四%。在推薦的一三四種股票中，只有四十二種，接近三分之一，上漲幅度超過S&P500指數的平均水平。……在激烈競爭的股市中，明星似乎無能為力。……他們在不該大膽時大膽，在不該小心時小心，顯得非常可笑，股市彷彿與他們的預測反其道而行」。*15

德瑞曼：一九七三至一九九一年一八年間分析師收益預測平均錯誤達四四%

德瑞曼與M.貝利在一九九五年五、六月份的《金融分析學報》上發表了一篇文章，研究了一九七三至一九九一年間分析師收益預測準確性。該文評估每一季的收益預測一般用前三個月的數據，分析家可以在該季度前兩個星期修訂。研究樣本公司包括紐約證券交易所、納斯達克和美國證券交易所的主要股票一、〇〇〇檔。結果發現分析家們的收益預測與實際收益一直相差很大，平均錯誤達四四%！儘管七〇年代後訊息技術有了飛躍發展，分析師的預測水平反而更差了。在研究期間的最近八年，平均失誤率達五〇%，有兩年達到五七%、六五%。*16 這種巨大的預測失誤率將導致投資者對公司的價值判斷產生很大錯誤，從而導致對股價產生不合理預期，一旦公司收益公佈與預測相差很大，股價必定大跌，使投資人遭受虧損。

事實證明，公司收益是很難預測的，股票分析師的收益預測往往很不準確。為了防止公司收益預測的錯誤造成價值評估太大的誤差，價值投資人在確定買入價格時需要相當大的安全邊際，以確保在相當小的風險程度下取得滿意的投資收益率。

＊01 （美）葛拉漢著：《葛拉漢投資指南》，江蘇人民出版社，二〇〇一年，第三一四頁。

＊02 （美）葛拉漢著：《葛拉漢投資指南》，江蘇人民出版社，二〇〇一年，第三〇九頁。

＊03 （美）葛拉漢著：《葛拉漢投資指南》，江蘇人民出版社，二〇〇一年，第五一頁。

＊04 （美）葛拉漢著：《葛拉漢投資指南》，江蘇人民出版社，二〇〇一年，第五五頁。

＊05 匕首理論觀點是，巨大的債務將促使管理層更加用心經營，就像一把放在汽車方向盤上的匕首逼迫司機小心駕駛。

＊06 Warren Buffett: the Chairman's Letter to the Shareholders of Berkshire Hathaway Inc. 1990.

＊07 Warren Buffett: Lecture at Society of Security Analysts, December 6, 1994.

＊08 Warren Buffett: the Chairman's Letter to the Shareholders of Berkshire Hathaway Inc. 1992.

＊09 Warren Buffett: the Chairman's Letter to the Shareholders of Berkshire Hathaway Inc. 1996.

＊10 （美）珍尼特・洛爾著：《葛拉漢論價值投資》，海南出版社一九九九年，第二七五頁。

＊11 （美）Willam A. Sherden 著：《預測業神話》，人民郵電出版社，二〇〇二年八月，第九三頁。

＊12 （美）戴維・德瑞曼著：《逆向投資策略》，海天出版社，二〇〇一年，第三九－四一頁。

＊13 （美）Willam A. Sherden 著：《預測業神話》，人民郵電出版社，二〇〇二年八月，第九五頁。

＊14 （美）伯頓・麥基爾著：《漫步華爾街》，上海財經大學出版社，二〇〇二年，第二一二頁。

＊15 （美）戴維・德瑞曼著：《逆向投資策略》，海天出版社，二〇〇一年二月，第三六頁。

＊16 （美）戴維・德瑞曼著：《逆向投資策略》，海天出版社，二〇〇一年，第三六－三七頁。

Chapter 4・2

安全邊際是投資獲利的保證

我寧願得到一個可以確定會實現的好結果，也不願意追求一個只是有可能會實現的偉大結果。

——巴菲特

投資者在買入價格上留有足夠的安全邊際，不僅能降低因為預測失誤引起的投資風險，而且在預測基本正確的情況，可以降低買入成本，在保證本金安全的前提下獲取穩定的投資回報。

巴菲特指出，根據安全邊際進行價值投資的投資報酬與風險不成正比而成反比，風險越低往往報酬越高。簡而言之，根據安全邊際進行的價值投資，風險更低，收益卻更高。

「在價值投資中，風險與報酬不成正比而是成反比。如果你以六十美分買進一美元的紙幣，其風險大於以四十美分買進一美元的紙幣，但後者報酬的期望值卻比較高，以價值為導向的投資組合，其報酬的潛力越高，風險卻越低。我可以舉一個簡單的例子。在一九七三年，華盛頓郵報公司的總市值為八、〇〇〇萬美元，在這一天，你可以將其資產賣給十位買家之中的任何一個，而且價格不低於四億美元，甚至還會更高，該公司擁有華盛頓郵報、新聞週刊以及幾家重要的電視台，這些資產目前的價值為二十億美元，因此願意支付四億美元的買家並非瘋子。現在如果股價繼續下跌，該企業的市值從八、〇〇〇萬美元跌到四、〇〇〇萬美元，其β值會相應上升。對於用β值衡量風險的人來說，更低的價格意味著更大的風險，這真是仙境中的愛莉絲一般的人問神話。我永遠無法瞭解為什麼用四、〇〇〇萬美元會比用八、〇〇〇萬美元購買價值四億美元的資產風險更高。事實上，如果你能夠買進好幾檔價值嚴重低估的股票，而且你精通於公司價值，那麼以八、〇〇〇萬美元買入價值四億美元的資產，尤其是分別以八〇〇萬美元的價格買進十種價值四、〇〇〇萬美元的資產，基本上毫無風險。因為你無法直接管理四億美元的資產，所以你希望能夠確定找到誠實而有能力的管理者，這並不困難。同時你必須具有相應的知識，使你能夠大致準確地評估企業的內在價值。但是你不需要很精確的評估數值。這就是葛拉漢所說的擁有一個安全邊際。你不必試圖以八、〇〇〇萬美元的價格購買價值八、三〇〇萬美元的企業，你必須讓自己擁有很大的安全邊際。鋪設橋樑時，你堅持可承受載重量為三萬磅，但你只准許載重一萬磅的卡車通過。相同的原則也適用於投資領域」。＊01

目前已經有許多學術研究支持巴菲特安全邊際的價值，投資風險更低卻收益更高的結論。這些實證研究根據財務指標與股票價格的比率分析（價格與收益比，價格與帳面值比、價格與現金流量比等）表明，投資於低本益比、低股價股利收入比率、低股價現金流比率股票，能夠取得超額投資利潤。這些指標儘管並不能直接表示安全邊際的大小，但可以間接證明，比率較低的公司，相對於比率較高的公司股價可能被低估，因此相對而言具有較大的安全邊際。這些研究結論對於投資者採用安全邊際投資策略提供了更多的依據。

以下我們以 Josef Lakonishok、Robert W. Vishny 和 Andrei Shleifer 在一九九三年最經典的實證研究進行說明——

Josef Lakonishok、Robert W. Vishny 和 Andrei Shleifer（一九九三）[*02] 關於本益比對投資收益率的影響做了研究。他們對紐約證券交易所和美國證券交易所所有股票根據本益比進行排序，並等分為十組。在一九六八年四月三十日最初形成投資組合，新的投資組

表 4-1　NYSE和AMSE所有上市公司投資收益率與本益比的關係

（1968年4月—1990年4月）

組合形成	本益比分組									
	高本益比									低本益比
	1	2	3	4	5	6	7	8	9	10
第1年	12.3%	12.5%	14.0%	13.0%	13.5%	15.6%	17.0%	18.0%	19.3%	16.2%
第2年	10.1	11.3	12.4	14.3	16.7	16.4	18.0	18.5	18.3	17.4
第3年	11.8	13.8	15.7	17.1	17.1	19.1	19.8	18.8	18.8	19.5
第4年	11.1	12.4	14.5	15.1	15.7	15.9	19.8	19.9	20.5	21.4
第5年	11.9	12.9	15.1	16.7	17.1	16.8	19.6	20.1	21.1	20.7
5年 年平均收益率	11.4	12.6	14.3	15.2	16.0	16.7	18.8	19.1	19.6	19.0
5年 累積總收益率	71.7	80.8	95.3	103.1	110.2	116.8	137.0	139.3	144.6	138.8

資料來源：Josef Lakonishok, Robert W. Vishny, Andrei Shleifer： Contrarian Investment, Extrapolation and Risk, Working Paper No.4360, National Bureau of Economic Research, May 1993

合在次年四月三十日形成，如此循環直到一九九〇年。投資組合持有五年，分別計算年收益率、五年年平均收益率、平均五年累積收益率。其研究結果如表4-1：

Josef Lakonishok、Robert W．Vishny 和 Andrei Shleifer（一九九三）就股價現金流比率對投資收益率的影響做了研究。他們對紐約證券交易所和美國證券交易所所有股票根據股價現金流比率進行排序，並等分為十組。在一九六八年四月三十日最初形成投資組合，新的投資組合在次年四月三十日形成，如此循環直到一九九〇年。投資組合持有五年，分別計算年收益率、五年年平均收益率、平均五年累積收益率。研究結果如表4-2。

他們還用股價現金流比率最低的兩組股票投資收益率減去股價現金流比率最高兩組的投資收益率，檢驗了低股價現金流比率股票相對於高股價現金流比率股票的

表 4-2　NYSE和AMSE所有上市公司投資收益率與股價現金流比率的關係

（1968年4月—1990年4月）

組合形成後持有年限	股價現金流比率分組									
	高股價現金流比率									低股價現金流比率
	1	2	3	4	5	6	7	8	9	10
第1年	8.4%	12.4%	14.0%	14.0%	15.3%	14.8%	15.7%	17.8%	18.3%	18.3%
第2年	6.7	10.8	12.6	15.3	15.6	17.0	17.7	18.0	18.3	19.0
第3年	9.6	13.3	15.3	17.2	17.0	19.1	19.1	20.2	19.3	20.4
第4年	9.8	11.1	14.6	15.9	16.6	17.2	18.2	19.2	22.3	21.8
第5年	10.8	13.4	16.1	16.2	18.7	17.7	19.1	20.9	21.2	20.8
5年年平均收益率	9.1	12.2	14.5	15.7	16.6	17.1	18.0	19.2	19.9	20.1
5年累積總收益	54.3	77.9	96.9	107.4	115.8	120.6	128.3	140.6	147.6	149.4

資料來源：Josef Lakonishok, Robert W. Vishny, Andrei Shleifer： Contrarian Investment, Extrapolation and Risk, Working Paper No.4360, National Bureau of Economic Research, May 1993

超額收益率的持續性如表4-3。

研究表明，持有一年期限時，低股價現金流比率股票在二十二年中的七十七年裡戰勝高股價現金流比率股票，持有三年期限時低股價現金流比率股票在二十年中的十八年內戰勝高股價現金流比率股票，持有五年期限時低股價現金流比率股票在所有年份都戰勝高股價現金流比率股票。

為了檢驗低股價現金流比率股票戰勝高股價現金流比率股票是否由於風險更高，Lakonishok、Vishny和Shleifer 計算了不同股價現金流比率股票在股市好壞月份的月度投資收益率。研究結果如表4-4。

研究表明，在股市最壞的二十五個月以及股市下跌後最壞的八十八個月，

表 4-3　1968—1990年低股價現金流公司相對於高股價現金流公司持有1年,3年,5年的超額投資收益率

組合形成年份	持有期限		
	1年好（壞）	3年好（壞）	5年好（壞）
1968	2.2%	28.7%	47.4%
1969	12.3	19.5	41.0
1970	13.5	24.6	42.8
1971	（7.8）	23.1	47.8
1972	15.5	31.9	69.3
1973	2.1	38.2	84.6
1974	（0.7）	49.6	134.3
1975	26.2	81.6	131.0
1976	17.4	67.3	146.8
1977	19.3	24.7	76.4
1978	4.8	（10.6）	27.2
1979	（16.8）	（10.2）	27.4
1980	3.9	74.6	122.5
1981	20.3	65.0	158.4
1982	（3.2）	33.8	125.3
1983	20.4	33.2	85.1
1984	19.2	55.2	88.8
1985	1.4	32.2	57.6
1986	10.8	33.9	
1987	9.3	17.0	
1988	9.2		
1989	（6.3）		

資料來源：Josef Lakonishok, Robert W. Vishny, Andrei Shleifer： Contrarian Investment, Extrapolation and Risk, Working Paper No.4360, National Bureau of Economic Research, May 1993

低股價現金流比率股票戰勝高股價現金流比率股票。在股票市場最好的二十五個月，低股價現金流比率股票戰勝高股價現金流比率股票，在股市上升後最好的一百二十二個月內二者收益率相近。他們總結：總體來說，價值型股票（低股價現金流比率股票）在所有情況下都戰勝成長型股票（高股價現金流比率股票），在股市下降的月份比上升的月份表現更好。實證研究表明，價值型股票並沒有給投資者帶來更多的下跌風險。

所有關於安全邊際基於統計檢驗的實證研究表明，在短期的幾個月內或者幾年內投資收益率是變化無常的，但對於統計檢驗所要求的非常長的歷史時期內，確實存在一些反覆發生的、而且是相互聯繫的投資成功模式。這些實證研究確定地告訴我們，重複投資於大量這些相對而言內在價值被市場更加低估的廉價股票組合，經過長期的積累，可以形成超額投資利潤。認識並理解這些成功的投資

表 4-4　1968年4月30—1990年4月30最壞和最好的股市月份平均月投資收益率與股價現金流比率的關係

時間	股價現金流比率									
	最高股價現金							最低股價現金流比率		
	1	2	3	4	5	6	7	8	9	10
股票市場最壞的25個月	11.8%	11.1%	10.6%	10.3%	9.7%	9.5%	9.0%	8.7%	8.8%	9.8%
股市下跌後最壞的88個月	3.0	2.8	2.7	2.4	2.3	2.1	2.0	1.9	1.6	2.0
股票市場最好的25個月	12.1	12.5	12.2	11.9	11.6	10.9	11.2	11.5	11.9	13.6
股市上升後最好的122個月	3.7	3.9	4.0	3.8	3.9	3.8	3.8	3.8	3.7	3.8

資料來源：Josef Lakonishok, Robert W. Vishny, Andrei Shleifer： Contrarian Investment, Extrapolation and Risk, Working Paper No.4360, National Bureau of Economic Research, May 1993

模式，將使我們對葛拉漢和巴菲特的安全邊際原則擁有更多的信心，在任何時刻都會有更大的耐心和毅力來堅持安全邊際這一投資的最基本原則。

*01 Buffett, Warren E., 1984, 「The Super-investors of Graham-and-Doddsville」 in Hermes, the Columbia Business School magazine（Fall 1984）: 4—15.

*02 Josef Lakonishok, Robert W. Vishny, Andrei Shleifer: Contrarian Investment, Extrapolation and Risk, Working Paper No.4360. National Bureau of Economic Research, May 1993.

Chapter 4・3

尋找安全邊際的投資機會

我們已經從葛拉漢那裡學到，投資成功關鍵是在一家好公司市場價格相對於其內在商業價值大打折扣時買入。

——巴菲特

應用安全邊際原則，必須要有足夠耐心，耐心等待機會的來臨，這種機會來自公司出現暫時問題或市場暫時過度低迷導致優秀公司的股票被過度低估時。

美國棒球超級巨星泰德．威廉姆斯以其超人的擊球成功率而榮登棒球名人堂，他將其成功秘訣歸結為「只打擊那些在幸運區裡的好球」。巴菲特將投資成功的秘訣歸結為「只投資股價在幸運區內的股票」：

「我們仍然堅持使我們發展到如今龐大規模的成功策略，並且毫不放鬆我們的投資選擇標準。泰德．威廉姆斯在他的傳記《我的生活故事》（The Story of My Life）中解釋了自己擊球成功率非常高的原因：『我的觀點是，要成為一名優秀的擊球手，你必須等到一個好球才去打擊。這是本書中的第一原則。如果我總是打那些在我的幸運區（Happy Zone）＊01以外的球的話，我根本不可能擁有使我進入棒球名人堂〇．三四四的超級擊球率，我很可能只有一般球員那樣〇．二五〇的擊球率。』查理和我贊同這種觀點，而且將盡量等待那些正好落入我們『幸運區』的投資機會。」＊02

巴菲特說：「投資是世界上最美好的職業，因為你永遠不會被強迫揮棒擊球。你可以站在壘邊，投手可能在正前方擲來一球，對你來說不打擊也沒有任何懲罰，最大的損失無非是錯過一次機會。整整一天你等待著你想要的投球，當捕手打盹時，你跳起來，猛地一下擊中了。＊03

很多人會問，沒有機會怎麼辦？

沒有辦法，只有等待，而不是沒有機會也去胡亂投資。這時什麼也不做是最明智的事。巴菲特說：「你必須等機會來臨時才行動。在生活中我既有過靈感源源不斷之時，也有百思而無一得之日。如果我下周有了好主意，我會做一些事。如果沒有，我才不會做什麼見鬼的事」。＊04

巴菲特在大規模投資迪斯尼公司之前，關注了三十年。巴菲特在一九九八年以每盎司五美元的價格購買了一．二九億盎司的白銀。巴菲特解釋說，他已經對白銀市場關注了三十年，目前白銀的價格達到了六五〇年來的最低點。巴菲特在八〇年代買入可口可樂之前，已經關注了可口可樂五十二年，才等到可口可樂價格下跌形成足夠的安全邊際，他終於抓住了這絕好的投資機遇。

巴菲特在一九八九年大筆買入可口可樂股票後，在一九八九年年報中興致勃勃地回顧了自己五十二年來持續長期關注可口可樂的過程：「我大概是在一九三五年或一九三六年第一次喝可口可樂。不過可以確定的是，我從一九三六年開始以二十五分錢六瓶的價格從巴菲特父子雜貨店成批購買可口可樂，然後再以每瓶五美分零賣給周圍的鄰居們。在我跑來跑去進行這種高利潤零售業務的過程中，我很自然地觀察到可口可樂對消費者非同尋常的吸引力及其中蘊藏的巨大商機。在隨後的五十二年裡，當可口可樂席捲全世界的同時，我繼續觀察到可口可樂的這些非凡之處。……直到一九八八年夏天，我的大腦才和我的眼睛建立了聯繫。一時之間，我對可口可樂的感覺變得既清楚又非常著迷。」*05

那麼，什麼時候是應用安全邊際原則進行投資的大好機會呢？

- 在優秀的公司被暫時的巨大問題所困而導致股價被市場過度低估時。
- 在市場過度下跌導致許多公司的股價被過度低估時。

四・三・一　抓住個股的安全邊際機會

足夠的安全邊際往往出現在具有持續競爭優勢的企業出現暫時性的重大問題時。儘管這些問題非常嚴重，但屬於暫時性質，對公司長期的競爭優勢和獲利能力沒有根本性的影響。如果市場在企業出現問題後，發生恐慌，大量拋售股票導致股價大幅下跌，使公司股票被嚴重低估，這時將為價值投資人帶來足夠的安全邊際和巨大的獲利機會。隨著企業解決問題恢復正常經營，市場重新認識到其長期獲利能力絲毫無損，股價將大幅回升。企業穩定的持續競爭優勢和長期獲利能力是保障本金安全和獲利的根本原因所在。

葛拉漢首先注意到，投資於被低估的大公司相對於同樣被低估的小公司，有更大的投資收益：「如果我們承認由於普通股顯示了優良的成長性和迷人之處，過高估價成長股是市場的一貫作風，那麼邏輯上因為一時發展活力不太令人滿意而使公司失寵於投資者，至少相對而言市場對該股票估值過低也是預料之中的。這也許是股票市場中存在的一個基本規律，它提示了一種可以證明是最保守和最有希望的投資途徑。進攻型投資者最關鍵的是要全神貫注於那些正經歷不太引人注意時期的大公司。當小公司被過度低估時，即使以後它們的收益和股價成長，也有喪失獲利能力風險，以及不管收益是否好轉都被市場長期忽略的風險。大公司與小公司相比有著雙重優勢：第一，它們有資本資源和智力資源幫助渡過難關，恢復到令人滿意的正常收益；第二，市場對它們任何好轉的表現往往會有相當敏感的反應」。[06]

巴菲特能夠慎思明辨，分清何者為真，何者只是表面上看起來為真，巴菲特將這個特殊的分辨力運用於股市，專門購買不受歡迎的好公司股票。巴菲特喜歡在一個好公司因受到懷疑、恐懼或誤解干擾而使股價暫挫時進場投資。「巨大的投資機會來自於優秀的公司被不尋常的環境所困，這時會導致這些公司的股票被錯誤地低估」。*07

在一九九七年威斯克公司年度大會上，查理．芒格說：「優秀企業卓越之處，在於它能夠經受得起某種挫折或損失的考驗。……如果它經受不住這種考驗，就不是值得挖掘的金礦」。*08

巴菲特正是利用市場對公司股票錯誤地低估從而恐慌性拋出之機，大量低價買入優秀公司股票並長期持有，從而獲得巨大的投資利潤。其中兩個著名案例是巴菲特在市場恐慌之際低價買入美國運通、富國銀行的股票。

美國運通

美國運通絕對是符合時代潮流的公司。《時代週刊》宣告「無現金的社會」已經到來，信用卡取代現金的流通革命即將開始，而美國運通正是這場革命的導航燈。到了一九六三年，有一、〇〇〇萬民眾持有美國運通卡，該公司成千上萬美元的票據在流通，像貨幣一樣被人毫不遲疑地接受。

但是公司後來遇到了大麻煩。美國運通在新澤西巴約納的一家倉庫在一次普通的交易中，接收了由當時的聯合原油精煉公司提供的一批據稱是沙拉油的罐裝貨物，倉庫給聯合公司開出了收據作為這批所謂的沙拉油的憑證，聯合公司用此收據作為抵押取得了貸款。

後來，聯合公司宣告破產了。一九六三年十一月，美國運通發現油罐中只裝有少量的沙拉油，大部分是海水。美國運通的倉庫蒙受了巨大的欺騙，其損失估計達一．五億美元。

美國運通總裁霍華德．克拉克決定承擔下這批債務，這意味著，母公司將面對各種索賠，而且也包括沒有法律依據的索賠，潛在的損失是巨大的。實際上，他說，公司已經「資不抵債」。

巴菲特專門走訪了奧馬哈羅斯的牛排屋、銀行和旅行社、超級市場和藥店，發現人們仍舊用美國運通的旅行支票來做日常生意。他根據調查得出的結論與當時公眾的觀點大相逕庭：美國運通並沒有走下坡路，美國運通的商標仍是世界上暢行標誌之一。

巴菲特認識到美國運通這個名字的特許權價值。特許權意味著獨佔市場的權力。在全國範圍內，它擁有旅行支票市場八〇％的市場份額。巴菲特認為，沒有任何東西動搖過美國運通的市場優勢地位，也不可能有什麼能動搖它。而股票市場對這個公司股票的估價卻是基於這樣一個觀點，即：顧客已經拋棄它！華爾街的證券商一窩蜂地瘋狂拋售。一九六三年十一月二十二日，公司的股票從消息傳出以前的六十美元／股跌到了五十六．五美元／股，到一九六四年初，股價跌至三十五美元／股。

巴菲特決定大筆買入。一九六四年他將巴菲特合夥公司四〇％的資產、約一、三〇〇萬美元買入美國運通公司五％的股票。在接下來兩年，美國運通的股價上漲了三倍。在五年的時間內股價上漲了五倍，從三十五美元上漲到一八九美元。巴菲特告訴《奧馬哈世界先驅報》（一九九一年八月二日）說，他持有這些股票長達四年，因此他投資美國運通的收益率最起碼在四倍以上。*09

富國銀行*10

我們的投資風格是經常昏昏沉睡的懶漢風格：這一年我們六檔重倉股中的五種，我們既沒有買進也沒有賣出過一股。唯一倉位變化的是富國銀行，這是一家管理優異，回報豐厚的銀行企業。我們將持股比例提高到接近一〇％，這已經是不需要經聯邦儲備委員會批准我們可以擁有的最高比例。其中大約六分之一的倉位是在一九八九年買進的，餘下的是在一九九〇年。

銀行企業並非我們所喜歡的持股對象。銀行業常見的資產與權益比率為二十倍，因此很小比例的資產決策錯誤就可能造成很大比例的股東權益損失。所以，在許多大型銀行裡，錯誤，而不是例外，已經成了家常便飯。其中大多數錯誤是由於去年我們討論過的管理錯誤：「隨大流的從眾習慣」，即管理層無意識地模仿同行的行為傾向，無論這樣模仿是多麼的愚蠢。在他們的貸款行為中，許多銀行家以旅鼠（Lemming）*11般的熱情跟著領導走；現在他們正在遭受旅鼠一般的悲慘命運。

由於二十比一的槓桿會使管理層的優勢和劣勢對企業的影響力成倍擴大，所以我們對以「便宜的」的價格買進一家管理水平低下的銀行股股票毫無興趣。相反，我們的唯一感興趣的是以合理的價格買進管理非常優秀的銀行。

我們認為富國銀行擁有銀行業中最優秀的管理人：Karl Reichardt 和 Paul Hazen——這一對合作夥伴在許多方面可以與另一對超級組合媲美——大都會／ABC的 Tom Murphy 和 Dan Burke。第一，每一對組合都強於他們兩者的力量之和，因為每個人都瞭解、信任並尊重夥伴。第二，管理團隊都用高薪吸引人才，並極力避免形成過於龐大的管理總部。第三，兩支隊伍在獲利屢創新高時，能夠與在經營重壓之下時一樣努力降低成本。最後，兩者都固守他們瞭解的業務，並讓能力，而不是自負，確定他們追求的目標。

一九九〇年我們買進富國銀行得益於當時一片混亂的銀行業股市行情。這種混亂是理所應當的：每個月都會有一度被大家看好的銀行因為愚蠢的貸款決策被公開曝光。由於一個接一個的巨大損失被揭露出來，而且常常是剛剛在管理人員信誓旦旦地保證公司運營一切正常之後。因此在情理之中投資者會得出一個結論：任何銀行披露的數字都不可信。在投資者紛紛拋出銀行股的風潮中，我們才得以僅僅投資二．九億美元的低價買入富國銀行一〇%的股份，我們買入的股價低於稅後利潤的五倍，而且低於稅前利潤的三倍。

富國銀行擁有規模龐大的五六〇億美元資產，淨資產收益率為二〇%，總資產收益率為一．二五%。我們買進這家銀行的一〇%股權，相當於買進一家有相同財務特徵的五十億美元資產銀行的一〇〇%股權，但是，如果買入後者，我們需要支付二倍的資金。而且，買入那家需要支付高溢價的銀行會帶來另一個問題：我們不能找到一位像 Carl Reichardt 一樣優秀的管理者來經營它。在最近幾年中，富國銀行比其他銀行更加不惜代價地吸引人才，但是其他銀行卻難以從這家銀行業大哥大那裡挖走人才。

當然，持有一家銀行或其他任何公司的股權絕非毫無風險。加利福尼亞的銀行面對的重大風險是一場大地震，因為大地震可能會對借款人的經營帶來很大衝擊，從而殃及貸款給他們的銀行。第二個風險是系統性風險，業務萎縮或者金融恐慌是如此嚴重，以至於幾乎對每一家以高槓桿比率經營的機構都造成危險，而無論他們以前經營得多麼良好。最後，目前市場上最大的恐慌是，西海岸房地產價值會因為過度開發而暴跌，從而使那些為這種擴張提供貸款的銀行帶來巨大的損失。尤其是富國銀行作為房地產貸款人的領導者，投資者認為其非常可能遭受重大打擊。

這些危險發生的可能性不可能根本排除。但是，前兩種情況發生的可能性較低，即使房地產價值的大幅下跌也不可能給管理良好的金融機構造成重大的損失。不妨進行如下推算：目前，在剔除了三億美元以上的貸款損失後，富國銀行每年的稅前獲利大大超過十億美元。如果銀行四八〇億美元的全部貸款中的一〇％——不僅僅是其不動產貸款——在一九九一年出現問題，即使這些問題貸款造成的損失（包括損失的利息）平均佔到本金的三〇％，富國銀行也能夠基本上盈虧持平。

即使是出現如此重大問題的這樣一年——當然我們認為這種可能性很低，基本上不會出現——也不會使我們感到沮喪。實際上，在波克夏，我們喜歡收購這樣的公司或投資項目，即在某一年度可能沒有獲利，但在未來股東權益不斷成長情況下的預期股東權益報酬率仍然高達二〇％。雖然富國銀行出現重大問題的可能性很小，但市場對於加利福尼亞出現類似於新英格蘭地區的房地產災難的恐慌，導致富國銀行股票在一九九〇年的幾個月內狂跌了幾乎五〇％。儘管我們在那次富國銀行股票大跌前以市價買入了一些股票，我們還是非常歡迎股價進一步下跌，因為這使我們能以新出現的恐慌性拋盤的低價買入更多的股票。

四·三·二　抓住眾多股票的安全邊際機會

雖然人們不能預測股市波動，但幾乎所有對股票市場歷史略有所知的人都知道，一般而言，在某些特殊的時候，能夠很明顯地看出股票價格是過高還是過低了。其訣竅在於，在股市過度狂熱時，只有極少的股票價格低於其內在價值。而在股市過度低迷時，可以購買的價格低於其內在價值的股票如此之多，以致於投資者因為財力有限而不能充分利用這一良機。

市場下跌反而是重大利多消息

巴菲特在一九九六年波克夏公司股東手冊中指出，市場下跌使買入股票的成本降低，所以是好消息：「我們面臨的挑戰是要像我們現金成長的速度一樣，不斷想出更多的投資主意。因此，股市下跌可能給我們帶來許多明顯的好處。首先，它有助於降低我們整體收購企業的價格；其次，低迷的股市使我們下屬的保險公司更容易以有吸引力的低價買入卓越企業的股票，包括在我們已經擁有的份額基礎上繼續增持。第三，我們已經買入股票的那些卓越企業，如可口可樂、Wells Fargo，會不斷回購公司自身的股票，這意味著，他們公司和我們這些股東會因為他們以更便宜的價格回購而受益。總體而言，波克夏和它的長期股東們從不斷下跌的股價中獲得更大利益，這就像老饕從不斷下跌的食品價格中得到更多實惠一樣。所以，當市場狂跌時，我們應該有這種老饕的心態，既不恐慌，也不沮喪。對波克夏來說，市場下跌反而是重大利多消息」。*12

「大部分人都對大家感興趣的股票有興趣。但無人對股票感興趣之日，正是你應對股票感興趣之時。熱門股票很難賺到錢」。*13 巴菲特在波克夏二〇〇〇年年報中指出：「只有資本市場極度低迷，整個企業界普遍感到悲觀時，獲取豐厚回報的投資良機才會出現」。*14

實例：美國股市大蕭條時期巴菲特瘋狂買入股票

羅傑．洛文斯坦在《一個美國資本家的成長——世界首富巴菲特傳》中對一九七三至一九七四美國股市大蕭條時期巴菲特瘋狂買入股票的行動有生動的描述：＊15

自從合夥企業解散後，股價太高對巴菲特一直是個問題，巴菲特管理的波克夏一直沒有找到合適的企業進行投資。

一九七二年，美國股市是一個大牛市，股價大幅上漲。當時幾乎所有基金都集中投資到一群市值規模大的、企業聲名顯赫的成長股上，如施樂、柯達、寶麗來、雅芳和德克薩斯儀器等等，它們被稱為「漂亮五十股」。市場上投資者普遍認為這些股票是「安全的」，而且是在任何價位都是安全的，一九七二這五十檔股票的平均本益比上漲到天文數字般的八十倍。

由於股價太高，巴菲特管理的波克夏公司無法買到股價合理的股票。巴菲特為此非常苦惱：「我覺得我就像一個過度好色的小伙子來到了一個荒涼的島上，我找不到可以購買的」。＊16

一九七二年時，波克夏的保險公司證券組合價值一億一百萬，巴菲特只將其中十六%的資金投資於股票，把餘下的八四%的資金都投資於債券。

一九七三年，「漂亮五十股」的股價大幅下跌，道瓊指數也不斷回落，市場搖搖欲墜。那些一九六九年上市的公司眼睜睜地看著自己的股票市值跌了一半。

一九七四年，美國股市已經處於很低的價位，幾乎每個公司的本益比都是個位數，這是華爾街少有的時期：美國企業正在被拋棄，沒有人想再繼續持有股票，每個人都在拋售股票。

巴菲特卻與眾不同，他的信條是：「在別人貪婪時恐懼，在別人恐懼時貪婪」。在大牛市時，巴菲特的投資慾望近乎枯竭。但在熊市裡，他的投資慾望卻大大膨脹。

一九七四年十月初道瓊指數從一、〇〇〇點狂跌到五八〇點，在市場一片悲觀聲中巴菲特卻高聲歡呼。巴菲特在接受《Forbes》的記者訪問時說：「我覺得我就像一個非常好色的小伙子來到了女兒國。投資的時候到了」。*17

巴菲特這樣說的，他也是這樣做的。

在一九七三至一九七四年間的大熊市中市場上人氣正低落，事實上是嚴重的消沉。這種時候，股票價值和公司資產的價值已經沒有什麼關係了，現實世界中很難再找到這樣的機會。巴菲特在一九七三至一九七四年美國股市大蕭條時期瘋狂地買入股票，活蹦亂跳得像一匹小馬駒。他抓住了市場過度低迷而形成的以很大的安全邊際買入股票的良機，從而獲得了巨大的投資利潤。

在此期間，巴菲特最成功的投資之一是聯合出版公司。一九七三年該公司獲利成長了四〇%，但其股價卻在一個月內從十美元／股持續下跌到七．五美元／股，本益比已經低於五倍。巴菲特經過分析後堅信自己比市場更瞭解該企業的內在價值。一九七四年一月八日那天，他又買進了聯合出版公司股票，十一日、十六日再次買進。在二月十三日、十五日、十九日、二十日、二十一日、二十二日連續多次進入市場買進。一年有一百零七天他都在不斷地買進聯合出版公司的股票，最低買入價格只有五．五美元／股。巴菲特總共投資四五三萬美元，經過八年之後，在一九八二年他持有的聯合出版公司股票市值已經上漲到三、四三一萬美元，漲幅為驚人的六．六倍。

在此期間巴菲特最成功的投資是華盛頓郵報。在股市崩潰的一九七三年，巴菲特大量買入《華盛頓郵報》公司的股票。二月份的時候，在二十七美元的價位買入一八、六〇〇股，到五月時，股票跌到了二十三美元／股，他又買入四萬股，價格還是大跌，巴菲特繼續買進。九月份時，他控制的波克夏公司已經成為《華盛頓郵報》最大的外部投資者。

巴菲特回憶他對華盛頓郵報的投資時說：「當你做生意時，你便置身於現實社會中，但在股票市場中每個人都只考慮股票的相對價格。當我們在一個月內買下八％或九％的《華盛頓郵報》之後，賣給我們股票的人中不止一個都會覺得自己把價格四億的資產以八、〇〇〇萬賣給了我們。他們之所以願意賣給我們是因為傳媒業股票已在下跌，或是因為其他人都在拋出，或別的什麼因素，這些理由都是毫無意義的。」──＊18

華盛頓郵報是巴菲特運用長期投資策略掘到的第一桶金。他在波克夏一九八五年報中感歎到：「在波克夏公司我通過投資華盛頓郵報，將一、〇〇〇萬美元變成為五億美元」。一九七三年巴菲特用一、〇六二萬美元買入華盛頓郵報公司的股票到二〇〇三年底市值增加到一二・六七億美元，三十一年的投資利潤為一二・八〇億美元，投資收益率高達一百二十八倍。

*01 最佳的擊球手只擊打那些落入好球區（Strike Zone）的球，或是擊打那些他們很可能擊中的落入幸運區的球。

*02 Warren Buffett: the Chairman's Letter to the Shareholders of Berkshire Hathaway Inc. 1994.

＊03 「Warren Buffett Talks Business,」The University of North Carolina, Center for Public Television, Chapel Hill, 1995.

＊04 Strauss, Gary. Buffett's a Buddy to Targeted Firms. USA TODAY. McLean, Va.: Aug 9, 1989. pg. B2.

＊05 Warren Buffett: the Chairman's Letter to the Shareholders of Berkshire Hathaway Inc. 1989.

＊06 （美）葛拉漢著：《葛拉漢投資指南》，江蘇人民出版社，二〇〇一年，第一三八頁。

＊07 （美）珍妮特．洛爾著：《巴菲特如是說》，海南出版社，一九九八年，第一一五頁。

＊08 （美）安迪．基爾帕特裡克著：《投資聖經——巴菲特的真實故事》，民主與建設出版社，二〇〇三年，第九一六頁。

＊09 （美）安迪．基爾帕特裡克著：《投資聖經——巴菲特的真實故事》，民主與建設出版社，二〇〇三年，第二一二—二一三頁。

＊10 Warren Buffett: the Chairman's Letter to the Shareholders of Berkshire Hathaway Inc. 1990.

＊11 一種主要生活在北美和歐亞極地圈內的小型齧齒動物，過度繁育之後，一個地方的旅鼠會從過於密集的地帶向外成群地遷徙。遷徙時，後面的旅鼠會盲目地跟著前面的旅鼠。在挪威許多旅鼠會跟著前面的旅鼠毫不猶豫地跳入大海中溺水而死。

＊12 Warren E. Buffet：「An Owner's Manual」to Berkshire's to Berkshire's shareholders. June 1996.

＊13 （美）珍妮特．洛爾著：《巴菲特如是說》，海南出版社，一九九八年，第一〇七頁。

＊14 Warren Buffett: the Chairman's Letter to the Shareholders of Berkshire Hathaway Inc. 2000。

＊15 （美）羅傑．洛文斯坦著：《一個美國資本家的成長——世界首富巴菲特傳》，海南出版社，一九九七年一月，第一八六—二〇二頁。

＊16 （美）珍妮特．洛爾著：《巴菲特如是說》，海南出版社，一九九八年，第一〇四頁。

＊17 L. J. Davis:「Buffett Talks Stock,」The NY Times Magazine, April 1, 1990.

＊18 （美）羅傑．洛文斯坦著：《一個美國資本家的成長——世界首富巴菲特傳》，海南出版社，一九九七年一月，第一九〇頁。

Chapter 5

組合原則
——集中投資

不要把所有雞蛋放在同一個籃子裡這句話是錯誤的，投資應該像馬克．吐溫建議的那樣，「把所有雞蛋放在同一個籃子裡，然後小心地看好它。」

——巴菲特

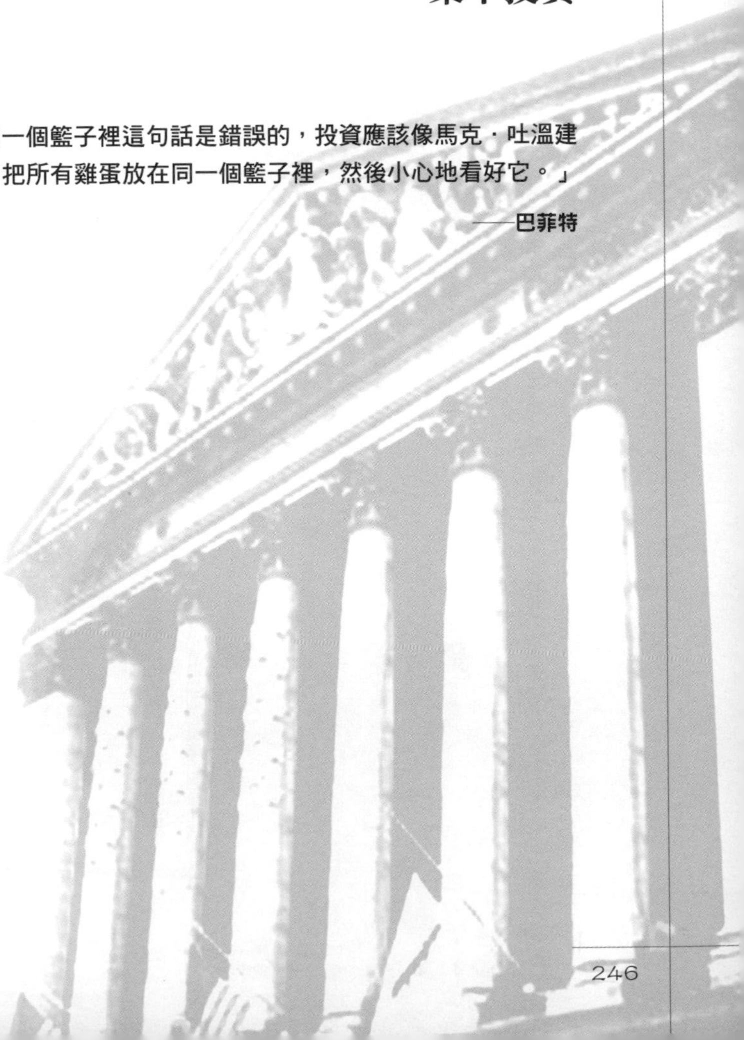

目前佔據主導地位的現代投資組合理論提倡分散投資以減少投資風險，即我們常說的「不要把雞蛋放在一個籃子裡」。而巴菲特卻採用完全相反的集中投資策略：「我們的投資僅集中在幾家傑出的公司上，我們是集中投資者」。「不要把所有雞蛋放在同一個籃子裡這句話是錯誤的。投資應該像馬克・吐溫建議的那樣，『把所有雞蛋放在同一個籃子裡，然後小心看好它』。」

巴菲特說：「對於每一筆投資，你都應當有勇氣和信心將你淨資產的一〇％以上投入此股」。*01「在與商學院的學生交談時，我總是說，當他們離開學校後可以做一張印有二十個洞的卡片。每次做一項投資決策時，就在上面打一個洞。那些打洞較少的人將會更加富有。原因在於，如果你為大的想法而節省的話，你將永遠不會打完所有二十個洞」。

《Forbes》的專欄馬克・赫爾伯特根據有關數據進行的檢驗表明：如果從巴菲特所有投資中剔除最好的十五項股票投資，其長期表現將流於平庸。*02

統計指出，巴菲特對自己集中投資的股票數目限制在十檔，對於一般投資者集中投資股票的家數建議最多二十檔（二十個洞的卡片），事實上他集中投資的股票常常只有八檔左右。

對巴菲特一九七七至二〇〇三年各年度的投資組合分析中顯示，巴菲特的組合平均股票數目僅有八・四一檔，而投資組合年度平均累積收益率高達二六四・五一％。

巴菲特的做法更符合我們生活中的真實情況，事實上我們總是把雞蛋放在一個籃子並用心守護，尤其這些雞蛋非常寶貴的時候。

總結巴菲特集中投資的經驗，可以將其歸納為三個「確定」——

●一是確定集中投資的目標企業。巴菲特認為應該將資金投入到最喜歡的幾家——最瞭解、風險最小、而且有最大利潤潛力的公司裡。

●二是確定投資組合的股票組成。巴菲特認為對於每一筆投資，都應當有勇氣和信心將淨資產的一〇%以上投入，也就是說，投資組合最多擁有十檔股票足矣。集中投資與分散投資的比較表明，集中投資收益更高，風險卻更小。

●三是確定個股的資金分配。巴菲特認為對某檔股票大規模集中投資的前提是尋找到其獲利機率估計的確定性，只有在大贏的把握很大時，才能下很大的賭注。

表 5-1　巴菲特1977—2003年股票投資組合集中度及投資收益率分析

年份	主要持有股票數目	成本/百萬美元	市值/百萬美元	佔組合比重	投資收益率
1977	9	71.893	139.081	76.81%	93.46%
1978	8	94.260	163.889	74.18%	73.87%
1979	13	156.738	297.994	88.51%	90.12%
1980	18	298.848	497.591	93.94%	66.50%
1981	15	335.615	616.490	96.44%	83.69%
1982	11	402.422	911.564	96.40%	126.52%
1983	10	558.863	1,287.869	98.62%	130.44%
1984	10	573.340	1,231.560	97.06%	114.80%
1985	7	267.909	1,170.358	97.67%	336.85%
1986	5	642.601	1,837.526	98.05%	185.95%
1987	3	572.944	2,115.017	100.00%	269.15%
1988	5	1,237.213	3,053.924	100.00%	146.84%
1989	5	1,668.593	5,188.253	100.00%	210.94%
1990	6	1,958.024	5,407.953	100.00%	176.19%
1991	8	2,828.322	9,024.220	100.00%	219.07%
1992	9	3,637.561	11,442.318	100.00%	214.56%
1993	9	3,183.506	11,269.463	100.00%	254.00%
1994	10	4,555.661	13,973.272	100.00%	206.72%
1995	7	4,366.100	19,344.900	87.93%	343.07%
1996	8	5,975.700	24,455.200	88.12%	309.24%
1997	8	5,029.800	31,780.500	87.68%	531.84%
1998	7	4,361.000	32,130.000	86.22%	636.76%
1999	6	4,023.000	30,160.000	81.50%	649.69%
2000	5	3,699.000	28,118.000	74.74%	660.15%
2001	7	4,440.000	22,949.000	80.03%	416.87%
2002	8	4,543.000	22,980.000	81.02%	405.83%
2003	10	5,652.000	30,605.000	86.73%	441.49%
合計	227	65,133.913	312,150.942	2,471.65%	7,394.62%
年平均	8.41	2,412.367	11,561.146	91.54%	273.87%

※01 （美）羅伯特·哈格斯特朗著：《巴菲特的投資組合》，機械工業出版社，二〇〇〇年，第一二頁。

※02 （美）珍妮特·洛爾著：《巴菲特如是說》，海南出版社，一九九八年，第一三一頁。

Chapter 5・1

集中投資的目標企業

我們的投資僅集中在幾家傑出的公司上，我們是集中投資者。

——巴菲特

巴菲特認為投資者應該集中投資於自己最瞭解、風險最小、最優秀的公司：「如果你是一位學有專長的投資者，能夠瞭解企業的經濟狀況，並能夠發現五到十家具有長期競爭優勢且股票價格合理的公司，那麼傳統的分散投資對你來說就毫無意義，那樣做反而會損害投資成果並增加投資風險。我不明白，為什麼分散投資信奉者會選擇名列第二十位的公司來進行投資，而不是很簡單地只投資於他最喜歡的——他最瞭解、風險最小、並且利潤潛力最大。用預言家梅伊・韋斯特（Mae West）的話來說：好事多多益善（Too much of a good thing can be wonderful・）」*01

巴菲特在波克夏一九九六年年報中為

投資者提出能力圈原則：「智慧型投資並不複雜，當然它也並不是容易的事，投資人需要具備的是能夠對所選擇的企業正確評估的能力，請特別注意『所選擇』（selected）這個詞，你並不需要成為一個通曉每一家或者許多家公司的專家。你只需要能夠評估在你能力圈範圍之內的幾家公司就足夠了。能力圈的大小並不重要，重要的是你要很清楚自己能力圈的邊界」。「顯然，每一位投資者都會犯錯，但是將投資範圍限制在少數幾個易於理解的公司中，一個聰明的、有知識的、勤奮的投資者就能夠以有效實用的精確程度判斷投資風險」。*01

巴菲特認為，必須集中投資於能力圈範圍之內、業務簡單且穩定、未來現金流能夠可靠預測的優秀企業：「我們努力固守我們可以瞭解的公司。這意味著他們具有相當簡單且穩定的特點，如果企業很複雜而產業環境也不斷在變化，那麼，我們就沒有足夠的聰明才智去預測其未來現金流量，碰巧的是，這個缺點一點也不會讓我們感到困擾。對於大多數投資者而言，重要的不是他到底知道什麼，而是他們真正明白自己到底不知道什麼。只要能夠盡量避免犯重大錯誤，投資人只需做很少幾件正確的事情就足以保證獲利了。」*02

「我們的收益來自於一群由企業經理人組成的超級團隊，他們管理的公司經營著看起來十分普通的業務卻取得了非比尋常的業績。……只擁有很小部分的一顆希望之星（the Hope diamond，世界上最大的深藍色鑽石，重達四五．五克拉），也遠遠勝過一〇〇％擁有一顆人造萊茵石

（rhinestone）。我們擁有的公司誰都很容易看出來是罕見的珍貴寶石。最幸運的是，儘管我們受限於只能擁有這類優秀企業的少數股份，卻相應擁有了一個不斷成長的投資組合」。*03

「作為投資者，目標應當僅僅是以理性的價格買入容易就能理解其業務的公司的部分股權，而且你可以確定從現在開始的五年、十年、二十年內，這家公司的收益肯定可以大幅度成長。在相當長的時間裡，你會發現僅僅有幾家公司符合這些標準，所以一旦你看到一家符合以上標準的公司，你就應當大量買進股票。*04

*01 Warren Buffett: the Chairman's Letter to the Shareholders of Berkshire Hathaway Inc. 1993.
*02 Warren Buffett: the Chairman's Letter to the Shareholders of Berkshire Hathaway Inc. 1992.
*03 Warren Buffett: the Chairman's Letter to the Shareholders of Berkshire Hathaway Inc. 1994.
*04 Warren Buffett: the Chairman's Letter to the Shareholders of Berkshire Hathaway Inc. 1996.

Chapter 5・2

集中投資的股票數目

把頻繁交機構稱為投資者，就如同把經常體驗一夜情的人稱為浪漫主義者一樣荒謬。

——巴菲特

巴菲特之所以投資業績遠遠超過市場平均水平，關鍵在於集中投資組合策略：巴菲特對自己集中投資的股票數目限制在十檔。事實上他集中投資股票數目平均只有八・四檔左右，但佔投資組合的比重平均為九一・五四％。

集中投資與分散投資的比較研究表明：集中投資的收益更高，風險卻更小。

五・二・一 集中投資而不是分散投資

多元化是對無知的保護

「多元化是對無知的保護。對於那些知道他們正在做什麼的人，多元化毫無意義。」*01

巴菲特解釋多元化帶來的困難時，引用了百老匯主持人比利・羅斯（Billy Rose）的話：「如果你有四十個妻子，對她們中的任何一個你都無法瞭解清楚」。「我不能同時投資五十或七十種企業，那是諾亞方舟式的老式投資法，你最後會像是開了一家動物園。我喜歡把適當的資金分配於少數幾家企業」。[*02]

少數幾檔股票將會佔組合很大比重

「我們深感，不活躍是理智且聰明的行為。……只要能夠順利實施，運用這種投資策略的投資者往往會發現，少數幾家公司的股票將會佔據投資組合很大比重。這些投資者的投資回報類似一個人買下一群極具潛力的大學明星籃球隊員二〇％的未來權益，其中有一小部分的球員可能可以進到NBA殿堂打球，那麼，投資人從他們身上獲取的收益，很快將會在所有球員收入分成總和中佔有絕大部分的比重。要是有人僅僅因為最成功的股票投資在組合中所佔比重太大就建議他出售那部分最成功的投資，就好像是有人僅僅因為麥可・喬丹對球隊來說實在是太重要就建議公牛隊把喬丹賣出一樣愚蠢」。[*03]

五・二・二　集中投資比分散投資收益更高

集中投資會不時地在某些年度遭受重大損失，儘管年度投資回報率波動性大，集中投資策略在長期內的總投資回報率卻遠遠超過市場平均水平。分散投資不可能取得這麼好的總收益，最多取得相當於市場平均水準的回報。正如巴菲特所說，「我們寧願波浪起伏的十五%回報率，也不要四平八穩的十二%回報率」。

集中投資既能降低風險又能提高回報，何樂而不為，業績波動大些又何妨。許多價值投資大師出眾的投資業績以及大量實證研究都表明，集中投資可以持續戰勝市場。

集中投資於少數股票是價值投資大師戰勝市場的關鍵

許多採用持續競爭優勢策略的價值投資大師在長達十幾年的時間內，儘管其投資回報率波動性遠遠超過市場平均水平，但其長期平均年投資回報率也遠遠超過市場平均水準。

凱恩斯這位著名的宏觀經濟學家在一九一九年任英國國王學院的第二任財務主管時，說服受託管人成立了切斯特基金。從一九二七到一九四六年他去世，他一直是該基金的唯一負責人。他在一九三四年八月十五日給合夥人的一封信中指出：「隨著從事投資年限成長，我越來越堅信，正確的投資方法是將大筆資金投入到一個他認為非常瞭解、管理人員也完全值得信任的企業中。而投資人將資金分散投資到大量並且沒有任何理由特別信任的企業中，認為據此可以限制風險的看法是完全錯誤的。……一個人的知識和經驗絕對是有限的，因此在一定期限裡，有資格將我全部的信心置於其中的企業數量，很少超過二或三家以上。」＊04

凱恩斯的集中投資策略使他管理的切斯特基金在一九二八至一九四五年的十八年間年平均投資回報率以標準差計算波動率為二九・二％，相當於英國股市波動率一二・四％的二・八倍，但十八年中年平均回報率為一三・二％，而英國股市年平均回報率只有負〇・五％。＊05

查理・芒格管理其合夥公司時，將投資僅集中於少數幾檔股票上，其投資波動率非常巨大，在一九六二至一九七五年的十四年間年平均投資回報率以標準差計算波動率為三三％，接近同期道瓊工業平均指數波動率十八・五％的二倍。但其十四年中年平均回報率為二四・三％，相當於道瓊工業平均指數年平均回報率六・四％的四倍。＊06

比爾・羅納管理的紅杉基金採高度集中投資策略，每年平均擁有六至十家公司股票，這些股票約佔總投資的九〇％以上，其投資波動率非常巨大，在一九七二至一九九七年的二十六年間年平均投資回報率以標準差計算波動率為二〇・六％，高於同期S&P500指數波動率一六・四％約四個百分點。但其十四年中年平均回報率為一九・六％，超過S&P500指數年平均回報率一四・五％約二〇％。＊07

巴菲特管理的波克夏公司在過去三十九年，也就是巴菲特一九六五年接手之後，波克夏公司每股淨值由當初的十九元成長到現在的五〇、四九八美元，年複合成長率約為二二・二％。在戰後美國，主要股票的年均收益率在一〇%左右，巴菲特卻達到了二二．二%的水平。由於波克夏公司以上收益中同時包括了股票投資、債券投資和企業併購等，並不能直接反映巴菲特股票投資的真實收益水平。羅伯特．哈格斯特朗（一九九九）對波克夏公司一九八八至一九九七年十年間年報中披露的主要股票投資情況進行了分析，結論如下*08——

一九八七至一九九六年巴菲特管理的波克夏公司主要股票投資平均年收益率為二九．四%，比同期S&P500指數平均年收益率一八．九%高出五．五%。如果巴菲特沒有將大部分資金集中在可口可樂等幾檔股票上，而是將資金平均分配在每檔股票上，那麼同等加權平均收益率將為二七．〇%，比集中投資二十九．四%的收益率要降低二．四%，使其相對於S&P500指數的優勢減少了近四四%。

如果巴菲特不進行集中投資，而採用流行的分散投資策略，持有包括五十種股票在內的多元化股票組合，假設波克夏持有的每一種股票均佔二%權重，那麼分散投資的加權收益率僅有二〇．一%，略微超過S&P500指數一．二%，基本上沒有什麼優勢。

可見，在獲勝機率最大的股票集中投入最多的資金，這是巴菲特三十九年來持續以很大的優勢戰勝市場的主要原因。（表5-2）

實證研究：集中少數股票長期戰勝市場的機率更大

羅伯特．哈格斯特朗（一九九九）對集中投資的收益率波動性進行了實證研究：

第一步，利用有關普通投資收益率的電腦統計數據庫，從中選擇出一、二〇〇家公司，分析計算每家公司一九七九至一九九六年間每年股票的投資收益率。

第二步，從一、二〇〇家公司中隨機選擇，形成一二、〇〇〇個規模不同的證券投資組合。其中包括：三、〇〇〇個包括二百五十種股票的投資組合；三、〇〇〇個包括一〇〇種股票的投資組合；三、〇〇〇個包括五十種股票的投資組合；三、〇〇〇個包括五十種股票的投資組合。

第三步，計算以上不同種類不同規模投資組合的年平均收益率，分別按十年（一九八七至一九九六年）和十八年（一九七九至一九九六）兩個時間段進行計算，

表 5-2　波克夏公司主要股票投資收益率分析（1988—1997年）

年份	股票只數	股票資產收益率	同等加權收益率	2%加權收益率	S&P500指數
1988	5	11.9%	11.0%	16.0%	16.6%
1989	5	53.1%	38.3%	32.3%	31.7%
1990	6	2.7%	−9.8%	−3.9%	−3.1%
1991	7	55.5%	52.7%	33.5%	30.4%
1992	8	24.2%	31.1%	11.4%	7.6%
1993	8	11.7%	19.5%	11.6%	10.1%
1994	10	15.3%	8.0%	2.6%	1.3%
1995	7	43.6%	43.2%	38.3%	37.6%
1996	8	37.5%	29.6%	24.0%	23.0%
1997	8	38.5%	46.1%	35.4%	33.4%
平均年收益率		29.4%	27.0%	20.1%	18.9%

數據來源：（美）羅伯特．哈格斯特朗著，江春譯：《巴菲特的投資組合》，機械工業出版社，2000年6月，第68頁

並與同期S&P500指數投資收益率進行比較。研究結果如表5-3及表5-4。

通過以上比較，可以得出一個非常重要的結論：投資組合中的股票數量越多，投資越分散，組合收益率超過指數收益率的機率越小。相反，投資組合中的股票數量越少，投資越集中，組合收益率超過指數收益率的機率越大。

簡而言之，集中投資相對於分散投資戰勝市場的機率更大。

在十年期的數據分析完全支持以上結論：

在三、〇〇〇種十五檔股票的組合中，有八〇八種組合戰勝市場；

在三、〇〇〇種五十檔股票的組合中，有五四九種組合戰勝市場；

在三、〇〇〇種一百檔股票的組合中，有

表 5-3　不同規模投資組合的10年期（1987—1996年）平均年收益率

規模	平均年收益率（%）				
	15種股票	50種股票	100種股票	250種股票	S&P500指數
平均收益率	13.75	13.87	13.86	13.91	15.23
標準差	2.78	1.54	1.11	0.65	
最低收益率	4.41	8.62	10.02	11.47	
最高收益率	26.59	19.17	18.32	16.00	

數據來源：（美）羅伯特．哈格斯特朗著，江春譯：《巴菲特的投資組合》，機械工業出版社，2000年6月，第62頁

表 5-4　不同規模投資組合的18年期（1979—1996年）平均年收益率

規模	平均年收益率（%）				
	15種股票	50種股票	100種股票	250種股票	S&P500指數
平均收益率	17.34	17.47	17.57	17.61	16.32
標準差	2.21	1.26	0.88	0.52	
最低收益率	8.77	13.56	14.71	16.04	
最高收益率	25.04	21.80	20.65	19.20	

數據來源：（美）羅伯特．哈格斯特朗著，江春譯：《巴菲特的投資組合》，機械工業出版社，2000年6月，第63頁

三三七種組合戰勝市場；

在三、〇〇〇種二百五十檔股票的組合中，有六十四種組合戰勝市場。

也就是說，組合中只選擇十五檔股票，戰勝市場的機率是四分之一；而組合中選擇二百五十檔股票，戰勝市場的機率只有五十分之一。

需要說明的是，在以上研究中並沒有考慮交易費用。如果考慮交易費用，投資越分散，交易成本越大，戰勝市場的機率更小。相反的，投資越集中，交易成本越小，戰勝市場的機率越大。

五・二・三　集中投資比分散投資風險更小

巴菲特之所以採用與現代投資組合管理理論不同的集中投資策略，是因為他對風險的定義完全不同：風險是指價值損失的可能性而不是價格的相對波動性。巴菲性在波克夏公司一九九三年年報中給股東的信裡對集中投資與分散投資的風險程度進行深入的比較分析。他向我們揭示他持續戰勝市場的秘訣：集中投資於你非常瞭解的少數優秀公司，相對分散投資於你不太瞭解的一般公司來說，風險更小。*09

「我們採取的戰略是防止我們陷入標準的分散投資教條。許多學者專家可能會發表高論說這種集中投資策略一定比更加流行的分散投資戰略的風險大。我們不同意這種觀點。我們相信，這種集中投資策略使投資者在買入股票前既要進一步提高考察公司經營狀況時的審慎程度，又要進一步提高對公司經濟特徵的滿意程度的要求標準，反而更可能降低投資風險。」

風險的正確定義是損失的可能性，而不是價格的波動性

現代資本市場理論中對風險的標準定義是股價的相對波動性，巴菲特對此定義嗤之以鼻：

「在闡明我的觀點時，我採用字典上的解釋將風險定義為『損失或損害的可能性』（the possibility of loss or injury）。然而，學究們喜歡另行定義投資『風險』，斷言它是股票或股票投資組合的相對波動性，即組合波動性與股票市場中所有股票的整體波動性的比較。利用數據庫和統計技術，這些學究們精確計算出了每檔股票的『β』值（beta）——該股票市場價格的歷史相對波動性——然後根據這些計算結果建立晦澀難懂的投資和資本配置理論。但是，在他們渴望用單一的統計來衡量風險時，他們忘記了一條基本的原則：模糊的正確勝過精確的錯誤」。

「對於公司所有者來說——這也是我們作為股票所有者的思考角度——這種對風險的學術定義遠遠偏離了實際，而且偏離得如此之遠以至於顯得非常荒謬。比如，在β理論下，一檔相對於市場暴跌的股票——比如一九七三年我們買進的華盛頓郵報——在低價位時相對於在高價位時『更有風

險』。那麼，這種判斷對那些有機會以低成本收購整個公司的人來說有什麼意義呢？」

「實際上，職業投資者喜愛市場的波動性。葛拉漢在《聰明的投資者》的第八章中對此作了解釋。在他的書裡他給我們介紹了一個非常熱心腸的傢伙『市場先生』。他整天在你面前出現，只要你願意，他就會從你那裡買入或者賣給你任何一檔股票。這個傢伙越狂躁或越抑鬱，投資者賺錢的機會就越大。之所以如此，是因為劇烈波動的市場意味著，經營穩定的公司股價常常跌到不合理的低價位。很難想像這樣的低價形成的買入機會，對於完全忽視市場或者擅長利用市場愚蠢的投資者來說，會增加他們投資的風險」。

如何衡量投資風險

「根據我們的看法，投資必須確定的真正風險是他從投資（包括他的出售所得）中得到的總的稅後收入，在整個預計的持有期內，是否可以至少給他帶來與原來相當的購買力，加上原始投資的適當利息」。

「儘管這種風險用工程般的精確性難以計算，但在某些情況下，它可以用一定程度的有效準確性來估算。與這種估算相關聯的主要因素是：（一）可以評估的企業長期經濟特性的確定性；（二）可以評估的企業管理層能力的確定性，包括他們實現公司所有潛能的能力以及明智地使用現金流的能力；（三）管理層能將回報從企業導向股東而不是管理者的確定性；（四）公司的收購價格；（五）未來稅率和通貨膨脹率，二者將決定投資者取得總體回報的實際購買力水平的下降程度。這些因素很可能會把許多分析師搞得暈頭轉向，因為他們不可能從任何一種數據庫中得到以上風險因素的評估。但是精確量化這些因素的困難既不能否定它們的重要性，也不能說明這些困難是不可克服的，正如大法官 Stewart 發現儘管根據不可能使淫穢文字的檢驗標準化，但他仍然斷言：我一看便知（I know it when I see it）。投資者同樣能夠做到這一點，通過一種不精確但行之有效的方法，而不必參考複雜的數學公式或者股票價格歷史走勢，也一樣能夠確定某個投資中的內在風險」。

「在評估風險的時候，β值的純粹主義者根本不屑於考慮公司生產什麼產品、公司的競爭對手有什麼舉動、或者這家公司使用的貸款是多少等等一切背景材料。他甚至不想知道公司的名字。他唯一重視的是公司股票價格的歷史走勢。相反，很高興我們根本不想知道公司股票價格的歷史走勢，而是盡心去尋找那些可以使我們進一步瞭解公司業務的所有訊息。」

集中投資於少數具有強大競爭力的優秀公司，投資風險更小

「就長期而言，可口可樂與吉列所面臨的風險，要比任何電腦公司或是通訊公司小得多。可口可樂佔全世界飲料銷售量的四四％，吉列則擁有六〇％的刮鬍刀市場佔有率（以銷售額計），除了稱霸口香糖的箭牌之外，我看不出還有哪家公司可以像他們一樣長期享有傲視全球的競爭力。更重要的，可口可樂與吉列近年來也確實在繼續增加他們全球市場的佔有率，品牌的巨大吸引力、產品的出眾特質與銷售通路的強大實力，使得他們擁有超強的競爭力，就像在他們的經濟城堡周圍形成了一條護城河。相比之下，一般的公司每天都在沒有任何這樣保障的情況下浴血奮戰」。

「即使對於一個非常膚淺的觀察者來說，可口可樂和吉列公司的強大競爭力也是顯而易見的。然而它們公司股票的β值卻與其他略有甚至根本沒有競爭優勢的眾多普通公司基本相似。我們可以從這種β值的相似之處得出結論說，可口可樂和吉列公司的競爭力在衡量公司風險中毫無用途嗎？或者，我們可以結論說，擁有公司一部分權益——它的部分股票——的風險從某種意義上與該公司經營中內在的長期風險毫無關係嗎？我們相信這兩種結論都是無稽之談，而且將β值與投資風險視為相同也是一句無稽之談。」

「依靠計算β值吃飯的理論家，沒有辦法識別公司真正內在風險差異，比如一家銷售寵物石頭（pet rocks）或者呼啦圈的單一產品公司，與另一家獨家銷售強手遊戲（Monoplay）或者芭比娃娃的玩具公司在風險上有什麼不同。但如果普通的投資者對消費者行為以及形成長期競爭優勢或劣勢的影響因素有相當的理解，那麼他完全可以識別這種公司內在風險的差異。顯然，每一位投資者都會犯錯誤，但是通過將自己的投資範圍限制在少數幾個易於理解的公司中，一個聰明的、有知識的、勤奮的投資者就能夠以有效且實用的精確程度判斷投資風險」。

*01 Warren Buffett: Berkshire Hathaway Annual Meeting, 1996.

*02 （美）羅伯特・哈格斯特朗著：《巴菲特的投資組合》，機械工業出版社，二〇〇〇年，第一三二頁。

*03 Warren Buffett: the Chairman's Letter to the Shareholders of Berkshire Hathaway Inc. 1996.

*04 Warren Buffett: the Chairman's Letter to the Shareholders of Berkshire Hathaway Inc. 1991.

*05 （美）羅伯特・哈格斯特朗著：《巴菲特的投資組合》，機械工業出版社，二〇〇〇年，第四七頁。

*06 （美）羅伯特・哈格斯特朗著：《巴菲特的投資組合》，機械工業出版社，二〇〇〇年，第五一—五二頁。

*07 （美）羅伯特・哈格斯特朗著：《巴菲特的投資組合》，機械工業出版社，二〇〇〇年，第五五—五六頁。

*08 （美）羅伯特・哈格斯特朗著：《巴菲特的投資組合》，機械工業出版社，二〇〇〇年，第六七—七〇頁。

*09 Warren Buffett: the Chairman's Letter to the Shareholders of Berkshire Hathaway Inc. 1993.

Chapter 5・3

集中投資的決策分析

當成功機率很高時下大賭注。

——查理・芒格

在巴菲特平均不到十檔股票的投資組合中，每檔股票的資金分配比例差別很大。有些股票，如可口可樂，投資規模非常巨大。由於大規模集中投資的股票數目很少，所以在實務中集中投資的關鍵在於獲利機率估計，否則一旦判斷失誤則很容易造成巨大的虧損。巴菲特充分認識到這一點，他堅持大規模投資的前提是尋找到了這檔股票獲利機率估計的確定性。

「我把確定性看得非常重。……只要找到確定性，那些關於風險因素的所有考慮對我就無所謂了。承受重大風險的根本原因是你事先沒有考慮好確定性。但是，以僅相當於股票內在價值的部分價格買入股票並非是冒風險。」*01

簡單地說，你具有很高贏的機率，而且別人不敢和你在相同的方向下注，這時你下大賭注才可以贏大錢。查理·芒格把集中投資比喻為「當成功機率很高時下大賭注」

我們對一檔股票有很大確定性能夠獲利時，當然要投入較大比重的資本。集中投資才能以很大優勢戰勝市場。

就像毛澤東把戰爭勝利的秘訣歸納為「集中優勢兵力打擊敵人」，巴菲特和查理·芒格把投資成功的秘訣歸納為「集中投資於成功機率最大的股票」。「人類並沒有被賦予隨時隨地感知一切、瞭解一切的天賦。但是人類如果努力去瞭解，努力去感知，通過篩選眾多的機會，就一定能找到一個錯位的賭注。而且聰明的人會在世界提供給他這一機遇時下大賭注。當成功機率很高時他們會下大賭注，而其餘的時間他們則按兵不動，事情就這麼簡單」。*02

投資成功的機率其實是對所投資企業價值評估的準確機率，而估值的準確性又取決於對企業在未來長期的持續競爭優勢進行預測的準確機率。

在長期價值投資中，我們需要對企業未來五至十年的競爭優勢進行估計，但在大多數情況下我們並沒有多少有價值的競爭優勢分析可供借鑒，我們所能做的只是從各種相關的歷史數據開始分析，然後根據自己對產業的理解和對公司業務的判斷，做出某種機率預測，這是一種非常主觀的預測，在這種主觀預測的基礎上進一步估算企業的內在價值。這也是為什麼巴菲特說：「價值評估，既是科學，又是藝術」。*03

對相關歷史數據的分析是科學，但對公司未來長期競爭優勢的預測是藝術。集中投資的原則是集中投資於少數優秀企業，在成功機率最大時下大賭注。那麼如何估計成功的機率呢？

關於集中投資時的機率計算，巴菲特採用的方法是：「用虧損的機率乘以可能虧損的數量，再用獲利機率乘以可以獲利的數量，最後用後者減去前者。」

這些機率估計與數學中學習的機率計算有很大不同。傳統的機率估計以大量的統計數據為基礎，根據大量重複性試驗中事件發生的頻率進行機率計算。但是我們投資的企業永遠面對與過去不同的競爭環境和競爭對手，競爭環境、競爭對手及競爭對手的競爭手段、甚至我們投資的企業自身都在不斷的變動之中，一切都是不確定的，一切也都是不可重複的。所以我們根本無法計算企業競爭成功的頻率分佈，也無法運用傳統的統計機率來估計其成功的機率。但為了投資成功，我們必須估計。類似的例子是足球彩票競猜。每一次曼聯隊面臨的對手可能都是不同的球隊，即使是相同的球隊其隊員和教練可能也有了許多變化，曼聯隊自身的隊員及其狀態也有許多變化，同時雙方隊員當天比賽的狀態和過去絕不會完全相同，隊員之間的配合也會和過去有很大的不同。那麼曼聯隊今天會輸還是會贏呢？不管我們有多麼龐大的歷史數據庫，也找不到與今天比賽完全相同的、完全可重複的歷史比賽數據進行機率估計。唯一的辦法只能進行主觀機率估計。

那麼，如何判斷集中投資賭博中輸贏的機率呢？以下三位投資名人的決策模式或許能給我們某些啟示——

（一）巴菲特的橋牌決策模式。

（二）查理．芒格的格柵決策模式。

（三）鄧小平的黑貓白貓決策模式。

五．三．一　巴菲特投資決策的橋牌方法

價值估計不準確，在確定買入價格時的安全邊際也不準確，投資獲利的機率就會大大降低。在機率較低的情況下進行集中投資可能會給投資人帶來很大的虧損。

巴菲特非常重視機率估計的確定性。「我把確定性看得非常重。……只要找到確定性，那些關於風險因素的所有考慮就無關大局了。你之所以會冒重大風險，是因為你沒有考慮好確定性。」＊04

Gruntal & Co 經紀公司的馬歇爾．溫伯格對巴菲特重視機率估計確定性的程度深有感觸。他回憶起與巴菲特兩次一起吃午飯的情景：有一次他們倆在曼哈頓的一家餐館吃午飯，巴菲特感覺火腿加乳酪的三明治味道很好，額外又吃了一個。幾天後，他和巴菲特又要一起出去吃午飯。巴菲特說：「我們還去那家餐館吧」。溫伯格說：「但是我們前幾天剛剛到那兒吃過一次」。巴菲特說：「是

啊。所以我們為什麼還要冒險去別的地方？還是去那家吧。在那兒我們肯定能吃到我們想吃的東西！」。這件事讓溫伯格認識到巴菲特在生活中運用的是與在投資中相同的「確定性」原則：「這也是巴菲特尋找股票的方式，他只投資於那些獲利機率絕不會讓他失望的企業」。＊05

從某種程度而言，巴菲特判斷股票投資輸贏機率的高超技巧來自於他最大的愛好打橋牌。他一星期大約打十二小時的橋牌。他經常說：「如果一個監獄的房間裡有三個會打橋牌的人的話，我不介意永遠做牢。」他的牌友霍蘭評價巴菲特的牌技非常出色：「如果巴菲特有足夠的時間打橋牌的話，他將會成為全美國最優秀的橋牌選手之一。」

巴菲特認為打橋牌與股票投資的策略有很多相似之處：「打牌方法與投資策略是很相似的，因為你要盡可能多地收集訊息，接下來，隨著事態的發展在原來訊息的基礎上不斷添加新的訊息。不論什麼事情，只要根據當時你所有的訊息，你認為自己有可能成功的機會，就去做它。但是，當你獲得新的訊息後，你應該隨時調整行為方式或做事方法。」

從巴菲特打橋牌的風格，人們不難瞭解他的股票投資策略。也許在偉大的橋牌選手與偉大的證券分析師之間，都具有非常敏銳的直覺和判斷能力，他們都是在計算著勝算的機率。他們基於一些無形的、難以捉摸的因素做出決策。巴菲特談到橋牌時說：「這是鍛煉大腦的最好方式。因為每隔十分鐘，你就得重新審視一下局勢。……在股票市場上決策不是基於市場上的局勢，而是基於你認為理性的事情上。……橋牌就好像是在權衡贏得或損失的機率。你每時每刻都在做著這種計算。」

五・三・二　查理・芒格投資決策的格柵理論

一九九四年四月查理・芒格在南加利福尼亞學校的馬歇爾學院進行演講。查理・芒格的演講主題是「選股是處世藝術的一個分支」。他教導學生們要努力學習，掌握更多股票市場、金融學、經濟學的知識。但同時要學會不讓這些不同方面的知識孤立起來，而要把它們看成包含了心理學，工程學、數學、物理學等人類知識寶庫的一部分。用這樣寬廣的視角就會發現，每一學科之間都相互交叉，並因此各自得以加強。一個喜歡思考的人能夠從每個學科總結出其獨特的思維模式，並會將其聯想結合，從而達到融會貫通。那些養成這樣思考習慣的人在為人處世方面非常成功，不具備這樣堅實心理素質的人在股市上或其他方面的成功只能是一時的運氣。

查理・芒格為了讓他的觀點更容易被學生們接受，他用了一個生動形象的比喻來說明不同學科的不同思維方式是如何相互作用的：格柵模型。查理・芒格說：「你的頭腦中已經有了許多思維方式，你得按自己直接和間接的經驗將其安置在格柵模型中。」*06

一九九六年查理・芒格在史丹佛大學的演講中再次講述了他的格柵理論。他提出的基本論點是：真正的、永遠的成功屬於那些首先努力建立思維模式格柵，然後學會以善於聯繫、多學科並用的方式思考的人們。他提醒人們這樣做是要下功夫學習的，特別是對於那些受到長期專業化教育而只能用單一模式進行思考的人們。但是一旦這些思維模式格柵深植於你的大腦中，你就擁有解決任何問題的百寶囊。「你就能夠掌握解決整個問題的方法。你所需要做的只是理解它，養成正確的思考習慣。」

巴菲特的長期合作夥伴查理．芒格精闢地總結：「人們應該在即將發生的事情上下注，而不是在應該發生的事情上下注」。「你需要去努力尋找價格錯位的賭注。用多種原則去衡量，如果你處於有利地位，就表示它已經是一流的股票。」

查理．芒格告訴我們，將不同學科的思維模式聯繫起來建立起融會貫通的格柵，是投資成功的最佳決策模式。用不同學科的思維模式思考同一個投資問題，如果能得出相同的結論，這樣的投資決策更正確。懂得越多，理解越深，投資者就越聰明智慧。

查理．芒格在漫長的投資生涯中，總結了各種各樣簡單且普遍性原理。這也是他投資思維格柵的重要組成部分：

「第一個普遍性原理，是指通常意義上最好先決定那些最不費腦筋的事情使問題簡單化」。

「第二個普遍性原理則：模仿伽利略的結論，他認為，任何符合科學規律的事實，經常只能通過數學來揭示，這就好像在說數學是上帝的語言一樣。伽利略的這種看法在當今紛繁複雜的現實生活中仍然很有效。如果大多數人的生活沒有對數學的應用，他就像是在『踢屁股』遊戲中的一個獨腿人一樣」。

「第三個普遍性原理，是指思考問題僅僅想到將來是不夠的。你必須同時運用逆向思維。否則，你就像那些只想知道自己將來會死在哪裡，就堅決不去那個地方的傻瓜了。事實上，很多問題不能僅以未來作為標準來加以解決。這恰恰應驗了偉大的數學家卡爾・雅各布經常說的一句話：運用逆向思維，要經常反向思考問題。這便是為什麼古希臘哲學家畢達哥拉斯運用反證法來證明2的平方根是無理數的原因了」。

「第四個普遍性原則，是指最好而又最實用的智慧，就是大學裡講授的那些最基本的理論。但是，一個相當重要的條件：你必須以多學科的方式思考。你必須運用在大學中新生所學習的各學科基礎課程中簡單的概念。當你掌握了這些基本的概念，你想要解決的問題就不會受到限制。因為大學以及許多商業性機構劃分成界限分明的不同學科和不同部門而有其局限性。取而代之的是應該如富蘭克林所說的：『如果你希望完成它，就行動吧。如果這不是被迫的話』，你要使用多學科的思維方法」。

「第五個普遍性原理，是指往往只有許多種因素的組合才能產生巨大的效應。打個比方，治療結核病的藥方正是將三種不同的藥物按比例混合而成，儘管這三種藥物早已存在，但將它們組合在一起治療結核病的藥方卻過了很長一段時間才被發現。還有其他一些由多種因素組合而產生巨大效應的例子，比如飛機的起飛也遵循著同樣的模式」。*07

五・三・三 黑貓白貓理論

回顧中國改革的成功，我們不得不佩服鄧小平的黑貓白貓理論。其實查理・芒格的格柵理論提倡運用多種模式進行分析決策，通俗來說，也是不管黑貓白貓，賺到錢就是好貓。

最近看了一本書《溫情馬俊仁》，書中馬俊仁所談解決運動員訓練問題的「劈木頭理論」非常精彩：「要一心想著解決問題，要把你學到的理論、學到的經驗，土的洋的中國的外國的，全往你要解決的問題上歸堆兒。千萬別把遇到的問題硬往你學到的理論上歸堆兒。你有可能只學了一種理論，有一種經驗，歸上去也不一定解決問題。」這一說法核心是鄧小平黑貓白貓理論在長跑訓練中的活學活用，與查理・芒格的格柵理論提倡的運用多種模式進行分析決策如出一轍，摘錄如下：

馬俊仁的話剛有所停頓，作者立刻提問：老馬，我現在非常關心馬俊仁運動訓練學。如果我是年輕的田徑教練，訓練中長跑的，你要對我講訓練學，一上來最大的出發點是什麼？

馬俊仁看著我：出發點？

作者說：就是馬俊仁運動學開門見山第一句話是什麼？第一個要點是什麼？怎麼就能學到馬俊仁的那套訓練學？為了讓我們年輕教練不繞圈不走彎路，你一開口就直截了當講。

馬俊仁站起身在屋裡走了幾個來回：馬俊仁運動學第一要領？

窗外傳來響聲，馬俊仁拉門一看，有人正在院子裡劈木頭。

他抬手一指：我要講的第一個要點，就是劈木頭理論。

馬俊仁領我們幾人出門來到院子裡。

一個小伙子正用斧子要將幾根胳膊粗細二尺來長的木頭豎著劈成條。

馬俊仁說：你們文人會不會劈木頭？你們誰拿起斧子試試，劈完了我講。

一位朋友上去一手扶著木頭在地上立住，另一手掂了掂斧頭試了試朝木頭劈去。畢竟沒多幹過，準頭兒差些，最後劈來劈去總算是劈著了，再接連幾下，從上到下劈開。馬俊仁擺擺手：你們文人幹這還真不行。他上去左手扶住木頭，右手掂了掂斧子，稍稍試了一下，掄起來第一下就將木頭劈開了。我們為了給他鼓興頭，頗讚道了一番。

馬俊仁撂下斧頭回到屋裡，說：劈木頭應該怎麼劈？

作者沒有接話，等待馬俊仁自問自答。

馬俊仁說：劈木頭，首先就是眼睛要盯準了木頭那個小截面，也就是你要落斧頭的地方，再一個，你心裡肯定要想著斧頭的斧刃。說著，他比畫著一手扶木頭一手舉斧子的樣子，你要想的是斧刃直接落在木頭上，別想別的，一下就劈準了。可是你要想得多了，什麼從腰部發力，再到肩膀，肩膀又連著大臂，大臂又連著小臂，小臂下邊又有手腕，一直到五指握住斧把兒，再從斧把兒到斧頭，從斧頭到斧刃，你要把這個都想一遍，然後再計算計算這斧刃到得了到不了木頭，肯定就劈不準了。

作者笑了：這個比喻不錯。

馬俊仁說：理論要學，別人的方法要看要學，別人的說法要聽要學，可是真正到了你要劈木頭訓練運動員了，就是一個目的，木頭落斧頭的地方，那是受力處，再一個，就是你的斧刃，這是你的直接用力處，就這樣直截了當。千萬別搞繁瑣哲學，要不就成傻子了。

作者說：這是馬俊仁風格的訓練學第一要領，就是突出問題，以解決問題為宗旨。

……問題就像病人生病，疑難病不好治，就要會診，就要中西醫一塊兒上，就要洋方子土方子正方子偏方子全用。就像我得風濕性心臟病，連烙火炕拔火罐都用上了。解決問題，把天南海北的理論方法往問題上歸，用得上哪個就是哪個。換句話說，就是不論白貓黑貓抓住老鼠就是好貓。要黑貓白貓洋貓土貓養起來都奔老鼠去。千萬別繁瑣哲學，弄個白貓理論在手裡玩半天，或者弄個黑貓理論在手裡玩半天，見到老鼠撲不上去。

作者注意到馬俊仁不止一次反對繁瑣哲學。

……作者說：你剛才講的劈木頭理論，概括起來四點。第一是突出問題；第二是集中力量尋求解決問題的方法；第三是為尋找解決問題的方法，將所有的理論和經驗往一處歸；第四，不管什麼方法，只要能解決問題就是好方法。

＊01 「Buffett Talks Strategy with Students」, Omaha World-Herald, Jan 2, 1994.

＊02 （美）羅伯特．哈格斯特朗著：《巴菲特的投資組合》，機械工業出版社，二〇〇〇年，第一五七頁。

＊03 Warren Buffett: the Letter to the Partners of the Buffett Partnership, 1966.

＊04 「Buffett Talks Strategy with Students」, Omaha World-Herald, Jan 2, 1994.

＊05 Fromson,Brett Duval：Are these the new Warren Buffetts？Fortune, September 22,1989.

＊06 （美）Hagstorm. R. G. 編著：《從牛頓，達爾文到巴菲特：投資的格柵理論》，機械工業出版社，二〇〇二年一月，第四頁。

＊07 （美）安迪．基爾帕特裡克著：《投資聖經——巴菲特的真實故事》，民主與建設出版社，二〇〇三年，第三六三—三六四頁。

Chapter 6

持股原則
——長期持有

當我們持有傑出經理人管理的優秀企業股票時，我們最喜歡的持有期限是：永遠。許多投資人在公司表現良好時急著賣出股票以兌現獲利，卻緊緊抱著那些業績令人失望的公司股票不放手，我們的做法與他們恰恰相反。彼得·林區曾恰如其分地形容這種行為是「剷除鮮花卻澆灌野草」。

——巴菲特

現代投資組合理論根據一檔股票價格波動衡量風險收益，並以此為依據決定繼續持有還是賣出，以保證整個投資組合的合理風險程度和預期收益率。許多共同基金以電腦程序自動管理投資組合，根據程序運算結果自動決定賣出還是持有，因此大多數基金一直有很高的周轉率。

巴菲特則是採用完全不同的投資組合管理方式，他願意永久持有那些優秀企業的股票。他是以永久婚姻的態度來持股。「投資的一切在於，在適當的時機挑選好的股票之後，只要它們的情況良好就一直持有」*01「我們認為，放棄一家既能夠理解又能持續保持卓越企業的持股是一件大蠢事。對這種優秀企業的持股非常難以替代。」*02

巴菲特之所以強調長期持有，除了如市場原則分析一文指出的市場長期來說是稱重機，只有經過較長的時期股票價格才逐步向價值回歸的原因之外，還包括以下兩個原因：長期持有通過複利的巨大作用將使投資收益率的微小差異形成最終巨大的財富積累差異，並且，由於資本利得稅繳納時間大大延遲而使稅後收益最大化；長期持有將導致交易次數大大減少而使交易成本大大降低。

但並不是所有的股票都要長期持有，事實上只有極少的股票值得長期持有。巴菲特決定是否長期持有的唯一標準是公司價值增值能力，他在波克夏一九八七年年報中指出：「我們願意無限期地持股，只要我們預期這家公司的內在價值能以令人滿意的速度增加」。

＊01 （美）珍妮特・洛爾著：《巴菲特如是說》，海南出版社，一九九八年，第一三二頁。

＊02 Warren Buffett：the Chairman's Letter to the Shareholders of Berkshire Hathaway Inc.1993.

表 6-1 巴菲特1977~2003年長期投資3年以上的股票一覽表

公司	持有年限	持股數（股）	成本/百萬美元	市值/百萬美元	投資收益率
The Washington Post Company	30	1,727,765	11.000	1,367.000	12,327.27%
The Walt Disney Company	21	51,202,242	281.000	1,536.000	446.62%
GEICO Corp.	19	34,250,000	45.700	2,393.200	5,136.76%
The Coca Cola Company	16	200,000,000	1,299.000	10,150.000	681.37%
Wells Fargo & Company	14	56,448,380	463.000	3,324.000	617.93%
The Gillette Company	13	96,000,000	600.000	3,526.000	487.67%
Freddie Mac	12	59,559,300	294.000	2,803.000	853.40%
American Express Company	10	151,610,700	1,470.000	7,312.000	397.41%
Handy & Harman	8	2,379,200	27.318	46.989	72.01%
Interpublic Group of Companies, Inc.	8	818,872	2.570	28.149	995.29%
Ogilvy & Mather International	7	250,400	2.580	12.833	397.40%
Affiliated Publications, Inc.	7	1,036,461	3.516	55.710	1,484.47%
General Foods Corporation	6	4,047,191	149.870	226.137	50.89%
Media General	5	197,200	3.191	11.191	250.71%
R. J. Reynolds Industries, Inc.	4	5,618,661	268.918	314.334	16.89%
Time, Inc.	4	847,788	20.385	52.669	158.37%
SAFECO Corporation	4	785,225	21.329	31.016	45.42%
Kaiser Aluminum & Chemical Corp.	4	1,211,834	20.629	27.569	33.64%
Guinness PLC	3	38,335,000	333.019	270.822	-18.68%
H&R Block, Inc	3	14,610,900	227.000	809.000	256.39%
Moody's Corporation	3	24,000,000	499.000	1,453.000	191.18%
合計	201	744,937,119	6,043.025	35,750.619	24,882.41%
年平均	9.57	35,473,196	287.763	1,702.410	1,184.88%

資料來源：波克夏公司2003年年報

Chapter 6・1

長期v.s短期持有稅後複利收益比較

如果你不願意擁有一檔股票十年，那就不要考慮擁有它十分鐘。

——巴菲特

對於投資者來說，一時的暴利並不代表他在長期（數年甚至數十年）內的獲利，經常的微利卻可以轉化成長期內的巨大獲利。決定長期獲利的因素中，再沒有比複利更重要的因素了。

愛因斯坦說：「人們所知道的最大奇蹟是什麼？是複利。」「複利是世界第八大奇蹟。」

富蘭克林說：「……複利這塊神奇的石頭能夠把鉛變成金子的……，記住，金錢是會增值的，錢能生錢，錢能生更多的錢。」

巴菲特的長期合作夥伴查理感歎到：「如果既能理解複利的威力，又能理解獲得複利的艱難，就等於抓住了理解許多事情的精髓」。

一九六二年在巴菲特合夥公司的年報中，巴菲特推算了一四九二年西班牙女王如果不支持哥倫布航海而將三萬美元以複利進行投資的話，一七〇年後到一九六二年收益將高達二萬億美元，這個結果讓我們對複利的力量大吃一驚。

投資具有長期持續競爭優勢的卓越企業，投資者所需要做的只是長期持有，耐心等待股價隨著公司成長而上漲。具有持續競爭優勢的企業具有超額價值創造能力，其內在價值將持續穩定地增加，相應其股價也將逐步上升。在長期投資中，沒有任何因素比時間更具有影響力。隨著時間的延續，複利的力量將發揮巨大的作用，為投資者實現巨額的稅後收益。

複利的力量取決於兩個因素：時間的長短和回報率的高低。兩個因素的不同使複利帶來的價值增值也有很大不同：（一）時間的長短將對最終的價值數量產生巨大的影響，時間越長，複利產生的價值增值越多。（二）回報率對最終的價值數量有巨大的槓桿作用，回報率的微小差異將使長期價值產生巨大的差異。以六％年回報率計算，最初的一美元經過三十年後將增值為五．七四美元。以一〇％年回報率計算，最初的一美元經過同樣的三十年後將增值為一七．四五美元。四％的微小回報率差異，卻使最終價值差異高達三倍。

巴菲特則對一〇％與二〇％的複利收益率造成的巨大收益差別進行了分析：「一、〇〇〇美元的投資，收益率為一〇％，四十五年後將增值到七二、八〇〇美元，而同樣的一、〇〇〇美元在收益率為二〇％時經過同樣的四十五年將增值到三、六七五、二五二美元。上述兩個數字的差別讓我感到非常驚奇，這麼巨大的差別，足以激起任何一個人的好奇心。」

請注意，自從巴菲特一九六五年開始管理波克夏公司至今，三十九年來波克夏複利淨資產收益率為二二%。也就是說巴菲特把每一萬美元都增值到了二、五九三・八五萬美元。

一九九四年十月十日巴菲特在內布拉斯加大學的演講中對複利作了一個有趣的比喻：「複利有點像從山上往下滾雪球。最開始時雪球很小，但是往下滾的時間足夠長（從我買入第一檔股票至今，我的山坡有五十三年時間之久），而且雪球粘得適當緊，最後雪球會很大很大」。

長期持有具有持續競爭優勢的企業股票，將給價值投資者帶來巨大的財富。其關鍵在於投資者未兌現的企業股票收益通過複利產生了巨大的長期增值，同時由於其未兌現收益而推遲繳納的資本利得稅產生了巨大的節稅效益。

長期持有與短期持有的稅後收益比較

巴菲特在一封寫給合夥人的信中說：「手段與目的絕不能混淆，目的只能是稅後的複利收益率最大化」。[*01]

巴菲特多次強調投資的長期目標是稅後複利收益最大化：「我們只是持續不斷地從不同的投資方式中尋找用數學期望值計算稅後收益最大的方式，且僅限於我們自認為瞭解的投資方式，我們的標準不是追求短期的帳面獲利最大化，我們的目標是追求長期的淨資產值最大化」。[*02]

巴菲特之所以採取長期持有的一個重要原因，是為了盡可能減少繳納資本利得稅，使稅後長期收益最大化。幾乎所有的投資者都要繳納資本利得稅（Capital gains taxes）。但資本利得稅只有在你出售股票並且賣出的價格超過你買入的價格時才需要繳納。因此是否繳納資本利得稅對於投資者來說是可以選擇的。投資者既可以選擇賣出股票並對獲得利潤部分繳納資本利得稅，也可以選擇不賣出股票而不繳稅。由於存在資本稅收，所以投資者在投資中需要將稅收考慮在成本之內，追求稅後收益的最大化。

六・一・一　遞延稅對長期持有與短期持有的不同影響

巴菲特在波克夏一九八九年年報中對長期投資由於遞延稅收而產生的巨大收益進行了詳細解釋：

「大家可以從資產負債表上看到，如果年底我們一口氣將所有的有價證券按市價全部出售，那麼我們需要支付的資本利得稅將高達十一億美元，但這十一億的負債真的就跟年末後十五天內要付給廠商的貨款完全相同或類似嗎？很顯然並非如此，儘管這兩個項目對經審計的資產淨值的影響是相同的，都使其減少了十一億美元。」

「另一方面，由於我們很大程度上根本沒有拋售股票的打算，政府就沒有辦法徵收所得稅，那麼遞延所得稅的負債項目是不是毫無意義的會計虛構呢？很顯然答案也不是。」

「用經濟術語來講，這種資本利得稅負債就好像是美國財政部借給我們的無息貸款，而且到期日由我們自己來選擇（當然除非國會更改為在實現之前就徵稅），這種「貸款」還有另外一些很奇怪的特點：它只能被用來購買個別股價不斷上漲的股票，而且貸款規模會隨著市場價格的每天波動而上下波動，有時也會因為稅率變動而變動，事實上這種遞延所得稅負債有些類似於一筆非常龐大的資產轉讓稅，只有在我們選擇從一種資產轉向另一種資產時才需要繳納。實際上我們在一九八九年出售了一小部分持股，二·二四億美元的利潤需要繳納七、六〇〇萬美元的『轉讓』稅。」

「由於稅法運作的方式，我們偏愛 Rip Van Winkle 昏睡百年式的投資風格，如果成功的話，在數學上相對於更加瘋狂的短線交易來說具有很大的優勢。讓我們來看一個很極端的例子。讓我們想像一下，波克夏只有一美元可用來進行證券投資，但它每年卻有一倍的收益，然後我們在每年年底賣出。進一步想像在隨後的十九年內我們運用稅後收益重複進行投資。由於每次出售股票時我們都需要繳納三四%的資本利得稅，那麼在二十年後，我們總共要繳納給政府一三、〇〇〇美元，而我們自己還可以賺到二五、二五〇美元，看起來還不錯。然而要是我們進行了一項夢幻投資，在二十年內翻了二十倍，我們投入的一美元將會增至一、〇四八、五七六美元。當我們將投資變現時，根據三四%的稅率繳納約三五六、五〇〇美元的資本利得稅之後，還能賺到六九二、〇〇〇美元。之所以會有如此大的投資結果差異，唯一的原因就是納稅的時機不同。有意思的是政府第二種情形下得到的稅收與第一種情形下相比約為二七比一，與我們在兩種情形下的利潤比例完全相同，當然政府必須花費更多的時間等待這筆稅金。」

六・一・二　相同稅率、不同周轉率下的投資稅後收益比較

為了說明稅後收益最大化的重要性，我們對不同年投資收益率的稅前和稅後回報進行比較——假設每年投資收益率分別是一〇%和一五%，持有期限從一年到二十年。參考有關資本稅收政策，假定投資者綜合的長期資本利得稅率為三三%。股票周轉率分別為〇%、五%、一〇%、三〇%、六〇%、八五%、一〇〇%：

- 〇%的周轉率：投資者從不賣出股票，因此不需要繳稅，稅前與稅後收益是相同的。
- 五%的周轉率：投資者每年賣出佔總投資額五%的股票，並將稅後收益重新投資於其他股票。五%的周轉率意味著平均持有期限為二十年，只有很少的基金經理能夠保持如此低的周轉率。只有那些完全複製S&P500指數的指數基金才能做到。

- 一○%的周轉率：投資者每年賣出佔總投資額一○%的股票，並將稅後收益重新投資於其他股票。一○%的周轉率意味著平均持有期限為十年。
- 三○%的周轉率：投資者每年賣出佔總投資額三○%的股票，並將稅後收益重新投資於其他股票。三○%的周轉率意味著平均持有期限為三．三年。
- 五○%的周轉率：投資者每年賣出佔總投資額五○%的股票，並將稅後收益重新投資於其他股票。五○%的周轉率意味著平均持有期限為二年。
- 八五%的周轉率：投資者每年賣出佔總投資額八五%的股票，並將稅後收益重新投資於其他股票。八五%的周轉率意味著平均持有期限為一年二個月。根據晨星（Morningstar）的統計，基金公司管理的共同基金每年周轉率平均為八五%。
- 一○○%的周轉率：投資者每年賣出佔總投資額一○○%的股票，並將稅後收益重新投資於其他股票。一○○%的周轉率意味

表 6-2　不同周轉率股票投資20年的總投資收益率比較

周轉率	投資成本/萬美元	總市值稅後/萬美元	稅後投資收益率(%)	稅後投資收益倍數
0%	100	3,833.76	3,733.76	37.34
5%	100	3,068.79	2,968.79	29.69
10%	100	2,577.57	2,477.57	24.78
30%	100	1,737.68	1,637.68	16.38
50%	100	1,464.03	1,364.03	13.64
85%	100	1,277.77	1,177.77	11.78
100%	100	1,236.69	1,136.69	11.37

著平均持有期限為一年。

表6-2計算結果表明，不同的周轉率下，投資者賣出股票的繳稅金額不同，這將對投資者長期的稅後財富積累有巨大的影響。周轉率越低，投資者繳稅越少，他能夠利用推遲繳稅的資金進行再投資並增加新的財富。對於任何投資者來說，在一定的投資收益率下，周轉率越低，最終的稅後財富積累越多。

＊01　（美）蒂默西·韋克著：《巴菲特怎樣選擇成長股》，中國財政經濟出版社，二〇〇二年，第三九頁。

＊02　Warren Buffett: the Chairman's Letter to the Shareholders of Berkshire Hathaway Inc. 1987.

Chapter 6・2

長期v.s短期持有交易成本比較

我最喜歡持有一檔股票的時間期限是：永遠。

——巴菲特

對於長期持有來說，交易次數少使佣金等交易成本在投資總額中所佔的比重很少。而短期持有頻繁買進賣出，佣金等交易成本累積起來將在投資總額中佔較大的比重，從而會減少投資收益。投資者交易次數越多，他所需要支付的佣金也就越多。如果投資者想獲得超過市場平均水平的超額收益，每筆投資的收益都應當比市場平均水平還要高出幾個百分點，以彌補交易成本。

比如，你想超過市場平均收益率八%，而預期市場平均收益率為一〇%，同時，由於每筆投資的佣金和交易費用平均佔交易金額的二%以上。那麼你每筆投資收益率要達到二〇%以上。

查理斯・艾里士(Charles D. Ellis) 的研究證明了股市中的一個規律：交易次數越頻繁，投資收益越少。他提出了以下一個簡單的公式 *公式二 以說明周轉率（交易頻率）對投資收益率的影響。

該公式表明，資金周轉率超過二〇〇%的投資者，除非其每筆交易都高出市場平均收益率幾個百分點以上，否則他不可能達到股市平均收益水平。

一九九八年加州大學戴維斯分校的教授 Terrance Odean 和 Brad Barber 的研究進一步證明了頻繁交易將導致投資收益率水平的大幅降低。他們分析了一九九〇至一九九六年六年內的七八、〇〇〇個家庭的股票交易記錄。這些家庭平均的年收益率達到了一七・七%，稍稍高出市場一七・一%平均收益率水平。然而扣除佣金後，淨投資收益率水平為一五・六%，比市場平均水平低一・五%。他們對每年家庭不同投資組合周轉率下淨收益率進行了比較，發現隨著交易次數的增加，收益率將會進一步降低。交易最頻繁的二〇%家庭的年淨收益只有一〇・〇%，而交易次數最少的家庭年平均收益率則高達一八・五%。如果以複利計算，經過十年、二十年後，這種收益率的微小差別將對投資者的財富造成巨大的差

＊ 公式二

$$\text{投資需要達到的收益率水平} = \frac{(\text{周轉率} \times 2X) + Y + (Z \times \text{市場平均收益率水平})}{\text{市場平均收益率水平}}$$

其中：
X＝包含買賣價差在內的佣金成本平均值
Y＝基金管理與託管費
Z＝基金經理人希望達到的收益率水平

別。他們的研究結論是：過度自信會導致過度交易。投資組合併不能解釋投資收益率的差異，只有頻繁交易造成的交易成本增加能夠合理解釋這些家庭差異很大的投資收益率水平。

巴菲特在波克夏一九八三年年報中詳細地討論了股票頻繁交易帶來的巨額交易成本以及股東財富的驚人損失：

「股票市場的諷刺之一是強調交易的活躍性（activity）。使用「交易性」（marketability）和「流動性」（liquidity）這種名詞的經紀商對那些成交量很大的公司讚不絕口（這些不能填滿你口袋的經紀商很有信心能夠填滿你的耳朵）。但是投資者必須明白，對在賭桌旁負責兌付籌碼的人來說的好事，對客戶來說未必是好事。一個過度活躍的股票市場其實是企業的竊賊。」

「例如，請你考慮一家淨資產收益率是十二％的典型公司。假定，其股票換手率每年高達一〇〇％，每次買入和賣出的手續費為一％（對於低價股來說手續費要高得多），股票以帳面價值買賣一次股票，那麼我們所假設的這家公司股東們總體上要支付公司當年資產淨值的二％作為股票交易的成本。這種股票交易活動對企業的獲利毫無意義，而且對股東來說意味著公司獲利的六分之一通過交易的「摩擦」成本消耗掉了。（而且這個計算還未包括期權交易，它會使摩擦成本更大。）」

「所有這些交易形成了一場代價相當昂貴的大風吹搶椅子遊戲。如果一家政府機構要對公司或者投資者獲利徵收一六．六六％的新增稅收，你能想像這會導致公司和投資者瘋狂般的痛苦反應嗎？通過市場過度活躍的交易行為，投資者付出的交易成本相當於他們自己對自己徵收了這種重稅。」

「市場日成交量一億股的（如果把場外交易也算在內，那麼這種成交量在今天已經是非常低了）交易日對股東來說不是福音，而是詛咒，因為這意味著，相對於日成交量五、〇〇〇萬股的交易日，股東們為變換座椅要支付兩倍的手續費。如果日成交量一億股的狀況持續一年，而且每次買進賣出的平均成本是每股十五美分，那麼對於投資者來說，座椅變換稅總計約七十五億美元，大致相當於財富五〇〇強中最大的四家公司埃克森石油公司（Exxon）、通用汽車公司（General Motors）、美孚石油公司（Mobile）和德士古石油公司（Taxaco）一九八二年的利潤總和。」

「一九八二年底，這些公司總計有七五〇億美元的淨資產，而且它們的淨資產和淨利潤佔整個財富五〇〇強的十二%以上。在我們前面的假設情況中，投資者僅僅是為了滿足他們對「突然改變財務立場」的愛好，每年總計要從這些驚人的資產總值中消耗掉這些資產創造的全部利潤。而且，每年為座椅變換的投資建議支付的資產管理費用總計為二十億美元，相當於投資者前五大銀行集團—花旗銀行（Citicorp）、美洲銀行（Bank America）、大通．曼哈頓銀行（Chase Manhattan）、漢華銀行（Manufacturers Hanover）和摩根銀行（J.P.Morgan）的全部利潤。這些昂貴的過度行為可以決定誰能吃到餡餅，但它們不能做大餡餅。」

「我們當然知道所謂做大蛋糕的觀點，這種觀點認為交易活動可以提高資產配置過程中的理性。我們認為這個觀點貌似正確其實則不然，總體而言，過分活躍的股票市場無形中損害了理性的資產配置，而且使餡餅收縮變小了。亞當・斯密(Adam Smith)曾認為，在一個自由市場中的所有並非共同協調的行動，會被一隻無形的手，引導經濟取得最大的成長；我們的觀點是，賭場式的市場以及一觸即發的投資管理人員，就像一隻看不見的腳，絆倒並減緩了經濟成長的步伐。」

Chapter 6・3

長期持有的投資決策分析

除了公司價值增值能力以外，其他因素如宏觀經濟、利率、分析師評級等等，都無關緊要。

——巴菲特

在投資界，沒有人比巴菲特更以長期投資而聞名，也沒有人比巴菲特更喜歡長期持有自己喜歡的企業股票。

「我最喜歡持有一檔股票的時間是：永遠」。＊01

「我們喜歡購買企業。我們不喜歡出售，我們希望與企業終生相伴」。＊02

「考慮到我們龐大的資金規模，我和查理還沒有聰明到以頻繁買賣取得非凡投資業績的程度。我們也並不認為其他人能夠像蜜蜂一樣從一朵小花飛到另一朵小花取得長期的投資成功。這種把頻繁交易的機構稱為投資者，就如同把經常體驗一夜情的人稱為浪漫主義者一樣荒謬」。＊03

「我們長期持有的行為表明了我們的觀點：

股票市場的作用是一個重新配置資源的中心，資金通過這個中心從頻繁交易的投資者流向耐心持有的長期投資者」。*04

巴菲特並不是將所有買入的股票都長期持有，事實上他認為只有極少的股票值得長期持有。巴菲特曾經買入數十檔股票，其中大部分持有期限長達數年，也有一些股票持有時間較短，但只有可口可樂、GEICO、華盛頓郵報、吉列等少數幾檔股票自買入後一直持有長達十多年甚至二十多年。

只有很少的公司能夠使巴菲特非常確信值得長期投資，而一旦他能夠以合理的價格買入傑出經理人管理的優秀企業的股票時，他最喜歡的持有期限是永遠。

「投資股票很簡單。你所需要做的，就是以低於其內在價值的價格買入一家大企業的股票，同時確信這家企業擁有最正直和最能幹的管理層。然後，你永遠持有這些股票就可以了」。*05

在決定是否長期持有的問題上，大多數人採用股價上漲或下跌的幅度作為判斷持有或賣出股票的標準。而巴菲特並非如此，他關注的唯一標準是公司的長期價值增值能力。

「對於那些投資數額較大的股票，其中大多數我們都持有了很多年份。我們的投資決策取決於企業在那一時期的經營績效，而不是那個時期的市場價格。在能夠擁有整個公司的時候，過度關注短期收益就是極其愚蠢的。同樣，我們認為，在買入一家公司的一小部分權益（如可流通的普通股)的時候，卻被短期投資的預期收益所迷惑，也是不明智的」。*06

「每當查理和我為波克夏下屬的保險公司購買普通股的時候，我們像在購買一家私營公司那樣著手整個交易。我們考察企業的經營前景，負責運作公司的管理層，以及我們必須支付的價格。我們根本不考慮在什麼時候或以什麼價格出售。實際上，我們願意無限期地持股，只要我們預期這家公司的內在價值能以令人滿意的速度增加」。*07

作為投資者，目標應當僅僅是以理性的價格買入容易理解其業務的公司的部分股權，而且你可以確定在從現在開始的五年、十年、二十年內，這家公司的收益實際上肯定可以大幅度成長。在相當長的時間裡，你會發現只有少數幾家公司符合這些標準，所以一旦你看到一家符合以上標準的公司，你就應當買進相當數量的股票。你還必須忍受那些使你偏離以上投資原則的誘惑：如果你不願意擁有一檔股票十年，那就不要考慮擁有它十分鐘。把那些總體獲利會在未來幾年中不斷成長的公司股票聚集成一個投資組合，那麼，這個組合的市場價值也將會不斷增加。*08

「最近十年，實在很難找得到同時符合價格與價值並質與量符合標準的投資目標。儘管我們發現什麼事都不做才是最困難的一件事，我們還是盡量避免降格以求。（有一位英國政治家將該國十九世紀的偉大成功歸功於無為而治的政策，這種戰略對於歷史學家可以輕易地進行評論，但對當事人卻很難做到。）」*09

「查理跟我現在對於股票退避三舍的態度，並非與生俱來。我們熱愛擁有股票，如果可以以具有吸引力的價格買入的話。在我六十一年的投資生涯中，其中約有五十年都有這樣的機會出現。今後也一定會有很多類似的好年份。但是，除非我們發現至少可以獲得一〇％的稅前收益率（卻繳納企業所得稅後六．五％至七％的收益率）的機率非常高時，否則我們寧可閒坐在一邊觀望。短期資金不到一％的稅後收益率當然不會給閒坐一邊的我們帶來什麼快樂。但是一時間的成功投資卻要求長時間的耐心。」*10

巴菲特衡量公司價值增值能力的方法是什麼呢？他認為最佳方式是透明獲利（「Look-Through」Earnings）：*11

「透明獲利由以下三部分組成：①報告營業利潤，加上②主要被投資公司的留存收益（按一般公認會計原則這部分未反映在公司利潤裡面），扣除③如果這些留存收益分配時應該繳納的稅款。

為計算透明獲利，投資人應該確定投資組合中每檔股票相應的可分配收益，然後進行加總。每個投資人的目標，應該是要建立一個投資組合（類似於一家投資公司），這個組合在從現在開始的十年左右將為他帶來最高的預計透明獲利。這樣的方式將會迫使投資人思考企業真正的長期遠景而不是短期的股價表現，這種長期的思考角度有助於改善其投資績效。當然無可否認就長期而言，投資決策的計分板還是股票市值。但股價將取決於公司未來的獲利能力。投資就像是打棒球一樣，想要得分大家必須將注意力集中到球場上，而不是緊盯著計分板」。

如果企業的獲利能力短期發生暫時性變化，但並不影響其長期獲利能力，那麼巴菲特將繼續長期持有。但如果公司長期獲利能力發生根本性變化，巴菲特就會毫無遲疑地賣出。可見，公司價值增值能力的變化趨勢是判斷持有還是賣出的最關鍵因素。巴菲特認為，除了公司價值增值能力以外，其他因素如宏觀經濟、利率、分析師評級等等，都無關緊要。

「我們深感，不活躍是理智、聰明的投資行為。即使預測聯邦儲備委員會將小幅調整貼現率，或是華爾街那些專家完全改變了他們對股市前景的看法，我們和大多數企業經理人都不會幻想僅僅因為這些原因就把旗下獲利能力很高的子公司買來賣去。那麼，為什麼我們非得對我們在優秀企業中的少數股票進行完全不同的處置？投資上市公司股票的成功秘訣與併購子公司沒有什麼不同。在這兩種情況下，都是希望能夠以合理的價格取得擁有絕佳經濟狀況與德才兼備的管理層。在此之後，你需要做的只是監控這些特質是否繼續保持」。*12

巴菲特這種作風最典型的例子是他對曾經公開聲明永久持有的股票大都會／ABC公司，在該公司獲利能力發生重大變動後，將其全部出售。巴菲特在波克夏一九八六年年報公開聲明，希望永久地保留三種主要持股：大都會／ABC公司（Capital Cities／ABC、Inc）、GEICO、華盛頓郵報。但到在迪斯尼收購了ABC之後，公司的巨大規模也拖了發展的後腿，巴菲特從一九九八年開始減持，一九九九年幾乎把持有的迪斯尼股票都出售了。

但是他對於可口可樂公司的獲利持續下降卻有不同的觀點。一九九七年，可口可樂公司股票資產的回報高達五六．六％，一九九八年下滑到四二％，而一九九九年則下滑到三五％。儘管如此，巴菲特在波克夏一九九九年報中指出：「我們仍然相信可口可樂等我們大量持有股票的公司擁有相當強大的競爭優勢，可使其繼續穩定經營下去，這種可以讓長期投資有不錯回報的特點，是查理跟我還有點自信可以分辨得出的地方。股價上漲或下跌不是判斷持有還是賣出的標準」。巴菲特繼續堅決持有可口可樂公司股票。他與董事會解雇了可口可樂原ＣＥＯ艾維思特，聘任達夫為新ＣＥＯ。果然可口可樂不久就重振雄風。

*01 （美）珍妮特・洛爾著：《巴菲特如是說》，海南出版社，一九九八年，第一六九頁。

*02 （美）珍妮特・洛爾著：《巴菲特如是說》，海南出版社，一九九八年，第一六八頁。

*03 Warren Buffett: the Chairman's Letter to the Shareholders of Berkshire Hathaway Inc. 1991.

*04 Warren Buffett: the Chairman's Letter to the Shareholders of Berkshire Hathaway Inc. 1991.

*05 Kilpatrick.Andrew: Of Permanent Value : The Story of Warren Buffett Birmingham,Alabama: AKPE, 1994. Page 568.

*06 （美）珍妮特・洛爾著：《巴菲特如是說》，海南出版社，一九九八年，第一六八頁。

*07 Warren Buffett: the Chairman's Letter to the Shareholders of Berkshire Hathaway Inc. 1987.

*08 Warren Buffett: the Chairman's Letter to the Shareholders of Berkshire Hathaway Inc. 1996.

*09 Warren Buffett∶the Chairman's Letter to the Shareholders of Berkshire Hathaway Inc.1984.

*10 Warren Buffett∶the Chairman's Letter to the Shareholders of Berkshire Hathaway Inc.2002.

*11 Warren Buffett: the Chairman's Letter to the Shareholders of Berkshire Hathaway Inc. 1990.

*12 Warren Buffett: the Chairman's Letter to the Shareholders of Berkshire Hathaway Inc. 1996.

Chapter 7

四大經典案例

大公司的定義：那些在二十五年或三十年後仍然能夠保持其大公司地位的公司。

——巴菲特

前文總結歸納了巴菲特長期價值投資策略的基本原則，並探索應用這些原則的操作技術，那麼，巴菲特本人是不是我們所總結歸納的六個原則投資操作的呢？

回答這一問題的最簡單的辦法，就是對他最經典的投資案例回顧和分析。

無疑我們的分析中有許多是事後諸葛，但從巴菲特的成功案例分析中，可以更進一步深入體會和認識前面所總結的六個基本原則，有助於我們在自己的投資實踐更好地學習巴菲特運用這些基本原則。

本章重點分析以下四個巴菲特最經典的股票長期投資案例，包括：

可口可樂

GEICO

吉列公司

華盛頓郵報

Chapter 7・1

可口可樂：獲利88億，增值6.8倍

可口可樂是全世界最好的大公司。

——巴菲特

巴菲特一九八八至一九八九年間分批買入可口可樂公司股票二、三三五萬股，投資一〇・二三億美元。一九九四年繼續增加，總投資達到一二・九九億美元。他在波克夏一九九一年年報中高興地說：「三年前當我們大筆買入可口可樂股票的時候，波克夏公司的淨值大約是三十四億美元，但是現在光是我們持有可口可樂的股票市值就超過這個數字」。可口可樂是巴菲特最成功的投資，比他自己想像的還要成功。二〇〇三年底巴菲特持有可口可樂的股票市值為一〇一・五〇億美元，十五年間成長了六八一%。僅僅在可口可樂一檔股票，就為巴菲特賺取了八八・五一億美元，這是使巴菲特成為世界富豪的重要因素之一。

七・一・一　巴菲特對可口可樂公司持續競爭優勢分析

傳統穩定的產業

軟性飲料是世界上規模最大的產業之一。產業的特點是大規模生產、高邊際利潤、高現金流、低資本要求以及高回報率。

可口可樂公司對軟性飲料產業的前景充滿樂觀，一九九五年年報中對公司業務前景描述如下：

「我們開發最少的市場是什麼？是人本身。人們一整天裡可以什麼都不吃，但是這個星球上五十七億人口中的每一個人卻必須消耗六十四盎司的飲料才能生存。而我們目前只提供了其中不到二盎司的數量。」

可口可樂公司在國際市場的銷售成長很快，目前七〇%的銷售額和八〇%的利潤來自於國際市場。而且國際市場的成長潛力仍然很大。美國人均可樂年消費量為三百九十五瓶，而全球範圍內人均可樂消費只有六十四瓶。這一巨大的差距代表著可口可樂在全球飲料市場繼續成長的巨大潛力。

簡單易懂的業務

可口可樂公司業務非常簡單易懂。公司買入原料，製成濃縮液，再銷售給裝瓶商。由裝瓶商把濃縮液與其他成分調配在一起，最終製成的可口可樂飲料賣給零售商，包括超市、便利店、自動售貨機、酒吧等。

獨特資源

在全球最著名的五種碳酸飲料中，公司獨攬四種品牌：可口可樂、雪碧、芬達、Tab。公司最重要的資產在於其品牌，可口可樂已經成為全球最被廣泛認同、最受尊重的著名品牌。可口可樂已經成為美國文化的象徵。巴菲特稱可口可樂為世界上最有價值的品牌。據評估，可口可樂品牌價值四〇〇多億美元。

可口可樂公司一九九五年年度報告中宣稱：「如果我們的公司被徹底摧毀，我們馬上就可以憑借我們品牌的力量貸款重建整個公司。」

可口可樂公司擁有無與倫比的全球生產和銷售系統。公司投入巨資在世界各地建立瓶裝廠，可口可樂公司向全球近二〇〇個國家約一、〇〇〇家加盟瓶裝廠商提供其糖漿和濃縮液，形成了很大的規模優勢，鞏固了公司低成本軟性飲料生產商的地位。一九八九年可口可樂公司年報中說：「在二十世紀二〇年代，可口可樂公司開始轉型，成為一家全球性企業。六十多年來，我們已經投入大量資金，建立起了廣泛的商業通路。目前我們公司的重置成本就高達一、〇〇〇億美元。」

可口可樂主導著美國的軟性飲料市場。可口可樂是許多大型快餐連鎖店的首選飲料供應商，包括麥當勞、溫蒂、漢堡王、比薩店等。哪裡有麥當勞，哪裡就有可口可樂。哪裡有超市和便利店，哪裡就有可口可樂。可口可樂自動售貨機遍佈美國和歐洲。

無可爭議的產業領導地位

可口可樂佔了全球軟性飲料行業的一半以上的市場佔有率。如今可口可樂公司每天向全世界六十億人出售十億多罐的可口可樂。巴菲特管理的波克夏公司擁有可口可樂公司八%的股份，這使他每天可以獲得其中一億罐的銷售利潤。

巴菲特一九九三年在《Fortune》雜誌上把可口可樂評價為世界上最好的大公司：「如果你在一生中偶然有了一個關於公司的好想法，你是幸運的。基本上可以說，可口可樂是世界上最好的大公司。它以合理的價格銷售，受到普遍的歡迎，其消費量幾乎每年在每一個國家中都在不斷成長。沒有任何其他產品能夠像它那樣受歡迎」。「如果你給我一、〇〇〇億美元用以交換可口可樂這種飲料在全球市場上的領先地位，我們把錢還給你，並對你說，這不可能」。*01

高度集中於核心業務

可口可樂高度集中經營其核心業務：軟性飲料。

自一九六二年起一起擔任公司總裁的保羅・奧斯汀一九七一年被任命為董事長後，他開始大規模進行多元化經營，如投資於眾多與可樂無關的項目，包括水淨化、白酒、養蝦、塑膠、農場等，使公司價值創造能力不斷下降。在股東的壓力下，一九八〇年奧斯汀被迫辭職，可口可樂公司第一位外籍總裁 Roberto Goizueta 上任。

Roberto Goizueta 提出了公司「八〇年代的經營戰略」：公司要拋棄掉任何已經不能產生可接受的投資收益率的業務與資產。公司剝離了大部分獲利能力低的非核心業務，包括葡萄酒廠等。Roberto 最大的功勞是推動可口可樂的全球化高速成長。一九八四年可口可樂公司的國際市場利潤只勉強佔總利潤的五二%，而一九八七年則成長到七五%以上。國際市場為可口可樂帶來了豐厚的回報。一九八四至一九八七年可口可樂全球銷量成長了三四%，國際市場的總利潤從六・六六億美元成長到了一一・一億美元。*02

出眾的價值創造能力

在可口可樂每年的年報中，管理層一再重申：「管理的基本目標是使股東價值最大化」。

Roberto Goizueta 在公司「八〇年代的經營戰略」指出：未來十年內要繼續對股東負責，使他們的投資增值。為了給股東創造高於平均水平的投資收益，就必須找到條件合適、回報率超過通貨膨脹率的項目。可口可樂公司的經營戰略強調使公司長期現金流最大化。為實現這一目標，可口可樂公司集中投資於高收益的軟性飲料業務，並不斷降低其資本成本。

在 Roberto Goizueta 領導下，可口可樂公司的淨收益從一九七九年的三．九一億美元成長到七．八六億美元，比奧斯汀時期成長了一倍。股權投資收益率從一九七九年的二一．四%提高到二七．一%。一九七三至一九八〇年，可口可樂公司股東收益從一．五二億美元成長到二．六二億美元，年均成長八%。一九八一至一九八八年，股東收益從二．六二億美元成長到八．二八億美元，年均成長一七．八%。一九七三至一九八二年銷售收入年均成長六．三%，而一九八三至一九九二年銷售收入年均成長率為三一．一%。*03

持續競爭優勢

巴菲特在波克夏一九九三年年報中對可口可樂的持續競爭優勢表示驚歎：「我實在忍不住要再次引用一九三八年《Fortune》雜誌中的故事：『很難找到一家能與可口可樂的規模相匹敵的公司，也很難找到一家公司像可口可樂那樣十年來只銷售一種固定不變的產品』。儘管五十五年來可口可樂公司的產品種類有所擴大，但這句話仍然非常貼切。

七・一・二 巴菲特對可口可樂公司股票投資分析

一九八八年巴菲特首次買入可口可樂股票時，公司股票的本益比為十五倍，股價與每股現金流比率為十二倍，分別比市場平均水平高出三〇%和五〇%。巴菲特以五倍於股票帳面價值的價格買入。

一九八八年可口可樂公司的股東收益為八・二八億美元，美國三十年國債的到期收益率為九%左右。如果用九%去貼現，那麼可口可樂公司的內在價值為九十二億美元。但巴菲特購買可口可樂公司股票時，它的市場價值已經達到一百四十八億美元，這說明巴菲特對可口可樂公司的出價可能過高，但他看好的是可口可樂公司非凡的前景。

巴菲特用巨資買入可口可樂公司股票後，在當年的波克夏年報中解釋到：「一九八八年我們大筆買進聯邦家庭貸款抵押公司（Freddie Mac）與可口可樂公司的股票，我們準備長期持有。事實上當我們持有傑出經理人管理的優秀企業的股票時，我們最喜歡的持有期限是永遠。許多投資人在公司表現良好時急著想要賣出股票以兌現獲利，卻緊緊抱著那些業績令人失望的公司股票不放手，我們……的做法與他們恰恰相反。彼得．林區曾恰如其分地形容這種行為是『剷除鮮花卻澆灌野草』。……我們繼續將投資集中在很少幾家我們能夠完全瞭解的公司上。只有很少的公司是我們非常確信值得長期投資。因此，當我們發現找到這樣的公司時，我們就想持有相當大的份額。我們同意 Mae West 的觀點，好東西當然是多多益善的」。*04

根據有關資料，應用現金流量貼現估值模型，我們可以大致推測巴菲特在一九八八年決定大規模投資可口可樂時估值的基本過程如下：

未來現金流成長率預測：在一九八八後的十年間，以十五％的速度成長（前七年其實際成長率為一七．八％），到第十年，淨現金流為三三．四九億美元。從在一九八八後的第十一年起，淨現金流成長率降低為五％。

貼現率：以一九八八年的三十年期美國國債收益率九％為標準。

估值結果：

一九八八年可口可樂公司股票內在價值為四八三．七七億美元。

即使將前十年的成長率調低為一二％，內在價值仍為三八一．六三億美元。

如果將前十年的成長率調低為一〇％，內在價值仍為三二四．九七億美元。

如果乾脆假設淨現金流成長率以五％的速度持續成長，內在價值仍有二〇七億美元（八．

表 7-1　可口可樂公司股票內在價值估算

第1階段：1—10年

預測期限	10%									
折現率	9%									
期初現金流/百萬美元	828									
預測期限內成長率	15%									
預期年份	1	2	3	4	5	6	7	8	9	10
估計穩定現金流/百萬美元	952	1,095	1,259	1,448	1,665	1,915	2,202	2,533	2,913	3,350
複利現值係數	0.9174	0.8417	0.7722	0.7084	0.6499	0.5963	0.5470	0.5019	0.4604	0.4224
每年現金流量現值/百萬美元	874	922	972	1,026	1,082	1,142	1,205	1,271	1,341	1,415
第1個10年內現金流量的現值/百萬美元	11,250									

第2階段：10年以後

10年以後的現金流量現值	
第10年的現金流量/百萬美元	3,350
第10年後現金流量成長率	5%
第11年的現金流量/百萬美元	3,517
資本化比率	4%
折現到第10年底的現值/百萬美元	87,930
第10年底的折現率	0.422,4
10年以後現金流量現值/百萬美元	37,143
公司股票內在價值/百萬美元	48,393

數據來源：（美）羅伯特·海格士多姆著，朱武祥，樊勇譯：《巴菲特之路》清華大學出版社，1998年1月，第316頁

一八億美元除以（九％至五％）），比一九八八巴菲特買入時的可口可樂股票市值一四八億美元要高很多。可口可樂公司內在價值評估見表7-1。

買入價格的安全邊際

一九八八年六月，可口可樂公司股票市價約為四十美元，巴菲特一九八八至一九八九年間分批買入的二、三三五萬股，平均買入價格為每股四三・八一美元左右，總的成本為一〇・二三億美元。一九九二年可口可樂股票拆細後為九、三四〇萬股。一九九四年略有增持達到一億股，總的買入成本達到一二・九九億美元。

巴菲特買入時可口可樂股票總市值為一四八億美元，而根據我們前面的計算其價值區間為二〇七億—四八八億美元。即使按估值區間下限計算，巴菲特買入價格的安全邊際也有二八・五％。

集中投資的組合比重

一九八九年底，可口可樂股票在波克夏公司的普通股投資組合中佔三五％，這是一個非常高的比重。

長期持有的期限

至二〇〇三年底巴菲特持有可口可樂的股份毫無變化，只是拆細為二億股，總買入成本仍為一二．九九億美元，巴菲特長期持有可口可樂股票到二〇〇三年已有十五年，並且他聲稱要永遠持有下去。

投資收益分析

可口可樂是巴菲特投資規模最大、也是利潤最多、最成功的投資。二〇〇三年底巴菲特持有可口可樂的股票市值為一〇一．五〇億美元，十五年間投資增值六八一％，投資獲利八八．五一億美元（見表7-2）。

表 7-2　巴菲特投資可口可樂公司股票的收益率分析

年份	持有年限	持股數（股）	成本/百萬美元	市值/百萬美元	佔組合比重	投資收益/百萬美元	投資收益率
1988	1	14,172,500	592.540	632.448	20.71%	39.908	6.74%
1989	2	23,350,000	1,023.920	1,803.787	34.77%	779.867	76.16%
1990	3	46,700,000	1,023.920	2,171.550	40.15%	1,147.630,	112.08%
1991	4	46,700,000	1,023.920	3,747.675	41.53%	2,723.755	266.01%
1992	5	93,400,000	1,023.920	3,911.125	34.18%	2,887.205	281.98%
1993	6	93,400,000	1,023.920	4,167.975	36.98%	3,144.055	307.06%
1994	7	100,000,000	1,298.888	5,150.000	36.86%	3,851.112	296.49%
1995	8	100,000,000	1,298.900	7,425.000	33.75%	6,126.100	471.64%
1996	9	200,000,000	1,298.900	10,525.000	37.93%	9,226.100	710.30%
1997	10	200,000,000	1,298.900	13,337.500	36.80%	12,038.600	926.83%
1998	11	200,000,000	1,299.000	13,400.000	35.96%	12,101.000	931.56%
1999	12	200,000,000	1,299.000	11,650.000	31.48%	10,351.000	796.84%
2000	13	200,000,000	1,299.000	12,188.000	32.40%	10,889.000	838.26%
2001	14	200,000,000	1,299.000	9,430.000	32.89%	8,131.000	625.94%
2002	15	200,000,000	1,299.000	8,768.000	30.91%	7,469.000	574.98%
2003	16	200,000,000	1,299.000	10,150.000	28.76%	8,851.000	681.37%

數據來源：波克夏公司1988—2003年年報

*01 （美）珍妮特．洛爾著：《巴菲特如是說》，海南出版社，一九九八年，第一六一頁。

*02 （美）羅傑．洛文斯坦著：《一個美國資本家的成長——世界首富巴菲特傳》，海南出版社，一九九七年一月，第三八五頁。

*03 （美）羅伯特．海格士多姆著：《巴菲特之路》，清華大學出版社，一九九八年一月，第一六八頁。

*04 Warren Buffett: the Chairmen's Letter to the Shareholders of Berkshire Hathaway Inc. 1988.

Chapter 7・2

GEICO：獲利23億，增值50倍

非常重要且非常難以模仿的產業競爭優勢，加上在業務經營與資本配置方面擁有高超技巧的能力非凡的管理層，二者天作之合使 GEIGO 成為投資世界的最佳典範。

——巴菲特

GEICO 是美國第七大汽車保險商，主要為政府僱員、軍人等成熟穩重、謹慎的人提供汽車等財產保險服務。該公司創建於一九三六年。公司在二十世紀六〇年代取得了快速成長。但七〇年代發生了災難性的虧損。一九七四年公司發生了二十八年來的首次虧損，虧損六〇〇萬美元。一九七五年則虧損高達一．二六億美元。

巴菲特在 GEICO 瀕臨破產之際大筆買入。這是巴菲特最成功的投資之一。在波克夏全部收購股份的前一年即一九九五年，巴菲特用四、五〇〇多萬美元的投資賺了二十三億美元，二十年間投資增值五十倍，平均每年為他賺取一．一億美元。從一九九六年起 GEICO 公司成為波克夏的全資子公司，是其下屬最核心的和獲利能力最強的企業之一。

七・二・一　巴菲特對保險產業分析

保險行業屬於非常穩定的傳統產業，除了儲存客戶資料的訊息技術不斷進步之外，產業自身幾十年來很少變化，相對來說非常穩定。保險產業是巴菲特非常喜愛的行業，他先後投資過多家保險公司，還收購了多家保險公司。波克夏擁有政府僱員保險公司、通用再保險公司等世界著名保險公司，在保險業擁有巨大的市場佔有率和影響力。巴菲特認為，這個行業最明顯特徵是保險產品非常類似以及過度簽發保單而導致產業競爭非常激烈。

巴菲特在波克夏一九七七年報中分析了保險業競爭激烈的第一個原因是，保險產品非常類似而難以形成差異化的競爭優勢：

「保險公司提供標準化的保單，很容易被其他任何同行模仿。保險公司的唯一產品是提供賠償的承諾。……在美國取得保險業務執照並不困難，所有的費率皆是公開的，商標、專利、位置、公司設立時間長短、數據來源這些方面都無法形成重要的競爭優勢，也只有很少的顧客差異化能夠引發激烈的競爭。通常情況下在保險公司年報中會強調這種差異化。但有時確實如此，有時卻並非如此。但毋庸置疑，保險業務的特點使管理層個人的影響力對於公司業績有很大影響。我們非常幸運擁有一群非常能幹的管理層」。

巴菲特在波克夏一九八七年報中指出，保險業高度競爭的第二個原因在於保險公司總是不惜降低獲利水平以盡可能賣出更多的保單：

「保險業具有以下不利的經濟特徵：數以百計的競爭對手、進入壁壘低、無法通過任何有意義的方式進行差異化的產品，因此產業長期發展前景不容樂觀。在這種類似日用品的業務中，只有營運成本很低的公司，或是一些具有較強競爭力但通常業務規模相當小的差異化產品才能保持較高的獲利水平。當產品供給短缺時，即使是日用品業務也會生意興隆。在保險業曾經有過一段這種供給短缺的好日子，但早已今非昔比。資本主義最諷刺的地方就是日用品產業的大部分經理人都痛恨出現供給短缺的情況，儘管這是唯一可能產生良好回報的機會。當短缺出現時，大多數經理人便會迫不及待地想要簽發更多的保單，這樣做的結果卻會關掉使現金源源不斷流向企業的龍頭。這正是一九八五至一九八七年間保險公司經理人的真實寫照，從而再次驗證 Disraeli 的名言：我們從歷史得到的教訓是我們沒有從歷史得到教訓！」

巴菲特在波克夏一九八八年報中自我解嘲地說保險業不但是低獲利行業，且是不受尊重的行業：「保險業不僅獲利水平低於一般，受尊重程度也低於一般。就像是 Sam Goldwyn 的哲理所說：一個人必須學會體驗人生的酸甜苦辣。不過很諷刺的是，許多為定價過低所苦的低獲利行業常常發現他們被憤怒的客戶痛罵，可是其他獲利水平很高的行業儘管價格高昂，卻很少有客戶抱怨」。

簡單易懂的業務

GEICO 作為美國第七大汽車保險公司，用直接銷售的方式，將汽車保險單直接郵寄給政府僱員等成熟穩重的駕駛者，大大節省了與保險代理商有關的費用。而大多數保險公司主要通過代理商進行銷售，代理費用通常要佔保險費的一〇%—一五%。

持續競爭優勢

向代理人支付的佣金通常會佔到保險公司一五%的保費收入，由於 GEICO 不必向代理人支付佣金而是直接向保險客戶銷售保險，因此可以顯著降低管理成本，並加強公司產品競爭力。

幾十年來，GEICO 在業內建立了良好的信譽，贏得了大批忠誠的客戶。公司最主要的客戶是那些安全駕駛的司機，他們通過信件來購買保險，享受公司低成本和高質量的服務，再投保率很高。

儘管通過郵寄直接銷售的方式能夠顯著節省成本，但其他保險公司並不願放棄已有的代理經銷通路而損害原有的市場佔有率。因而 GEICO 獨特直接的銷售方式形成了差異化的競爭優勢，同時通過規模的擴大又形成了更大的成本優勢。這使該公司成為巴菲特所謂的經濟特許權企業。

巴菲特於一九八〇年 投資GEICO後，在波克夏一九八〇年年報中對自己之所以在 GEICO 瀕臨破產之際卻大規模投資的原因說明：「在過去的年報中我們曾談到購買和經營鹹魚翻身類型（turn around）公司的結果常常讓人大失所望。這些年我們大約先後接觸了數十個產業中數百家具有鹹魚翻身可能性的的公司，不管是作為當事人還是旁觀者，我們持續追蹤這些公司的業績並與我們原來的預期比較。結論是除了極少數例外，當一個聰明能幹的管理層遇到不良基本經濟特徵的企業，往往是只有企業的名聲完好無損。GEICO 卻是一個例外，在一九七六年從瀕臨破產的邊緣東山再起。確實卓越的管理是公司重整的最需要的能量，當年 Jack Byrne 一上任就為公司管理改善提供大量的動力。當然即使身陷於財務與經營危機當中，GEICO那些曾經使其取得巨大成功的產業競爭優勢仍然完好無損。在為數甚大的汽車保險市場中，大多數公司由於銷售通路結構限制了靈活經營，GEICO 卻一直定位為一個保持低營運成本的公司。GEICO 根據其定位進行經營，不但為客戶創造價值，同時也為自己賺取了回報。幾十年來 GEICO 一直這樣進行運作。即使二〇世紀七〇年代中期發生財務危機，也從未損害GEICO最關鍵的產業競爭優勢。」

出眾的價值創造能力

正如巴菲特所預測的那樣，GEICO 迅速東山再起。

一九七六年 Jack Byrne 接任 GEICO 公司新總裁。他採取大量降低成本的措施，使公司的獲利能力迅速回復，他上任僅僅一年後公司在一九七七年就獲利五、八六〇萬美元。一九八二年以來，

GEICO 的權益資本收益率平均為二一．二%，是行業平均水平的二倍。在一九八三至一九九二年十年內，該公司的平均稅前經營利潤率在行業中一直是最穩定的。由於採直接銷售，沒有代理，公司保持明顯的成本優勢。在一九八三至一九九二年十年內，公司費用與保險費收入之比平均為五%，是同行業平均水平的一半。該公司的費用和保險費虧損的綜合比率明顯優於行業平均水平。一九七七至一九九二年，該公司的綜合比率為九七．一%，而保險業平均水平為一〇七．五%。一九八〇至一九九二年的十三年間，該公司共創造了十七億美元的利潤，給股東派發了二．八億美元的紅利，保留了十四億美元用於再投資。這期間公司股票從二．九六億美元升值到四十六億美元，公司保留的每一美元為股東創造了三．一二美元的市值。[*01]

七．二．二　巴菲特對 GEICO 股票價值評估

一九七六年巴菲特開始買入 GEICO 股票時，該公司已經接近於破產邊緣，但是，巴菲特認為，GEICO 仍值一大筆錢，因為該公司有保險業務經濟特許權。關於處於破產風險下的 GEICO 的價值，巴菲特是這樣分析和思考的：「它沒有必要實行破產，但它卻岌岌可危。那是發生在一九七六年的事。GEICO 擁有一個絕好的企業經濟特許權。這種特許權並沒有因為使用過程中所犯的種種錯誤而

受到損害。還有就是公司的管理層。我覺得他們有能力度過那段艱難的時期，並重新建立起這種經濟特許權的價值。他們的管理成本很低。他們犯過種種錯誤。他們依然不知道他們的成本，因為他們不知道他們的損失準備應當是多少，他們被快速的業務成長沖昏了頭腦。他們犯了各種各樣的錯誤，但是，他們仍然擁有這種經濟特許權。這種情況與一九六三年後期美國運通公司的沙拉油醜聞有些相似。當時這件醜聞並沒有影響到這家公司的旅行支票和信用卡的經濟特許權。這原本有可能損害美國運通公司的資產負債表，但答案卻是，沒有淨資產的美國運通公司本身的價值仍然非常巨大。GEICO 假如也沒有淨資產的話，其本身價值也非常巨大。可是它很可能在第二天就因為沒有淨資產而倒閉。但是，我感到慶幸的是它的淨資產仍然存在。事實上，很多保險公司為了公司的所有權而紛紛採取提高淨資產的做法。我們或許應該提升公司的淨資產。但他們卻試圖為了給股東們節省這筆錢而不做他們應該做的事。這家公司擁有一個價值很大的經濟特許權，這就代表了它所有的淨資產。比如說，GEICO 馬上支付五億美元的股息，但這筆資金會使公司的淨資產大大減少甚至為零。這樣一來，公司還會有很大的價值嗎？當然公司還會有很大的價值」＊02

儘管市場普遍認為GEICO破產風險很大，巴菲特仍堅信該公司能夠度過難關，走上獲利之路。正如巴菲特所料，一九七六年 Jack Byrne 接任 GEICO 公司新總裁時，公司保費收入為五．七六億美元，虧損二、六〇〇萬美元。他在不斷努力使保費收入穩步增加的同時，採取大量降低成本的措施使公司獲利能力迅速回復。一九七七至一九七九年保費收入分別為四・六四億美元、六・〇五億美元、六・三五億美元，獲利分別為三、八〇〇萬美元、六、二〇〇萬美元、六、〇〇〇萬美元。一九八〇年該公司淨利潤六、〇〇〇萬美元，巴菲特按持股比例應分得二、〇〇〇萬美元利潤。巴菲特對 GEICO 的發展前景充滿信心，對其內在價值的評估進一步提升，他再次大量買入 GEICO 股票。

增持後他在波克夏一九八〇年報中對 GEICO 的內在價值分析如下：「我們非常高興以四、七〇〇萬美元買入 GEICO 股票。如果是通過談判來購買整個企業的話，要買下一流經濟特徵和光明前景、每年獲利能力二、〇〇〇萬美元的類似企業至少需要二億美元（其他產業可能需要花費更多）。……在管理界並沒有更多的像 Jack Byrne 一樣的明星經理人。還有什麼會比同時擁有 Jack Byrne與GEICO 更好呢？在這一點上，我們對 GEICO 再滿意不過了。非常重要並且非常難以模仿的產業競爭優勢，加上在業務經營與資本配置方面擁有高超技巧的能力非凡的管理層，二者的天作之合使 GEICO 成為投資世界的最佳典範。如你所知，我們的持股成本約四、七〇〇萬美元，一九七六年的投資佔五〇％，一九八〇年的追加投資佔五〇％」。

根據有關資料，應用現金流量貼現估值模型，我們可以大致推測巴菲特在一九八〇年進一步大規模投資 GEICO 股票時估值的基本過程如下——

假設 GEICO 可以不追加任何資本而能持續保持每年六、〇〇〇萬美元的利潤，按當時三十年期美國政府債券一二％的到期收益率來貼現，GEICO 的內在價值將是五億美元，幾乎是它一九八〇年市值的二倍。

如果公司能以二％的實際成長速度或未扣除通貨膨脹影響的十五％的速度提高其獲利能力，公司的內在價值將增至六・六六億美元。而巴菲特對於該公司的股票投資的價值相應為二・二二億美元。也就是說，一九八〇年 GEICO 股票的市值還不到其獲利能力貼現後的內在價值的一半。*03

買入價格的安全邊際分析

巴菲特一九七六年在拜訪 GEICO 公司管理層後，認為儘管公司瀕臨破產的邊緣，但其競爭優勢依然存在。於是，他投資了四一〇萬美元買入一三〇萬股，相當於每股三・一八美元。隨後該公司發行了七、六〇〇萬美元的可轉換優先股，巴菲特投資一、九四一・七萬美元買入一、九六九、九五三股可轉換優先股，相當於發行總量的二五％。由於該公司迅速扭虧為盈，獲利能力大大提升，巴菲特在一九八〇年又以一八九〇萬美元以每股一二・八美元的價格買入一四七萬股。到一九八〇年底，巴菲特共持有該公司七二〇萬股，全部買入成本為四、七一三・八萬美元，這時這些股份的市值已經上升到一・〇五億美元，漲幅在一倍以上。直到一九九六年該公司一直在回購自己的股票，波克夏公司持有五〇%的股份。一九九六年初，波克夏以二十三億美元買入了另外五〇%的股份，將其變為私人公司，不再上市。GEICO 是巴菲特波克夏投資王國的核心，龐大的保費收入為巴菲特提供了大量的資金來源。

集中投資的組合比重分析

一九八〇年底，GEICO 股票在波克夏公司的普通股投資組合中佔二〇%，這是當時比重最高的一檔股票，比第二名華盛頓郵報高近一〇%。一九八五年該公司股票佔巴菲特投資組合的四九%。二十年間巴菲特持股毫無變化，持股成本為四、五七一．三萬美元。

長期持有的期限分析

巴菲特一直持有 GEICO 股票，並在一九九六年全部收購 GEICO 股份。從一九七六年開始買入到一九九六年全部收購，巴菲特持有 GEICO 公司股票長達二十年。

投資收益分析

GEICO 是巴菲特最成功的投資之一，在全部收購股份的前一年巴菲特用四、五〇〇多萬美元的投資賺了二十三億美元，二十年間投資增值五十倍，平均每年為他賺取一．一億美元（見表7-3）。

表 7-3 巴菲特投資 GEICO 公司股票的收益率分析

年份	持有年限	持股數（股）	成本/百萬美元	市值/百萬美元	佔組合比重	投資收益/百萬美元	投資收益率
1977	1	1,294,308	4.116	10.516	5.81%	6.400	155.49%
1977	1	1,986,953	19.417	33.033	18.24%	13.616	70.12%
1978	2	1,294,308	4.116	9.060	4.10%	4.944	120.12%
1978	2	1,986,953	19.417	28.314	12.82%	8.897	45.82%
1979	3	5,730,114	28.288	68.045	20.21%	39.757	140.54%
1980	4	7,200,000	47.138	105.300	19.88%	58.162	123.39%
1981	5	7,200,000	47.138	199.800	31.26%	152.662	323.86%
1982	6	7,200,000	47.138	309.600	32.74%	262.462	556.79%
1983	7	6,850,000	47.138	398.156	30.49%	351.018	744.66%
1984	8	6,850,000	45.713	397.300	31.31%	351.587	769.12%
1985	9	6,850,000	45.713	595.950	49.73%	550.237	1,203.68%
1986	10	6,850,000	45.713	674.725	36.00%	629.012	1,376.00%
1987	11	6,850,000	45.713	756.925	35.79%	711.212	1,555.82%
1988	12	6,850,000	45.713	849.400	27.81%	803.687	1,758.11%
1989	13	6,850,000	45.713	1,044.625	20.13%	998.912	2,185.18%
1990	14	6,850,000	45.713	1,110.556	20.54%	1,064.843	2,329.41%
1991	15	6,850,000	45.713	1,363.150	15.11%	1,317.437	2,881.97%
1992	16	34,250,000	45.713	2,226.250	19.46%	2,180.537	4,770.06%
1993	17	34,250,000	45.713	1,759.594	15.61%	1,713.881	3,749.22%
1994	18	34,250,000	45.713	1,678.250	12.01%	1,632.537	3,571.28%
1995	19	34,250,000	45.700	2,393.200	10.88%	2,347.500	5,136.76%

數據來源：波克夏公司1977—1996年年報

*01 （美）羅伯特·海格士多姆著：《巴菲特之路》，清華大學出版社，一九九八年一月，第一四一—一四二頁。

*02 （美）安迪·基爾帕特裡克著：《投資聖經——巴菲特的真實故事》，民主與建設出版社，二〇〇三年，第二四四—二四五頁。

*03 數據來源：（美）羅伯特·海格士多姆著：《巴菲特之路》，清華大學出版社，一九九八年一月，第一二〇—一二一頁。

Chapter 7・3

吉列公司：獲利29億，增值近5倍

可口可樂與吉列可說是當今世上最好的兩家公司，我們預期在未來幾年獲利還會以驚人速度成長。

——巴菲特

吉列公司是由傳奇人物金・吉列創建。金・吉列於一八九五年發明了一次性刮鬍刀片，並在一九〇一年創立了美國安全刀片公司。公司於二十世紀五〇年代更名為吉列，當時已經成為美國刮鬍刀業的領頭羊，從此一直處於市場領導地位到現在，幾乎沒有一個公司能夠像吉列那樣統治本行業如此之久。

巴菲特一九八九年投資六億美元買入吉列公司年利率八・七五%的可轉換優先股。一九九一年轉換為一、二〇〇萬股的股票。巴菲特投資總額一直沒變化，並一直持有。但由於後來公司股票經過多次拆細，巴菲特持股總數變成九、六〇〇萬股。二〇〇三年底巴菲特持有吉列的股票市值為三五・二六億美元，十四年間投資獲利二九・二六億美元，成長了四・八七倍。

七・三・一　巴菲特對吉列公司持續競爭優勢分析

穩定的傳統產業：不可缺少的日常用品

巴菲特在波克夏一九八九年年報中對當年投資吉列進行說明時指出，投資該公司的最主要原因是吉列擁有一個顯而易見好的核心業務：「吉列這家公司的業務正是我們所喜愛的那種類型，查理跟我都熟悉這個產業的狀況，因此我們相信可以對這家公司的未來進行合理的預測（如果你還沒有試過吉列新推出的感應刀片，趕緊去買一個來試試！）。」*01「當你躺在床上，僅僅想到在你睡覺時有大約二十五億男人的毛髮仍在生長這一點，你就會有非常舒服的感覺。在吉列工作的人不會有睡眠問題」。*02

無可爭議的市場領導地位和長期競爭力

巴菲特認為吉列是一個擁有經濟特許權的典型企業：「世界上每年刮鬍刀片消費量為二、〇〇〇萬至二、一〇〇萬左右。其中三〇%是吉列生產的，但吉列在全球刀片銷售額中佔了六〇%。吉列在斯堪的納維亞和墨西哥等國家和地區佔有九〇%的市場佔有率。刮鬍刀是日常生活中必不可少的消費品，而且吉列這家公司一直致力於開發更好的刮鬍刀，它有很高的市場佔有量、它在人們心中的地位等等……。你知道每天都要刮鬍，我希望你也是天天如此，每年只要二十美元你就可以享受到非常舒服的刮鬍體驗。現在男人們有了這樣的體驗後，就很難會轉向吉列以外的其他品牌了」。*03

巴菲特於一九九〇年四月一日將吉列公司可轉換優先股轉換為普通股後，他在波克夏公司一九九〇年年報中再次對吉列的產品大加讚揚：「《Forbes》雜誌在封面故事中對吉列公司大加讚揚，文章主題非常簡單：這家公司在刮鬍刀產業的成功，不是由於其超級行銷能力（雖然他們一再展示出這方面的能力），而是來自於他們對於品質的無限追求，這種專注使得他們持續不斷地全力以赴推出更新更好的產品，儘管現有產品已是市場上的經典」。一九九〇年吉列公司推出了革命性的產品「感應刮鬍刀」，這個世界上第一種可以根據人的面部特徵自動感應和調節的刮鬍刀獲得了巨大的成功。一九九〇年底吉列感應刀架和刀片佔據了美國市場九%的份額。一九九一年底則超過了一五%。目前吉列液體刮鬍產品系列佔據美國同類產品市場的六八%。吉列公司還佔據女性除毛產品市場的七〇%。*04　吉列公司以六十八億美元的價格收購了全球最大的電動刮鬍刀廠商德國布勞恩公司，使自己在全球刮鬍刀市場的份額進一步擴大。

吉列幾十年來無可爭議地作為全球最著名的剃鬚產品品牌，其價值隨著經濟全球一體化的國際市場的迅速擴張而不斷增加。近年來，吉列公司的歐樂B牙刷、金頂電池的全球市場銷量也在不斷成長。

持續成長的價值創造能力

巴菲特是一九八九年投資於吉列公司可轉換優先股，一九九一年轉換為普通股。在巴菲特投資前一九七九至一九八八年的十年內，銷售收入從一九・八五億美元成長到三五・八一億美元，成長了八〇％，年均成長七％。淨收益從一・一億美元成長到二・六九億美元，成長了一四二％，年均成長一〇％。尤其是一九八六至一九八八年的後三年內成長更快。這主要是來自於全球化經營帶來的國際市場成長。吉列公司銷售遍佈全球，七五％以上的員工在國外。

七・三・二　巴菲特對吉列公司股票價值分析

巴菲特在一九八九年七月投資六億美金買入吉列公司年利率八・七五％十年期強制贖回的可轉換優先股。

一九九〇年底，吉列公司的股東收益為二・七五億美元。一九八七至一九九〇年，股東收益以

表7-4　吉列公司股票內在價值估算

第1階段：1—10年

預測期限	10%									
折現率	9%									
期初現金流/百萬美元	275									
預測期限內成長率	15%									
預期年份	1	2	3	4	5	6	7	8	9	10
估計穩定現金流/百萬美元	316	364	418	481	553	636	732	841	967	1,113
複利現值係數	0.9174	0.8417	0.7722	0.7084	0.6499	0.5963	0.5470	0.5019	0.4604	0.4224
每年現金流量現值/百萬美元	290	306	323	341	359	379	400	422	445	470
第1個10年內現金流量現值/百萬美元	3,736									

第2階段：10年以後

10年以後的現金流量現值	
第10年的現金流量/百萬美元	1,113
第10年後現金流量成長率	5%
第11年的現金流量/百萬美元	1,168
資本化比率（k-g）	4%
折現到第10年底的現值/百萬美元	29,204
第10年底的折現率	0.4224
10年以後的現金流量現值/百萬美元	12,336
公司股票的內在價值/百萬美元	16,072

數據來源：（美）羅伯特．海格士多姆著，朱武祥，樊勇譯：《巴菲特之路》，清華大學出版社，1998年1月，第316頁

每年一六％的速度成長。儘管不能根據如此短的歷史數據來判斷公司長期成長趨勢。但巴菲特認為吉列公司與可口可樂一樣是一個經濟特許權企業。

一九九一年初，美國政府三十年期債券到期收益率為八．六二％。和可口可樂一樣，巴菲特判斷吉列公司收入的未來成長率將超過貼現率。這裡我們同樣採用兩階段估值模型。假設在巴菲特買入（一九九〇年）後的十年內吉列公司銷售收入以年均一五％的速度成長，十年以後再以較低的五％的速度成長，那麼以九％的貼現率計算吉列公司的內在價值大約為一六〇億美元。如果我們將其未來十年的成長率下調到一二％，吉列公司的內在價值大約為一二六億美元。如果我們將其未來十年的成長率下調到一二％，吉列公司的內在價值大約為一〇八億美元。即我們將其未來十年的成長率下調到七％，吉列公司的內在價值大約為八五億美元，*05（吉列公司內在價值估算見表7-4）。

七．三．三　巴菲特對吉列公司股票投資操作分析

買入價格的安全邊際分析

巴菲特行使轉換權將吉列可轉換優先股轉換為普通股時，吉列公司股票總市值為八〇．三億美元。

將吉列公司市值與前面計算的吉列公司股票內在價值相比較，可以發現巴菲特將吉列可轉換優先股轉換為普通股時享有很大的安全邊際——

假設在巴菲特買入（一九九〇年）後的未來十年內吉列公司的銷售收入以年均一五％的速度成長，吉列公司的內在價值大約為一六〇億美元。與吉列公司股票總市值八〇．三億美元比較，巴菲特買入的安全邊際為五〇％。

如果我們將一九九〇年以後未來十年的成長率下降到一二％，吉列公司的內在價值大約為一〇八億美元。與吉列公司股票總市值八〇．三億美元比較，巴菲特買入的安全邊際為二〇％。

如果我們將一九九〇年以後未來十年的成長率下調到七％，吉列公司的內在價值大約為八五億美元。與吉列公司股票總市值八〇．三億美元比較，巴菲特買入的安全邊際為六％。

事實上，吉列公司一九九七年的銷售收入從一九九〇年的五十四億美元成長到了一〇〇億美元，幾乎成長了一倍，年均成長率近三〇％，年複合成長率超過一〇％。巴菲特一九九〇年六億美元的吉列公司股票投資，一九九七年增值為四十八億美元，漲幅為七倍。這種驚人投資收益率的一個重要原因是他購買吉列股票的巨大安全邊際。

集中投資的規模分析

一九九一年底，巴菲特將吉列公司可轉換優先股轉換為普通股後其股票在波克夏公司的普通股投資組合中佔一四．九%，居第三位。

長期持有的期限分析

一九八九年投資六億美元買入吉列公司可轉換優先股，後來全部轉換為普通股。到二〇〇三年底的十四年間，巴菲特持有吉列的股份毫無變化，只是拆細後為九、六〇〇萬股。

投資收益分析

二〇〇三年底巴菲特持有吉列的股票市值為三五．一六億美元，巴菲特投資六億美元在十四年間獲利二九．二六億美元，成長了四．八七倍（見表七-五）。巴菲特在波克夏一九九七年報中向股東報告投資吉列股票八年成長了八倍：「一九九七年吉列與第一帝國的普通股股價由於公司業績優異而大幅上漲，截至年底，當初我們在一九八九年投入吉列的六億美元已經增值到四八億美元」。

而從一九九七年到二〇〇三年底，吉列公司股票價格不斷下跌，二〇〇三年底儘管有所回升，但與一九九七年相比，巴菲特持有吉列股票的市值從四十八億美元下降到三十五億美元。儘管如此，巴菲特仍然繼續持有。由此可見，巴菲特對吉列長期競爭優勢的信心不疑，對市場價格的巨大

波動毫不在意，長期持有優秀企業的決心始終不改。(見表7-5)

表 7-5　巴菲特投資吉列公司股票的收益率分析

年份	持有年限	持股數（股）	成本/百萬美元	市值/百萬美元	佔組合比重	投資收益/百萬美元	投資收益率
1991	1	24,000,000	600	1,347	14.93%	747	124.50%
1992	2	24,000,000	600	1,365	11.93%	765	127.50%
1993	3	24,000,000	600	1,431	12.70%	831	138.50%
1994	4	24,000,000	600	1,797	12.86%	1,197	199.50%
1995	5	48,000,000	600	2,502	11.37%	1,902	317.00%
1996	6	48,000,000	600	3,732	13.45%	3,132	522.00%
1997	7	48,000,000	600	4,821	13.30%	4,221	703.50%
1998	8	96,000,000	600	4,590	12.32%	3,990	665.00%
1999	9	96,000,000	600	3,954	10.68%	3,354	559.00%
2000	10	96,000,000	600	3,468	9.22%	2,868	478.00%
2001	11	96,000,000	600	3,206	11.18%	2,606	434.33%
2002	12	96,000,000	600	2,915	10.28%	2,315	385.83%
2003	13	96,000,000	600	3,526	9.99%	2,926	487.67%

數據來源：波克夏公司1991—2003年年報

＊01 Warren Buffett: the Chairman's Letter to the Shareholders of Berkshire Hathaway Inc. 1989.

＊02 （美）珍妮特・洛爾著：《巴菲特如是說》，海南出版社，一九九八年，第一六〇—一六一頁。

＊03 「Warren Buffett Talks Business,」 The University of North Carolina, Center for Public Television Chapel Hill, 1995.

＊04 （美）安迪・基爾帕特裡克著：《投資聖經——巴菲特的真實故事》，民主與建設出版社，二〇〇三年，第六二四頁。

＊05 數據來源：（美）羅伯特・海格士多姆著：《巴菲特之路》，清華大學出版社，一九九八年一月，第二〇九—二一〇頁。

Chapter 7・4

華盛頓郵報：獲利12億，增值128倍

在波克夏公司，我通過投資華盛頓郵報將一〇〇〇萬美元變成五億美元。

巴菲特（一九八五）

一九七三年巴菲特用一、〇六二萬美元買入華盛頓郵報公司的股票，到二〇〇三年底該公司股票市值增加到一三．六七億美元，三十年的投資利潤為一二．八〇億美元，投資收益率高達一二八倍，這是巴菲特長期普通股投資中掘到的第一桶金。

七・四・一　巴菲特對傳媒業的分析

巴菲特對傳媒行業非常衷愛，先後投資過聯合出版公司、華盛頓郵報、資本城／ＡＢＣ等多家傳媒產業公司。巴菲特對傳媒行業進行了深入分析，將其產業基本特徵總結為由於經濟特許權形成的產業平均高獲利水平。

巴菲特在波克夏一九八四年年報中分析傳媒

產業的高獲利特性時感歎道，即使是三流報紙的獲利水平卻一點也不遜色於一流報紙：

「在商業社會中一家佔有主導地位報紙的經濟狀況是最具有優勢的。企業主們通常相信只有努力地推出最好的產品才能取得最好的獲利，但是這種令人信服的理論卻讓無法令人信服的事實打破，當一流的報紙取得高獲利時，三流報紙的獲利水平卻一點也不遜色有時甚至更多一些，只要這兩類報紙在當地都佔有主導地位。當然產品的品質對於一家報紙取得主導地位非常關鍵。……一旦主宰當地市場，報紙本身而非市場將會決定這份報紙是好還是壞，不管報紙好壞，都會大賺特賺。但是在大多數行業內卻並非如此，質量水平較差的產品，其經營狀況肯定會比較差。但即使是一份水平很差的報紙對一般民眾來說仍然具有公告欄的價值。當其他條件相同時，一份爛報當然無法像一份一流報紙擁有廣大的讀者。但是一份水平很差的報紙對一般市民卻仍然具有很重要的作用而吸引他們的注意力，從而也會吸引廣告商們的注意力」。

巴菲特認為傳媒產業的高獲利來自取得市場壟斷地位的經濟特許權：

「讓我們很快地看一下特許事業與一般事業在特性上的不同，不過請記住，很多公司事實上是介於這兩者之間，所以也可以將之形容為弱競爭力的經濟特許權企業或是強競爭力的一般企業。藉由特定的產品或服務，一家公司擁有經濟特許權：1產品確有需要或需求；2被顧客認定為找不到其他類似的替代品；3不受價格上的管制。一家具有以上三個特點的公司，就具有對所提供的產品與服務主動提價的能力，從而賺取更高的資本報酬率，更重要的經濟特許權比較能夠容忍不當的管理，無能的經理人雖然會降低經濟特許權的獲利能力，但是並不會造成致命的傷害……與經濟特許權企業不同，一般企業會因為管理不善而倒閉。」

「直到最近，傳媒產業還擁有經濟特許權的三個特點，因此還能夠制定侵略性的價格並容忍寬鬆的管理。不過現在資訊與娛樂的消費者在尋找過程中越來越能夠享受到更加廣泛的通路選擇。另一方面很不幸的是消費者的需求並不會隨著供給的成長而同步成長，五億隻美國眼睛，一天二十四小時，就這麼多，不可能再增加了。所以結果可想而知，競爭會變得更激烈，市場被進一步分化，傳媒產業因而喪失了部分原有的經濟特許權能力，儘管還遠遠不是全部」。*01

七・四・二 巴菲特對華盛頓郵報公司競爭優勢分析

一九七一年華盛頓郵報公司股票上市，公司股票分為A種和B種股票。A種股票股東有權選舉公司董事會的主要成員，B種股票股東只能選舉董事會的次要成員。

一九七一年六月在公司發行B種股票兩天後，《華盛頓郵報》在巨大的政治壓力下刊登了五角大樓文件並跟蹤報導水門事件，直接導致了尼克森總統的辭職。郵報此舉充分表現了作為媒體的獨立性，使該報獲得了崇高的聲譽，確立了該報在業內的領袖地位。在很多年之後的一九九八年初《華盛頓郵報》第一個報導美國總統克林頓與白宮實習生李文斯基的性醜聞事件。

幾十年來，《華盛頓郵報》一直在同《星報》的競爭中努力前進。但通過收購《國際先驅論壇報》，郵報已經成為一個非常強大的競爭對手，並且很快超過了《星報》。一九八一年《星報》不得不被迫停刊。這使得《華盛頓郵報》實際上成為這個世界上最重要的城市之一美國首都華盛頓的唯一一家處於壟斷地位的報紙。

一九七三年巴菲特買入股票時，華盛頓郵報公司的主營業務收入來源包括：五〇％以上來自《華盛頓郵報》、二五％左右來自於《新聞週刊》雜誌，其他二五％來自於三家電視台和一家廣播電台。華盛頓郵報公司還擁有《國際先驅論壇報》五〇％的股份。目前公司下屬的《新聞週刊》也是與《時代週刊》並駕齊驅的全球最有影響力的雜誌之一。

一九七三年巴菲特買入股票時，華盛頓郵報公司的權益資本收益率是一五．七％，與當時大多數報紙的平均獲利水平相當，略高於標準普爾工業指數的平均水平。而當時《華盛頓郵報》作為領頭羊在華盛頓市場中佔主導地位，擁有整個華盛頓地區發行量的六六％。但五年後華盛頓郵報公司的權益資本收益率成長了一倍，比報業平均水平高出五〇％。一九七四年華盛頓郵報公司每一美元的銷售收入的營業利潤為十美分，而一九八五年則成長到十九美分。同時權益資本收益率也大幅度提升，一九八八年高達三六・三％。*02

七・四・三 巴菲特對華盛頓郵報公司股票價值分析

巴菲特指出：「在一九七三年，華盛頓郵報公司的總市值為八、〇〇〇萬美元，在那時候某一天你可以將其資產賣給十位買家中的任何一位，價格不會低於四億美元，甚至還能更高。該公司擁有華盛頓郵報、新聞週刊以及數家在主要市場區域的電視。當時與其相同資產的價值為二十億美元，因此願意支付四億美元的買家並非發瘋」。*03 可見巴菲特認為自己是以低於華盛頓郵報股票內在價值的四分之一的價格買入股票的。

巴菲特在波克夏一九八五年年報中回顧投資華盛頓郵報時指出：「一九七三年中期，我們以不到企業每股商業價值四分之一的價格，買入了我們現在所持有的華盛頓郵報全部股份。其實計算股價／價值比並不需要非同尋常的洞察力。大多數證券分析師、媒體經紀人、媒體行政人員可能都和我們一樣估計到華盛頓郵報的內在商業價值為四至五億美元，而且每個人每天都能在報紙上看到它的股票市值只有一億美元。我們的優勢更大程度上在於我們的態度：我們已經從葛拉漢那裡學到，投資成功的關鍵是在一家好公司的市場價格相對於其內在商業價值大打折扣時買入其股票」。*04

以下用巴菲特的邏輯推理來評估華盛頓郵報公司的內在價值——

一九七三年華盛頓郵報公司淨利潤一、三三〇萬美元，折舊和攤銷三七〇萬美元，資本性支出六六〇萬美元，計算可知一九七三年自由現金流為一、〇四〇萬美元。

一九七三年美國政府長期債券利率為六・八一%，如果我們假設華盛頓郵報公司不再繼續成長，一九七三年自由現金流一、〇四〇萬美元將一直持續下去，則公司內在價值為一五、二七二萬美元（一、〇四〇萬美元／六・八一%），相當於巴菲特買入時公司市值的二倍。由於報紙在其所在的城市內其實擁有相當的壟斷地位，完全可以通過提價的方法來提高獲利，而不用擔心失去忠誠客戶。如果華盛頓郵報有能力提高實際價格三個百分點，該公司股票的內在價值將接近三・五億美元。如果公司稅前經營利潤率從當時的一〇%提高一五%，該公司股票的內在價值將增加一・三五億美元，那麼總價值將達到四・八五億美元。*05

當時，《郵報》作為領頭報紙在華盛頓市場中佔主導地位，擁有整個華盛頓發行量的六六%，但其利潤率卻只有一〇%。巴菲特發現其利潤率歷史平均水平為一五%，深信其獲利能力將會有巨大的提高。事實上，在巴菲特的董事會任期中，郵報幾乎沒有任何大的擴張行為，九八%的利潤依舊來自於《華盛頓郵報》，《新聞週刊》以及四個電視台。唯一顯著的變化是它的獲利能力改善。一九七四年公司每一美元銷售額的營業利潤為十美分，而一九八五年時，達到十九美分，股權回報率也翻了一番。當時人們普遍認為，即使永遠不追加資本，一流的媒體公司收益也能夠達到五％到六％的成長速度，這就意味著傳媒公司的收益是無風險的現金流。對一個按五％的速度成長的永續現金流的價值是：

一、〇四〇萬美元／（七％÷五％）＝五．二億美元。

七．四．四　巴菲特對華盛頓郵報投資分析

買入價格的安全邊際分析

一九七三年華盛頓郵報公司股權收益率達到一九％，其收入成長趨勢也很好。但一九七三年其股價下跌了近五〇％，因為美國的股市崩潰了，股指大跌二〇％。巴菲特抓住這一良機，投資一、〇六二．八萬美元買入四六一、七五〇股B種股票，平均買入價格為每股二三．六九美元。

集中投資的規模分析

一九七七年底，華盛頓郵報公司股票在波克夏公司的普通股投資組合中佔一八．四％，這是一

個非常高的比重。在一九七三年時巴菲特還沒有買入 GEICO 保險股票，華盛頓郵報公司股票當時在投資組合中佔的比重可能超過三〇％以上。

長期持有的期限分析

一九七三年巴菲特持有華盛頓郵報股票四六一．七五萬股，一九七九年拆細為一八六．八六萬股，一九八五年略有減少為一七二．七八萬股，然後到二〇〇三年底巴菲特仍然保持持股毫無變化。這是巴菲特持有時間最長的一檔股票，長達三十一年。

投資收益分析

一九七三年巴菲特用一、〇六二萬美元買入華盛頓郵報公司的股票到二〇〇三年底市值增加到一二．六七億美元，三十年的投資利潤為一二．八〇億美元，投資收益率高達一百二十八倍（見表7-三）。

表 7-6　巴菲特投資華盛頓郵報股票的收益率分析

年份	持有年限	持股數（股）	成本/百萬美元	市值/百萬美元	佔組合比重	投資收益/百萬美元	投資收益率
1977	4	934,300	10.628	33.401	18.45%	22.773	214.27%
1978	5	934,300	10.628	43.445	19.66%	32.817	308.78%
1979	6	1,868,000	10.628	39.241	11.66%	28.613	269.22%
1980	7	1,868,600	10.628	42.277	7.98%	31.649	297.79%
1981	8	1,868,600	10.628	58.160	9.10%	47.532	447.23%
1982	9	1,868,600	10.628	103.240	10.92%	92.612	871.40%
1983	10	1,868,600	10.628	136.875	10.48%	126.247	1,187.87%
1984	11	1,868,600	10.628	149.955	11.82%	139.327	1,310.94%
1985	12	1,727,765	9.731	205.172	17.12%	195.441	2,008.44%
1986	13	1,727,765	9.731	269.531	14.38%	259.800	2,669.82%
1987	14	1,727,765	9.731	323.092	15.28%	313.361	3,220.23%
1988	15	1,727,765	9.731	364.126	11.92%	354.395	3,641.92%
1989	16	1,727,765	9.731	486.366	9.37%	476.635	4,898.11%
1990	17	1,727,765	9.731	342.097	6.33%	332.366	3,415.54%
1991	18	1,727,765	9.731	336.050	3.72%	326.319	3,353.40%
1992	19	1,727,765	9.731	396.954	3.47%	387.223	3,979.27%
1993	20	1,727,765	9.731	440.148	3.91%	430.417	4,423.15%
1994	21	1,727,765	9.731	418.983	3.00%	409.252	4,205.65%
1996	23	1,727,765	10.600	579.000	2.09%	568.400	5,362.26%
1997	24	1,727,765	10.600	840.600	2.32%	830.000	7,830.19%
1998	25	1,727,765	11.000	999.000	2.68%	988.000	8,981.82%
1999	26	1,727,765	11.000	960.000	2.59%	949.000	8,627.27%
2000	27	1,727,765	11.000	1,066.000	2.83%	1,055.000	9,590.91%
2001	28	1,727,765	11.000	916.000	3.19%	905.000	8,227.27%
2002	29	1,727,765	11.000	1,275.000	4.50%	1,264.000	11,490.91%
2003	30	1,727,765	11.000	1,367.000	3.87%	1,356.000	12,327.27%

數據來源：波克夏公司1977—2003年年報

*01 Warren Buffett: the Chairman's Letter to the Shareholders of Berkshire Hathaway Inc. 1991.

*02 （美）羅伯特・海格士多姆著：《巴菲特之路》，清華大學出版社，一九九八年一月，第一二二頁。

*03 Buffett, Warren E., 1984, 「The Super-investors of Graham-and-Doddsville」 in Hermes, the Columbia Business School magazine（Fall 1984）: 4-15.

*04 Warren Buffett: the Chairman's Letter to the Shareholders of Berkshire Hathaway Inc.1985.

*05 數據來源：（美）羅伯特・海格士多姆著：《巴菲特之路》，清華大學出版社，一九九八年一月，第一二〇—一二一頁。

後記

我們還應該向巴菲特學習什麼

——劉建位

《巴菲特股票投資策略》二〇〇五年六月在內地第一版發行，沒想到在短短的兩年內就重印了十九次。我接出版了《巴菲特如何選擇超級明星股》沒想到也受到很多讀者的厚愛，短時間內也重印好幾次。

讓我更吃驚的是，許多地方都出現這兩本書的盜版，而且據說盜版書也賣得很不錯。

有如此多的人和我一樣喜歡巴菲特，讓我激動。有如此多的人寫信給我，交流他們學習和實踐巴菲特股票投資策略過程的認識和體會讓我感動。

學以致用，學以致富。但巴菲特教給我們的不僅僅是如何投資致富。

巴菲特早在多年前就已經宣佈要將自己四〇〇多億美元財產的八〇%捐獻給慈善事業。二〇〇六年六月二十五日巴菲特宣佈向比爾．蓋茲夫婦的基金會捐贈波克夏公司的一〇〇〇萬股B類普通股，這些股票目前總市值為三〇〇多億美元。

世界第二富翁巴菲特把如此巨大的個人財富全部捐獻給社會，讓世界首富比爾・蓋茲感到震驚，讓全世界感到震驚，也應該讓我們這些巴菲特的學習者和追隨者們在震驚中問問自己的內心：

我們除了學習巴菲特如何投資之外，還應該向巴菲特學習什麼？

……

最後，感謝我的父母和弟弟妹妹。父母親生我養育我，用自己辛勤的勞動供我上學，無怨無悔地付出，全力支持我的學習和工作。隨著年齡成長，越來越感到父母才是在內心深處對我影響最大的人。爸爸的勇氣、媽媽的勤勞永遠是我的榜樣，弟弟的決斷與能幹、妹妹的執著與努力給予我巨大的鼓勵和支持，家人的愛永遠是我的力量所在。

感謝我心目中的投資英雄巴菲特。我讀了巴菲特一九七七年—二〇〇三年二六年間每年在波克夏公司年報中寫給股東的信後，深深感到大師關於投資策略的論述並不深奧，也不複雜，而是非常簡單，非常實在。但這非常簡單平凡的語言中卻蘊含著非凡的智慧。本書中九九%的內容是巴菲特的投資思想，我所做的一%只是就我的理解對他思想的梳理，以讓讀者更輕鬆愉快地閱讀、理解和欣賞巴菲特的投資智慧。

本書是在我的博士論文基礎上形成的。在上海社科院讀博五年間，自始至終得到了厲無畏教授的悉心指導和幫助。導師以淵博的學識、認真的治學態度指導我在學習研究上不斷提高和進步，導師寬容的心胸、幽默風趣的談吐使我在生活中受益良多。在此我謹向尊敬的導師厲無畏教授致以誠摯的感謝。讀博期間楊建文教授、左學金教授給予了我許多指導和幫助，在此表示衷心感謝。

在復旦大學世界經濟研究所讀研期間，黃文傑、甘當善、林進成等老師給予我許多指導和幫助，在華南農大讀書期間李大勝、溫思美、江華等老師給予我許多指導和幫助，高中的龍書選老師和初中的王紀堯老師等給予我許多指導和幫助，在此對所有指導和幫助過我的老師們和同學們表示衷心感謝。

感謝機械工業出版社的魏小奮為本書付出了大量的心血和努力，她對本書的修改提出了非常重要的建議和幫助。

感謝復旦大學世界經濟研究所的黃文傑、甘當善、林進成等老師，感謝華南農大讀書期間李大勝、溫思美、江華等老師，感謝滑縣一中的龍書宣老師、慈周寨鄉中的王紀彝老師，在此對所有在學習上和生活中指導和幫助過我的老師們和同學們表示衷心感謝。

最後需要說明的是，本書僅是我個人對巴菲特投資策略的理解和體會，巴菲特的投資哲學博大精深，我的理解難免有不當之處，歡迎各位讀者進行批評指正，也歡迎巴菲特投資策略的追隨者們進行交流和討論，請通過我的電子郵件nfljw@sina·com聯繫。

新米系列 一文一圖 理財學習第一品牌

股票初見面 本益比
定價 220元

初次學習股票
市場知識入門書!

股票初見面 長期投資
定價 220元

交易模組計算
6年資產增10倍

股票初見面 短期交易
定價 220元

學習型態、量能
低買高賣賺短差!

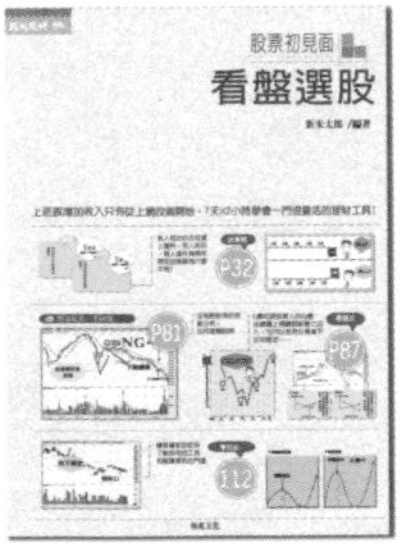

股票初見面 看盤選股
定價 299元

如何看盤?選股?
實戰獲利無敵強!

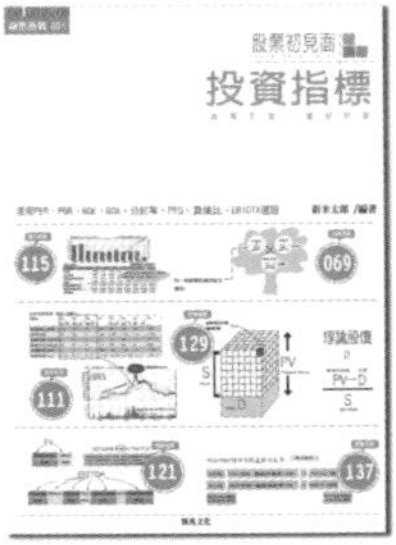

股票初見面 投資指標
定價 299元

PBR、ROE…
善用指標賺滿滿

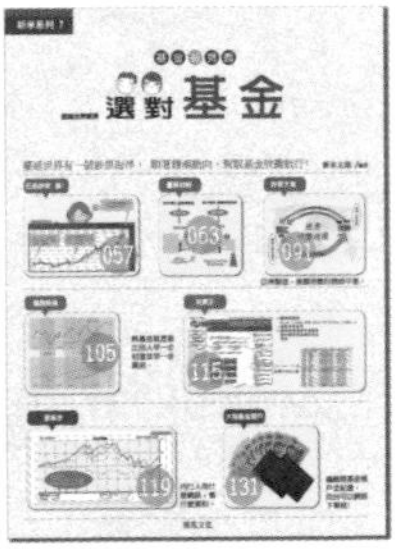

基金初見面 選對基金
定價 299元

認識世界經濟
基金獲利密碼!

【訂購方式】

- 郵局劃撥:帳號/19329140 戶名/恆兆文化有限公司
- ATM匯款:銀行/合作金庫(代碼006)/三興分行/1405-717-327091
- 貨到付款:電02.27369882告知送貨地址即可

☎ 02-27369882 FAX 02-27338407 http://www.book2000.com.tw

實用・實例・實在

【内容摘錄】

LESSON 02 PBR ②

PBR＝1

與本益比相比以PBR當成投資指標難度稍微大一些。一方面，PBR沒有像PER一樣可以很明顯的和市場平均及企業之間的比較機能。另外，股票投資大都以企業的收益力為著眼點，因此，比起每股淨值而言，每股盈餘更受重視。

換個角度說，對投資人而言，不管從資產面來看，這個企業的股價有多麼超值，只要收益性不好就不能稱之為「值得買進的股票」。再者，企業資產的內容是多樣的，有很多不能只靠每股淨值的金額來判斷財務的情況。因此，把PBR的角色設定為在看完本益比以及企業成長率之後的輔助指標也可以。不過，這裡需要補充的是，「PBR=1倍」卻是股價的一個大關鍵。這個關鍵點又不是營益率或本益比可以取代的。

PBR=1倍也就是「股價=每股淨值」，它意味著行情不容易再大跌的低價狀態(但不是不會再跌了哦！)以大家都熟悉的台塑為例，假設現在台塑的股價是41.21元，也就是剛好等於它的每股淨值41.21元PBR=1。假定企業解散償還負債後所剩的資產分配給股東，每股拿回41.2元剛好相當於股價，也就是說股價再低的話，持有股票也擁有這樣的價值。對企業而言，因此，每股淨值常常成為股價下跌的最大極限，也就是說股價再怎麼糟怎麼爛，在每股淨值之下一定會有相當的買盤。

舉一個老牌企業聲寶為例，從95年第四季，到96年第三季，它的每股淨值分別是：7.13、6.91、6.62、6.51，右圖是聲寶的周線股價圖，仔細看看，雖然95年底聲寶從8塊多開始滑落，看起來也沒有任何回檔的跡象，但股價只要跌6.5左右也跌不下去了，顯然對投資人而言，把聲寶企業的資產全都變現至少也還能拿回所投入的，所以，股價在每股淨值的地方就形成支撐。

038

利用PBR找出很難賠的進場價位。

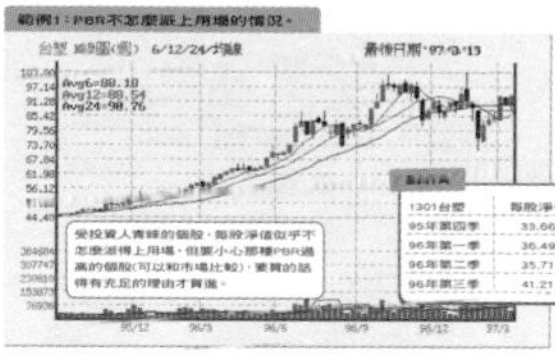

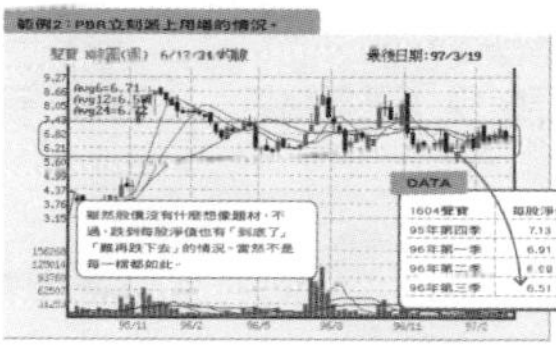

039

第1篇 投資指標篇

LESSON 04 指標活用 ①

低PER買進高PER賣出

右圖是(2548)華固近5年的股價圖與年度損益表，從2004年到2008年4月初，華固大約漲了3倍(從30幾到110多)看股價圖感嘆「要是在幾年前買了就賺」的人應該很多。若你上網查看還會看到華固2003年還曾出現每股只有5元的價位。

利用本益比避免賣太早

事實上，就算只用5元價格買進，能等到上漲幾倍的投資者也不多，大多數投資者在買進股票時，腦中大都已經構想好了目標賣出價格，一般會設定「比買進價格上漲10%」或者「比買進價格上漲3成」這樣的標準。華固的投資人也不例外，很多投資人在看到一定的上漲後就草草賣出。

如果你想從事短線交易，先確定賣出的目標價是投資方式之一(詳見本系列「看盤選股」與「短期交易」)。但是對於進入收益期擴大的企業，行情往往超過自己設定的目標值很多。過早賣出的人往往事後才曉得，當時賣出的時機，反而是買進的好時機。

不只是買進，何時賣出也非常重要的，本文介紹利用投資指標PER作為衡量賣出時機的方式。

華固2004年12月底的股價=37.7元，用當時法人預估的2005年EPS為6.61元計算，得出來預估本益比=5.7倍。(但如果你採用的資料是過時的資料，也就是把股價除以2004年的實際EPS2.92元，得出來的本益比=12.91倍，從此可知，用錯資料差很多吧！)

OK，我們就先假設你用對了資料，並且法人(或媒體)預估的資料準度很高，你也以37.7元買下了華固，心想「本益比這麼低，股價應該有機會上漲，設定股價漲50%為標準吧！……」如此，你可能在56元左右就高高興興的賣掉了。

這是投資的方法之一。

但換個方法，如果設定「預估本

096

利用本益比做為賣出訊號(華固範例)

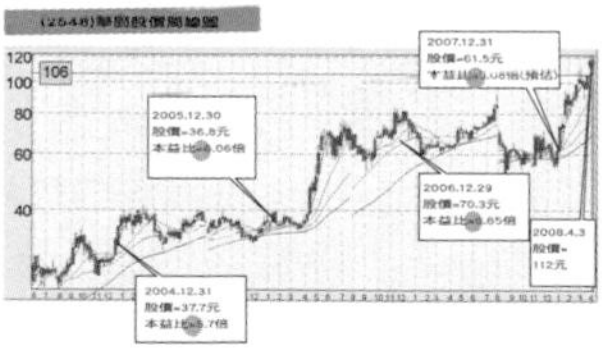

華 固 2548 損益表 -- 一般產業

單位：百萬元 | 季損簡表 | 年損簡表 | 季損詳表 | 年損詳表 |　　最後更新日期：2008/4/2

期別	2007年	2006年	2005年	2004年	2003年	2002年	2001年	2000年
營業收入淨額	7,896	6,381	5,864	2,318	1,636	1,958	1,557	2,810
營業成本	5,323	4,672	4,368	1,604	1,533	1,777	1,175	2,172
營業毛利	2,573	1,709	1,496	714	103	182	382	638
營業費用	435	460	405	213	98	89	100	163
營業利益	2,139	1,250	1,091	501	6	93	282	476
營業外收入合計	94	45	61	6	43	14	11	16
營業外支出合計	3	4	41	78	31	62	27	30
稅前淨利	2,229	1,291	1,111	428	18	45	265	462
所得稅費用	101	67	10	40	4	13	19	-2
本期稅後淨利	2,128	1,224	1,101	388	14	31	246	463
每股盈餘(元)	10.56	6.07	6.61	2.92	0.12	0.29	2.15	4.47

PS：2008年法人預估每股盈餘12.1元

路徑 YAM天空股市(http://stock.yam.com/)→股市首頁→鍵入代碼→技術線圖(上)損益表(下)

097

第3篇 指標運用篇

實用．實例．實在

【內容摘錄】

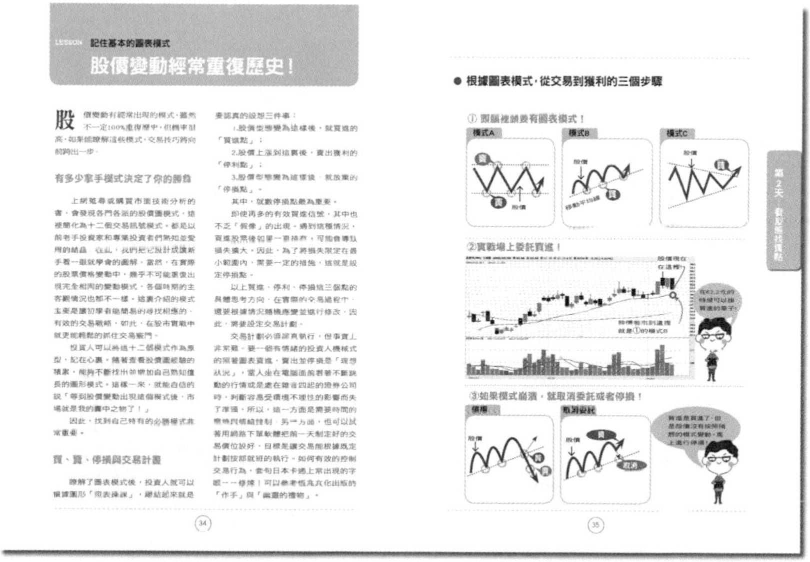

LESSON 記住基本的圖表模式

股價變動經常重復歷史！

股價變動有經常出現的模式，雖然不一定100%重復歷史，但機率很高，如果能瞭解這些模式，交易技巧將向前跨出一步。

有多少拿手模式決定了你的勝負

上網瀏覽或購買市面技術分析的書，會發現各門各派的股價圖模式，這裡簡化為十二個交易訊號模式，都是以前老手投資家和專業投資者們熟知並愛用的結晶。在此，我們把它設計成讓新手看一眼就學會的圖解。當然，在實際的股票價格變動中，幾乎不可能重復出現完全相同的變動模式，各個時期的主客觀情況也都不一樣。這裏介紹的模式主要是讓初學者能簡易的尋找相應的、有效的交易戰略，如此，在股市實戰中就更能輕鬆的抓住交易竅門。

投資人可以將這十二個模式作為原型，記在心裏。隨著查看股價圖經驗的積累，能夠不斷找出並增加自己熟知擅長的圖形模式。這樣一來，就能自信的說「等到股價變動出現這個模式後，市場就是我的囊中之物了！」

因此，找到自己特有的必勝模式非常重要。

買、賣、停損與交易計畫

瞭解了圖表模式後，投資人就可以根據圖形「照表操課」，總結起來就是要認真的設想三件事：

1.股價型態變為這樣後，就買進的「買進點」；

2.股價上漲到這裏後，賣出獲利的「停利點」；

3.股價型態變為這樣後，就放棄的「停損點」。

其中，就數停損點最為重要。

即使再多的有效買進信號，其中也不乏「假像」的出現。遇到這種情況，買進股票後如果一直持有，可能會導致損失擴大。因此，為了將損失限定在最小範圍內，需要一定的措施，這就是設定停損點。

以上買進、停利、停損這三個點的具體思考方向，在實際的交易過程中，還要根據情況隨機應變並進行修改，因此，需要設定交易計劃。

交易計劃必須認真執行，但事實上非常難。要一個有情緒的投資人機械式的照著圖表買進、賣出並停損是「理想狀況」，當人坐在電腦面前看著不斷跳動的行情或是處在雜音四起的證券公司時，判斷容易受環境不理性的影響而失了準頭，所以，這一方面是需要時間的磨練與情緒控制，另一方面，也可以試著用網路下單軟體把前一天制定好的交易價位設好，目標是讓交易能根據既定計劃按部就班的執行。如何有效的控制交易行為，套句日本卡通上常出現的字眼——修煉！可以參考恆兆文化出版的「作手」與「幽靈的禮物」。

34

● 根據圖表模式，從交易到獲利的三個步驟

35

LESSON 05資券變化③

融資餘額、融券餘額與券資比

信用交易的動向和量的變動，是瞭解行情的能量以及供需狀況的線索。

融資餘額、融券餘額

投資人利用信用交易融資買股票的總額就是融資餘額；利用融券放空股票的總額就是融券餘額。

每一家企業可接受融資交易的股票是公司股票發行數量的25%(融資限額)，在計算上以融資餘額÷融資限額＝融資使用率。

一般市場上所說的「融資餘額」通常單位是以金額計算，但在計算融資限額時，是以張數計算。另外，在看融資融券也會看到券資比(融券餘額÷融資餘額)、資券比(融資餘額÷融券餘額)以及資券相抵，一般「資券相抵」指的是信用交易之當日沖銷(賺賠為差價，不必付股款)，但在奇摩股市的資券變化中「資券相抵」是指融資餘額與融券餘額)相抵之後的餘額。以上都可用來做為股價走勢的判斷方式。

例如，看到融資餘額在一路增加時，代表現在有很多散戶買進，人氣很旺的證據，由此，可以判斷這支股票的上漲能量非常的強大。

融資融券，散戶指標

目前台灣的交易制度，外資、投信跟自營商都不能從事信用交易，所以，採用信用交易所衍生出來的資券變化就被視為「散戶」的動向。

當融資餘額愈來愈多，意味著散戶投資人看好未來，所以才會用借錢的方式買進，但如果融額餘額太高，代表很多人手上都有股票，並且在找時機點賣出，此時，股票要順利上漲就不容易。萬一整體行情不好，或有大的賣單出籠，還有可能引發恐慌性的殺盤，讓本來是站在多方(等股價上漲)的投資人在害怕愈跌愈深的情況下也狼狽的賣出，形成「多殺多」的下跌行情。所以，發現融資餘額增加但是股票的漲勢不強時就要注意是否會引來大波的賣出高潮。相對的，若已經引發融資餘額快速減少，在「賣出壓力消失」的情況，視情況又是投資人買進的機會。

融券餘額若持續增加，代表投資人看空的很多，所以才會借股票來賣，但如果融券餘額太高，這些投資人反而成為潛在的買盤，為股價將來的上漲蓄積能量。

前文曾提過是先有融資的來源才會有融券，所以券資比都小於100%，也就是券比資多，當券資比的數字很高(沒有絕對值，可以跟同業比)，說明了看空這家企業的投資人非常的多，也許是某些消息靈通人士已得知消息，先放空等著新聞發布他們好大賺一票，而另外一層意義是養空、誘空、軋空的陷阱(見右頁說明)。

134

● 核對信用餘額！

養空、誘空、軋空

Key-Word

停資停券，限資限券

股東會、除權或開臨時股東會時暫停信用交易，就是停資停券。

每檔可以做為融資交易的股票，融資餘額如果達到該檔股票上市股份25%時，就會暫停融資買進，等到融資餘額低於18%時，才會恢復融資交易，這就是限資。融券的情況也一樣，若發生這種情況，就叫限券。

相關訊息可到證券交易所網站查詢。(首頁→交易資訊→融資融券→停資與停券公告)

135

巴菲特 BUFFETT 股票投資策略

・國家圖書館出版品預行編目資料

巴菲特股票投資策略 ／劉建位著.
臺北市：恆兆文化，2009.01
面； 公分
ISBN 978-986-6489-00-6（平裝）
1.股票投資 2.投資技術 3.投資分析

563.53 97021705

巴菲特股票投資策略

出版所 恆兆文化有限公司
Heng Zhao Culture Co.LTD
www.book2000.com.tw
發行人 張正
作者 劉建位
封面設計 DΛVID
責任編輯 文喜

（本書中文繁體字版經 北京機械工業出版社 授權出版發行）

電話 +886.2.27369882
傳真 +886.2.27338407
地址 110台北市吳興街118巷25弄2號2樓
110,2F,NO.2,ALLEY.25,LANE.118,WuXing St., XinYi District,Taipei,R.O.China
出版日期 2009年01月初版一刷
ISBN 9978-986-6489-00 6（平裝）
劃撥帳號 19329140 戶名 恆兆文化有限公司
定價 380元
總經銷 聯合發行股份有限公司 電話 02.29178022

巴菲特 BUFFETT
股票 投資策略